TEORIA DOS PRINCÍPIOS CONSTITUCIONAIS TRIBUTÁRIOS
A Nova Matriz da Cidadania Democrática na Pós-Modernidade Tributária

Alberto Nogueira

Mestre em Direito. Doutor em Direito. Livre-Docente em Direito Tributário e Financeiro. Professor-Titular de Direito Tributário e Financeiro (Graduação e Pós-Graduação) no Estado do Rio de Janeiro. Desembargador Federal do Tribunal Regional Federal da 2ª Região

TEORIA DOS PRINCÍPIOS CONSTITUCIONAIS TRIBUTÁRIOS
A Nova Matriz da Cidadania Democrática na Pós-Modernidade Tributária

RENOVAR

Rio de Janeiro • São Paulo • Recife

2008

Todos os direitos reservados à
LIVRARIA E EDITORA RENOVAR LTDA.
MATRIZ: Rua da Assembléia, 10/2.421 - Centro - RJ
CEP: 20011-901 - Tel.: (21) 2531-2205 - Fax: (21) 2531-2135
FILIAL RJ: Tels.: (21) 2589-1863 / 2580-8596 - Fax: (21) 2589-1962
FILIAL SP: Tel.: (11) 3104-9951 - Fax: (11) 3105-0359
FILIAL PE: Tel.: (81) 3223-4988 - Fax: (81) 3223-1176

LIVRARIA CENTRO (RJ): Tels.: (21) 2531-1316 / 2531-1338 - Fax: (21) 2531-1873
LIVRARIA IPANEMA (RJ): Tel: (21) 2287-4080 - Fax: (21) 2287-4888

www.editorarenovar.com.br   renovar@editorarenovar.com.br
                             SAC: 0800-221863
© 2008 by Livraria Editora Renovar Ltda.

Conselho Editorial:

Arnaldo Lopes Süssekind — Presidente
Caio Tácito (*in memoriam*)
Carlos Alberto Menezes Direito
Celso de Albuquerque Mello (*in memoriam*)
Luiz Emygdio F. da Rosa Jr.
Nadia de Araujo
Ricardo Lobo Torres
Ricardo Pereira Lira

Revisão Tipográfica: Maria de Fátima Cavalcante

Capa: Diogo Machado

Editoração Eletrônica: TopTextos Edições Gráficas Ltda.

Nº 0061

CIP-Brasil. Catalogação-na-fonte
Sindicato Nacional dos Editores de Livros, RJ.

N306t

Nogueira, Alberto
Teoria dos princípios constitucionais tributários — A nova matriz da cidadania democrática na pós-modernidade tributária / Alberto Nogueira.
— Rio de Janeiro: Renovar, 2008.
342p. ; 21cm.

ISBN 978857147-677-6

1. Direito tributário. I. Título.

CDD 346.810922

Proibida a reprodução (Lei 9.610/98)
Impresso no Brasil
Printed in Brazil

À memória do amigo e mestre OSCAR DIAS CORRÊA, exemplo de vida em todos os seus aspectos, na certeza da imortalidade de sua obra humana e espiritual.

Quero expressar meus sinceros agradecimentos a todos que colaboraram direta ou indiretamente na realização deste livro, destacadamente: Arminda Andrade Carneiro (coordenação geral, pesquisa, revisão) e Sheyla Dryswiacki Azulay (apoio de revisão e de traduções, contextualização de referências bibliográficas, digitação). E ainda o apoio logístico prestado por Fábio Umberto Bloise.

ÍNDICE

I - ABERTURA 1
II - INTRODUÇÃO 13
1.1. O mundo das coisas e o da ciência 13
1.2. O mundo da teoria 14
1.3. O modelo burguês *(positivismo jurídico à francesa e anglo-americano)* 15
1.4. O que se pretende com este livro 17

III- PARTE GERAL

CAPÍTULO 1
CONSTITUIÇÃO E TRIBUTO. NORMATIVIDADE E PRINCIPIOLOGIA CONSTITUCIONAL TRIBUTÁRIA 25
1. Uma visão panorâmica 29
2. Teoria da tributação 38
3. A segunda tríade 42

CAPÍTULO 2
A CIDADANIA TRIBUTÁRIA 53

IV- PARTE ESPECÍFICA. Uma Abordagem Predominantemente (Base) Brasileira

CAPÍTULO 1
PRINCÍPIOS TRIBUTÁRIOS NO DIREITO BRASILEIRO ... 69
A Tutela Constitucional da Tributação (Sujeição e Defesa) 69

1.1. Primeira vertente (desdobrada em três etapas ou estágios). 69
1.2. A segunda vertente — A Constituição e a Tributação 74
1.2.1. O ordenamento tributário 74
1.2.2. Os limites da impositividade 74
1.2.3. A legitimidade da tributação 74
1.3. A terceira vertente 75
1.3.1. A defesa em 3 dimensões 75
1.3.1.1. A dimensão individual 76
1.3.1.2. A dimensão grupal 77
1.3.1.3. A dimensão jurídica 78

CAPÍTULO 2
O ESTADO DEMOCRÁTICO DE DIREITO TRIBUTÁRIO . 79

CAPÍTULO 3
O DEVIDO PROCESSO LEGAL TRIBUTÁRIO E OS DIREITOS HUMANOS DA TRIBUTAÇÃO 87

CAPÍTULO 4
DIREITOS, DIREITO E PRINCÍPIOS. Os Princípios Constitucionais Tributários 93

CAPÍTULO 5
SISTEMAS TRIBUTÁRIOS E PRINCIPIOLOGIA 125
1. Sistemas 125
2. Principiologia 130

CAPÍTULO 6
O SISTEMA TRIBUTÁRIO BRASILEIRO EM FACE DOS PRINCÍPIOS CONSTITUCIONAIS 131
1. O contexto brasileiro 131
2. A "tríade" principiológica 138
2.1. O princípio federativo 138
2.2. O princípio republicano 143
2.3. A cidadania democrática 144
3. Os direitos fundamentais 144

CAPÍTULO 7
PRINCÍPIOS CONSTITUCIONAIS TRIBUTÁRIOS COMUNS 149
1. Principiologia constitucional tributária 149

CAPÍTULO 8
GARANTIAS E INSTRUMENTOS DE CONTROLE DOS
PRINCÍPIOS TRIBUTÁRIOS 153
1. *As garantias e os instrumentos* 154
1.1. As garantias (espécies) 154
1.2. Os instrumentos 155
2. *A principiologia (geral e tributária) como sistema de controle dos diversos princípios isoladamente considerados* 156

CAPÍTULO 9
OS PRINCÍPIOS TRIBUTÁRIOS NA ERA DA
GLOBALIZAÇÃO E DAS REGIONALIZAÇÕES 161
1. 1º aspecto. Princípios Tributários na perspectiva sistêmica ... 162
1.1. A multidimensionalidade 162
2. 2º aspecto, decorrência do primeiro (no que diz respeito à interação) 164
2.1. Como se dá a interação dos Princípios Tributários 164
2.2. A "acoplagem" dos princípios 164
3. 3º aspecto 166

CAPÍTULO 10
PRINCÍPIOS TRIBUTÁRIOS, JUSTIÇA E CIDADANIA NO
REORDENAMENTO MUNDIAL. O CONTRIBUINTE DO
3º MILÊNIO 167
1. *Princípios Tributários e Justiça* 167
1.1. A principiologia como paradigma avançado de justiça 169
1.2. O paradigma da justiça tributária 172
1.3. O paradigma da justiça social 173
2. *Princípios tributários e cidadania* 174
2.1. A conexão principiológica versus *cidadania (tributária)* ... 174
2.2. O alargamento da cidadania tributária 174
2.3. A construção das "democracias tributárias" 177
2.4. O horizonte principiológico dos direitos humanos da tributação 177
3. A justiça tributária no reordenamento mundial 178
3.1. Os ordenamentos antigos, novos (modernos) e os novos ordenamentos 179
3.2. A justiça local, nacional, regional (blocos) e mundial 184
3.3. A ordem penal tributária 185
4. O contribuinte do 3º milênio 185

4.1. O contribuinte do passado, do presente e do futuro 186
4.2. O contribuinte do Estado Democrático de Direito 193
4.3. O contribuinte planetário 202

APÊNDICE 1
CONFERÊNCIA SOBRE O ESTATUTO DO
CONTRIBUINTE 215
1. Algumas observações sobre o chamado estatuto do
contribuinte 215
2. Algumas observações sobre a chamada "relação
fisco-contribuinte" 221
3. Algumas observações sobre o "caso brasileiro" 231
4. Uma cópia "apagada" de República 243
5. Três contra um: uma república opressora e faminta 244

APÊNDICE 2 269
1. Estado de Direito 269
2. Estado Social de Direito 271

APÊNDICE 3
A INTERMINÁVEL EPOPÉIA DA TRIBUTAÇÃO 277

APÊNDICE 4
OS DIREITOS HUMANOS NO SISTEMA
CONSTITUCIONAL TRIBUTÁRIO 285

APÊNDICE 5
OS CAMINHOS DA LIBERTAÇÃO TRIBUTÁRIA OU A
RETOMADA DOS DIREITOS DA CIDADANIA
TRIBUTÁRIA CONFISCADA 295
1. Introdução (panorama geral) 295
2. Um novo modelo de tributação (receita e despesa) 303
3. Os caminhos da reconstrução 307
3.1. A participação ativa no Estado Democrático de Direito:
o 1º caminho 307
3.2. O sistema tributário nacional e o Estado Democrático de
Direito: o 2º caminho 314
3.3. O terceiro caminho, o do ajuste do sistema legal tributário ... 321

V — REFERÊNCIAS BIBLIOGRÁFICAS 327

VI — ÍNDICE ONOMÁSTICO 337

I. ABERTURA

Precedendo as reflexões que se desenvolvem no presente trabalho, já no longínquo ano de 1996[1], tive oportunidade de abordar dois temas agora mais pontualmente revisitados (à época, pareciam um tanto quanto "idealistas", no sentido da realidade jurídica dos Tribunais ou, dizendo de outra maneira, de coloração meramente doutrinária e, portanto, apenas de valor teórico). O primeiro deles se referia à efetividade do ordenamento jurídico (tema que procurei aprofundar no livro intitulado *Direito Constitucional das Liberdades Públicas*[2]), o qual me parece, no novo ambiente da prática judiciária, deva reproduzir. Eis o texto antigo (agora novo, por atual):

"A efetividade do ordenamento jurídico é de essencial importância para se definir o nível existente, ou seja, sua real existência, notadamente no que se entende com a concretização das normas constitucionais, muito especialmente daquelas concernentes aos direitos e garantias fundamentais. O que se disse acima se realça ainda mais quando se cuida de matéria tributária.

A partir de 1959, com a célebre conferência de Otto Bachof (edição de 1987), tomou impulso o incessante movimento em direção à concretização dos preceitos constitucionais, encontrando notáveis precedentes em Oscar Bulow, que abordou a relação entre Lei e Judicatura (1885) e Reichel, tratando este último de Lei e Sentença (1915), todos eles excepcionais expoentes da 'velha Geórgia Augusta' (Universidade de Tubingen).

---

[1] 1ª edição do livro intitulado *Os Limites da Legalidade Tributária no Estado Democrático de Direito.*
[2] NOGUEIRA, Alberto. *Direito constitucional das liberdades públicas.* Rio de Janeiro: Renovar, 2003.

1

Assim também, na Itália, Nicolo Trocker:

...'il diritto fondamentali vincolano il potere legislativo, esecutivo e giudiziario come diritto immediatamente vigente' (Trocker, 1974, p. 124).

E, na autorizada lição de Bernard Schwartz, nos Estados Unidos da América, Professor de Direito e Diretor do Instituto de Direito Comparado da Universidade de Nova York, para quem:

'Uma Constituição é apenas um pedaço de papel se as prescrições nela contidas não puderem ser postas em vigor pelos tribunais' (Schwartz, 1966, p. 12)."[3]

O segundo deles é uma decorrência, que agora se põe como tarefa cotidiana dos "operadores do Direito", a se inserir no grande desafio do "Direito-verdade", pertinente à concretização dos preceitos constitucionais (o que justamente me levou a preparar o programa da disciplina que leciono há 5 anos no Mestrado em Direito (Tributário) da Universidade Cândido Mendes), do qual resultou este livro. Assim foi escrito:

"As dificuldades para a concretização dos preceitos constitucionais têm sido enfrentadas com grande esforço pelos países que se libertaram de regimes de força (nazista, fascista, franquista e salazarista, na Europa), como dão notícia Miguel Sánchez Morón* na Espanha e Marcello Caetano**, em Portugal. O Brasil, no particular, não foi exceção, como observa com acuidade José Carlos Barbosa Moreira (1988)***, apesar da garantia de efetividade inscrita no art. 5º, § 1º, da Constituição de 1988, realizando-se finalmente antiga postulação de Osny Duarte Pereira****."[4]

---

3 NOGUEIRA, Alberto. *Os limites da legalidade tributária no estado democrático de direito:* fisco X contribuinte na arena jurídica: ataque e defesa, Rio de Janeiro: Renovar, 1996, pp. 48-49.
4 NOGUEIRA, Alberto. *Os limites da legalidade tributária,* op. cit., pp. 49-51.

* *"Los juristas españoles siempre han sido buenos conocedores de las teorías y normas ajenas. Muchas de nuestras leyes las han recogido con indudable rigor técnico. Pero entre el texto de las leyes y su aplicación práctica ha existido, por lo general, una considerable distancia. Puede afirmar-se, por tanto, que con independencia de la letra de las constituciones y demás leyes políticas, nuestro país no se ha incorporado plenamente al constitucionalismo modierno hasta 1978, dejando a salvo breves períodos trágicamente frustrados."* (Sánchez Móron, 1991, p. 42). E, arrematando: *"Sin embargo, los lastris del pasado pesan todavía siguen condicionando en la actualidad el desarrollo formativo de la Constitución y su aplicación efectiva."* (idem, pp. 42-43).

** Essa reflexão de Marcello Caetano, recolhida por Mário Gonçalves Viana faz lembrar o famoso verso de Fernando Pessoa *("Nada vale a pena se a alma é pequena")*: *"Os textos, as doutrinas, os princípios, tudo vale pouco se não for vivido"* (Caetano, apud Viana, 1952, p. 357). A associação com nosso Pontes de Miranda é mais do que inevitável, irresistível: *"Quando alguma Constituição ou alguma lei entra em vigor, o que mais importa do que feri-la é interpretá-la conforme os princípios da civilização em que ela se tem de inserir e de ser* aplicada" (Miranda, 1973, v. a., p. 3). E, mas adiante: *"Nada mais perigoso do que fazer-se Constituição sem o propósito de cumpri-la. Ou de só se cumprir nos princípios de que se precisa, ou se entende devam ser cumpridos — o que é pior"* (idem, p. 15).

*** Em trabalho intitulado O Poder judiciário e a efetividade da nova Constituição, Barbosa Moreira faz algumas observações interessantes, tais como: *"Por estranho que se afigure, a Constituição raramente tem atingido, entre nós, o nível de efetividade comum em normas de hierarquia inferior"*; *"as circunstâncias históricas, em nosso caso, acrescentam um dado importante. A feitura de nova Constituição, na hora atual, representou, ou quando nada quis representar, gesto nítido de ruptura com o recente passado político e institucional do País"*; *"Adite-se que o legislador constituinte, sem dúvida advertido de certos antecedentes históricos, se esforçou por assegurar efetividade à sua própria obra. Preocupou-se, v.g., em dispor expressamente que 'as normas definidoras dos direitos e garantias fundamentais têm aplicação imediata' (art. 5º, § 1º)".*

E, aludindo a *"fatores diversos"* que *"costumam pôr em risco a efetividade de uma nova Constituição"*, refere-se a *"técnicas varia-*

das" que "podem ser postas a serviço desse projeto de esterilização", contidas em vasto "receituário jurídico" e "fórmulas capazes de atenuar ou, na prática, eliminar o impacto de tal ou qual disposição vista como inconveniente", tais como o "imobilismo" a "indolência mental" e, por fim, "um tipo de interpretação que não ficava mal chamar retrospectiva", e, ainda, "defeitos de ordem técnica" no texto, tudo conspirando "contra a efetividade da Constituição", de tal maneira que, "De um jeito ou de outro, prolonga-se (estávamos quase a dizer: perpetua-se) o status quo". E conclui com pungente conclamação: "Contadas as suas imperfeições, a Carta de 1988 assinala momento transcendente da vida nacional: ela é o instrumento da restauração plena do Estado de Direito no Brasil. Semelhante obra, porém, não se esgota com a promulgação: urge que o texto promulgado se transfigure em vivência. Nossa ardente esperança é a de que o Poder Judiciário não participe desse episódio como espectador frio nem — pior ainda — como sabotador voluntário ou involuntário, mas como sincero e empenhado colaborador" (Moreira, J. C. B., 1988, pp. 151-155).

Idêntica exortação é também feita por José Raimundo Gomes da Cruz: "A principal tarefa do estudioso de direito, a mais apaixonante, no presente momento, consiste no esforço de conscientização da comunidade dos profissionais de direito, enfim, de toda a comunidade no sentido de rejeitar todas as manobras que impeçam a tutela assegurada pelas normas constitucionais" (Cruz, J. R. G. da, 1993, p. 24).

**** O texto é anterior ao Movimento Militar deflagrado em 1964, constando de trabalho destinado ao povo, por isso incluído na Coleção "Cadernos do Povo Brasileiro": "sem que os homens, reunidos em Constituinte, sejam, em maioria os humildes, para poder dar a garantia, e não apenas escrever, cada declaração de direitos será simplesmente um poema de liberdade declamado pelos que estão no cárcere: o cárcere da pobreza, do analfabetismo e da enfermidade que, por ora, não se pode curar porque o remédio é inacessível" (Pereira, 1964, p. 150). E, logo em seguida: "Isto tudo não quer, entretanto, significar que seja inútil o conteúdo da Carta Magna. Quer apenas demonstrar que não funciona. Não impede porém que empreendendo uma campanha nacional de esclarecimento, o povo brasileiro, mesmo apenas a fração que compõe o colégio eleitoral, não seja capaz de, utilizando este mesmo aparelho, proceder a uma reviravolta, e transformar em realidade o que até agora tem sido apenas ficção" (idem, p. 151)

Não resisto à idéia, nesta "abertura", de trazer ao palco acadêmico essa autorizada interpretação da Ética de BENTO DE ESPINOSA (português, com certeza, e não holandês, como correntemente se propala), a cargo de JOAQUIM DE CARVALHO (Parte I), como Introdução, e que se liga, guardadas as proporções, ao que venho apresentando, no campo do Direito, como o mutável e o imutável (Direito, com maiúscula e no singular, e Direitos, com maiúscula, mas no plural)[5]. Completo esta abertura com a análise do pensamento de Espinosa, a cargo do referido JOAQUIM DE CARVALHO:

"A comparação com o Trat. breve, I, 8, mostra que Esp. manteve na Et. a distinção dos modos imediatos e mediatos, e que a aplicou para distinguir os modos infinitos em dois grupos. Pode dizer-se que os modos infinitos mediatos são as essências que constituem o que há de imutável nas coisas, pois dá como exemplo, na Ep. LXIV, a Schuller (29-VII-1675), 'a figura (ou fisionomia) do Universo no seu conjunto, a qual se mantém sempre a mesma a despeito dele variar em modos infinitos'. (Facies totius universi, quae, quamuis infinitis módis variet,I manet tamen semper eadem.) Por 'figura do Universo no seu conjunto' entendia Esp. A construtura do Universo semelhante à do indivíduo, como se depreende da Et., 11, XIV, 1. VII, esc.: 'Concebemos facilmente que a Natureza é um só indivíduo, cujas partes, isto é, todos os corpos, variam com infinitas modificações sem qualquer mudança do conjunto do indivíduo (totius individui).' Os intérpretes não são unânimes relativamente ao sentido da facies totius Universi. Para uns, como Erdmann e Kuno Fischer, é a soma de todos os modos finitos, idéias e corpos, opinião que Lindemann e Pollock consideram incon-

---

5 NOGUEIRA, Alberto. *Direito constitucional das liberdades públicas*. Rio de Janeiro: Renovar, 2003, pp. 105-111.

ciliável, e com razão, com a concepção do intelecto infinito. Para Rivaud, que referiu as opiniões acabadas de indicar, parece ser 'o conjunto das leis das coisas corpóreas, ou antes, o conjunto das suas essências, concebida como série de relações que se incluem umas nas outras e contidas em última particularidade numa única relação'. Para Richter significa a estrutura do Universo físico, e para outros, a lei da conservação da quantidade de movimento, segundo a proposição de Descartes (Princ. phil., II, 36 e Princ. phil. cart., de Esp., II, prop. 13) como é parecer de Delbos.
Qualquer que seja o sentido que se lhe atribua, a facies totius Universi é um modo da Extensão, e como Esp. não deu exemplo de qualquer modo infinito mediato no atributo do Pensamento, surge logicamente o problema da respectiva determinação. Delbos foi de opinião, a nosso ver acertadamente, que seria 'a ordem total das almas eternas —, aquela ordem em que elas constituem uma unidade anterior às suas determinações singulares que forma no Pensamento o modo infinito e eterno-mediato, simétrico da facies totius Universi', como sugere o escólio da prop. 40, V, da Et.; outros, porém, sustentam que seria o Intellectus actu Infinitus, e a Idea Dei in cogitatione.
Finalmente, dão-se ainda os modos finitos, considerados na Prop. XVIII, ou sejam as coisas singulares, que percebemos no tempo e no espaço com existência empírica, finita e determinada, isto é, as coisas individuadas."[6]

E, já agora, quase fechando esta "abertura", a referência que fiz no meu último livro (*Sistemas Judiciais das Liberdades Públicas*), enfocando a posição de CHAIM PERELMAN, especialmente no campo da Justiça:

---

6   ESPINOSA, Bento de. *Ética*. Lisboa: Relógio D'Água Editores, 1992. Introdução e Notas de Joaquim de Carvalho, pp. 188-189.

"PERELMAN, inobstante, prefere 'a tarefa mais delicada de procurar o que há de concreto entre as diversas concepções de justiça' para julgar o caso concreto. Sobre tais concepções, assinala:
'Qualquer sistema de justiça constitui apenas o desenvolvimento de um ou de vários valores, cujo carácter arbitrário está ligado à sua própria natureza. Isto permite-nos compreender porque é que não existe um sistema de justiça único, porque é que podem existir tantos sistemas quantos valores diferentes houver. Resulta daqui que, se uma regra for considerada injusta por alguém que preconize uma fórmula diferente de justiça concreta, e portanto uma repartição diferente em categorias essenciais, bastará registar o antagonismo que opõe os partidários das diferentes fórmulas de justiça: com efeito, cada um deles põe em primeiro plano um valor diferente.'

Nessa passagem, o diagnóstico da 'justiça cega' ou formal:
'A venda que cobre os olhos da estátua da Justiça simboliza esta atitude desinteressada: julgam-se, não pessoas, que não se vêem, mas seres que caem dentro desta ou daquela categoria jurídica. O juiz é imparcial, porque não entra em linha de conta com as pessoas. A sentença será a mesma quer se trate de amigos ou de inimigos, de poderosos ou de miseráveis, de ricos ou de pobres. Todos aqueles a quem se aplica a mesma regra devem ser tratados da mesma maneira, quaisquer que sejam as conseqüências. A máquina é desprovida de paixão: não se pode intimidá-la, corrompê-la, ou mesmo apiedá-la. Dura lex, sed lex. A regra é a igualdade, quer dizer a intermutabilidade dos que são trazidos perante a justiça: as suas particularidades só serão tomadas em consideração na medida em que a lei faz delas uma condição da sua aplicação. É a concepção formal da justiça.'

E, lá adiante, completando sua arguta e autorizada análise, referindo-se aos três famosos praecepta de Ulpiano: 'Os três preceitos de Ulpiano: honeste vivere, alterum non laedere, suum cuique tribuere (Dig. I, 1, 10) parecem-me, convenientemente interpretados, resumir a nossa análise da noção de justiça. Estes preceitos foram entendidos de maneiras muito variáveis. Leibniz vê neles fórmulas da justiça universal, da justiça comutativa e da justiça distributiva. Para Kant, eles resumem os nossos deveres jurídicos que comportam uma lex iusti, uma lex iuridica e uma lex iustitiae. Quanto a nós, que interpretamos o terceiro preceito num sentido puramente legal (atribuir a cada um o que lhe cabe segundo a lei), vemos nestas três fórmulas os três aspectos complementares da noção de justiça, os aspectos profético, filosófico e jurídico, correspondendo aos níveis do agente, da regra e do acto, que acabamos de distinguir na nossa análise.

A noção complexa de justiça apresenta-se assim, no ocidente, como um campo de recontro onde vêm fecundar-se mutuamente as fórmulas bem cunhadas dos juristas romanos, os sistemas racionais dos filósofos gregos, as invocações apaixonadas dos profetas judeus que contribuíram, todos eles, para a grande tradição cristã, racionalista e mais tarde, laica, que enriquece o nosso pensamento e vivifica a nossa consciência.'[7]

Completando o fecho desta abertura e com o foco dessas reflexões centrado no sistema tributário — e principiológico — brasileiro, os comentários constantes de livro publicado há dez anos:

---

7   PERELMAN, Chaïm apud NOGUEIRA, Alberto. *Sistemas judiciais das liberdades públicas*. Rio de Janeiro: Renovar, 2006, pp. 36-38.

"Não basta, agora, no Estado Democrático de Direito, a mera adequação do ato administrativo ou da lei (strictu sensu) à literalidade dos preceitos constitucionais. Os direitos fundamentais, no nosso sistema atual, tal como prescritos na Constituição, se tornam imperativos e têm aplicação imediata (art. 5º, parágrafo 1º) e não excluem outros decorrentes do regime e dos princípios por ela adotados (idem, parágrafo 2º).

Temos então que, em decorrência, a lei tributária (e com maior razão a exigência tributária, seja a referente a tributo, seja a relativa às chamadas obrigações acessórias) deve respeitar não apenas os preceitos constitucionais (no sentido meramente normativo, ou seja, de regras formais) mas — e principalmente — os princípios consagrados na forma expressa ou implícita no regime (notadamente o regime democrático e social).

A cada dia mais nos convencemos de que a chave para a implementação do Estado Democrático de Direito na área da tributação (Estado de Direito Democrático Tributário) está no controle das leis e dos atos administrativos através dos princípios explícita e implicitamente postos na Constituição. Sobre a força dos princípios que em tantas passagens enfatizamos, assinala LOUIS ALTHUSSER, analisando a obra de Montesquieu e interpretando o conceito nela expressa: 'A força dos princípios entranha tudo. Tal é a lição do livro VIII, que se abre sobre esta frase: a corrupção de cada governo começa quase sempre pela dos princípios ... No momento em que os princípios do governo são uma vez corrompidos, as melhores leis tornam-se más e se voltam contra o Estado; no momento em que seus princípios são saudáveis, os maus fazem efeitos benéficos (EL, VIII, II). Um Estado pode mudar de duas maneiras, ou porque a Constituição se corrige, ou porque ela se corrompe. Se os princípios foram conservados e a Constituição muda, é que ela se corrige; se os princípios foram perdidos, quando a Constituição vem a mudar, é que ela se corrompe (EL, XI, 13).' (ALTHUSSER, Louis. Montesquieu: la politique et l'histoire. 7. ed. Paris: Presses

Universitaires de France, 1992, pp. 54-55. No original: 'La force des principes entraîne tout. Telle est la grande leçon du livre VIII, qui s'ouvre sur cette phrase: la corruption de chaque gouvernement commence presque toujours par celle des principes ... Lorsque les principes du gouvernement sont une fois corrompus, les meilleures lois deviennent mauvaises et se tournent contre l'État; lorsque les principes en sont sains, les mauvaises font l'effet de bonnes (EL, VIII, II). Un État peut changer de deux manières, ou parce que la constitution se corrige, ou parce qu'elle se corrompt. S'il a conservé ses principes et que la constitution change, c'est qu'elle se corrige; s'il a perdu ses principes, quand la constitution vient à changer, c'est qu'elle se corrompt (EL, XI, 13).')

O esquema corretamente proposto por Rubens Gomes de Sousa há de ser pontualmente aplicado com observância desses novos e importantes parâmetros.

Em suma, para a verificação da legalidade, em cada caso, cumpre indagar se as leis tributárias e os atos administrativos editados para aplicá-las atendem aos preceitos constitucionais nos seus abrangentes aspectos de forma e conteúdo (substância).

Não se trata — fique isso bem claro — de um novo plano de legalidade, mas de adequação das normas e exigências tributárias ao quadro de valores pertinentes ao vigente regime constitucional."[8]

Dando este livro por "aberto", espero que seja sua leitura agradável e de algum proveito.

---

[8] NOGUEIRA, Alberto. *A reconstrução dos direitos humanos da tributação*. Rio de Janeiro: Renovar, 1997, pp. 188-190.

II. INTRODUÇÃO

1.1. O mundo das coisas e o da ciência

A palavra "teoria" para o estudante traz em si mesma forte carga de medo, pavor e pânico. É que o homem, desde o nascimento, vai tomando conhecimento das coisas que o cercam por meio dos sentidos básicos. É por intermédio da visão, do tato, do gosto, da audição e do olfato que ele vai entrando em contato direto com a realidade palpável. À medida que esta é identificada nos seus infinitos aspectos, assume as mais variadas *formas*. São os objetos do conhecimento humano, que recebem nomes, passando a integrar o universo de seu mundo, que se revela através de palavras, símbolos, imagens e tantas outras representações. Estrutura-se a linguagem com as mais diversas formas de expressão. Num primeiro estágio, tal processo se concretiza empiricamente, pela simples observação da realidade e correspondente representação. Enfim, firma-se o uso[9] das palavras, que toma diversas acepções no tempo, no espaço e, ainda, dentro de cada área de atividade.

---

9 Como referido por respeitado lexicólogo, citando Peirce e Wittgenstein, é o uso que preenche (carrega) a fórmula. Enfim: *Não procure o sentido* (da palavra), *mas seu uso* (ELUERD, Roland. *La lexicologie*. Paris: PUF, 2000, p. 4).

Todavia, para que se alcance um nível de compreensão mais abrangente da realidade, é necessário o raciocínio para se compreender seus aspectos mais complexos. Enfim, o contato com os dados da natureza que o cerca passa a se dar também de forma indireta e metódica. Do conhecimento meramente descritivo, através do processo (atuação) científico procura-se um conhecimento mais preciso e completo. É assim que o homem entra no campo da ciência, que é o do saber organizado ou construído.[10]

1.2. O mundo da teoria

Aqui, no plano teórico, o mundo da realidade (objetos, coisas naturais e produzidas) é apreendido através de representações[11]. Não tem sido muito diferente o que o homem vem fazendo em outra realidade — a do direito[12].

---

10 Bem oportuno o registro de JEAN-LOUIS BERGEL: "Constatando que o direito manteve-se muito tempo afastado das outras disciplinas sociais, H. Lévy-Bruhl preconizou estudar os fatos jurídicos em si mesmos e sem preocupação prática, segundo um método científico e não só de um ponto de vista técnico. Essa ciência do direito a que chamou 'a jurística' devia concentrar-se nas 'instituições' sob seus diversos aspectos em todos os grupos sociais, e não, em princípio, em tal direito nacional particular, devendo o método ser a um só tempo jurídico, histórico, comparativo e sociológico" (BERGEL, Jean-Louis. São Paulo: Martins Fontes, 2001. Teoria geral do direito, pp. 209-210).

11 Sob o título "Como elaborar uma teoria da tributação", em palestra proferida no Instituto Metodista Bennet, em 07.05.1996, observei: "Sei que entre os estudantes de Direito a palavra teoria assusta um pouco. E desconfio mesmo que por algum movimento, algo secreto, incutiu-se na cabeça do estudante a idéia de que a teoria é algo inacessível, indesejável, impraticável e, sobretudo, deslocada do plano da realidade. Mas não é assim. Não vou falar sobre a teoria. Entretanto, há muitas formas de se trabalhar com plano teórico. Há a teoria alienada, a teoria desviante ou enganadora, e há a teoria que se volta para a realidade. Sob esse último aspecto, a teoria deve refletir a própria realidade. E se ela não conseguir fazê-lo de forma satisfatória, é porque

1.3. O modelo burguês (positivismo jurídico à francesa e anglo-americano)

O modelo burguês corresponde ao Estado Nacional, que se estruturou através de duas vertentes, a saber: a francesa (paradigmatizado nos modernos Códigos, com especial relevo o de 1804 — Código Napoleônico ou dos *Franceses*)[13] e a anglo-americana, moldada no sistema do *comomm law*.

---

essa teoria é imprestável. Temos, então, que a teoria é um instrumento de trabalho, e não de alienação. Como instrumento de trabalho deve revelar a realidade vivenciada em determinado plano da existência" (NOGUEIRA, Alberto. *Viagem ao direito do terceiro milênio*: justiça, globalização, direitos humanos e tributação. Rio de Janeiro: Renovar, 2001, p. 433).

12 Especialmente no Direito Tributário. A propósito, remeto o leitor às pp. 87-128 do livro "A Reconstrução dos Direitos Humanos da Tributação", nas quais procurei esboçar uma Teoria da Tributação (NOGUEIRA, Alberto. *A reconstrução dos direitos humanos da tributação*. Rio de Janeiro: Renovar, 1997).

13 Convém registrar que a lógica do direito francês já não mais se atrela ao modelo dos códigos napoleônicos ("o juiz é a boca da lei") e seu correspondente paradigma: a *lei nacional* (do Parlamento). Com a integração da França — como membro nato da instituição — à atual União Européia, todo o seu sistema jurídico de cima a baixo (Constituição, leis, atos normativos e regulamentares), inclusive no âmbito da Justiça Francesa, adere ao modelo (primado do Direito Comunitário) do Bloco Regional, no qual os princípios desempenham papel fundamental (sobretudo quanto à integração dos sistemas nacionais ao conjunto do direito comunitário e, mais especialmente ainda, no que se refere à garantia e proteção dos Direitos Humanos no sentido abrangente de Direitos do Homem, Direitos Fundamentais e Liberdades Públicas, nesse conjunto também incluídos os *Civil Rights, Human Rights* e Liberdades Fundamentais).

No campo da Justiça, vem à talho a função dos Princípios em face das instituições judiciárias em França, como se vê de obra especializada, sob o título "A Justiça em França", na parte dedicada aos *Princípios*: "A instituição judiciária apresenta um aspecto orgânico (quais são as instituições e os homens?) e um aspecto funcional (que tarefas e que papéis deve cumprir?)". Sobre o tema, remeto o leitor interessado ao Apêndice do meu livro O *devido processo legal tributário* (NOGUEIRA, A. 3. ed. Rio de Janeiro: Renovar, 2002, pp. 175-181) e, ainda, ao livro *Viagem ao direito do terceiro milênio* (NOGUEIRA, A. *Viagem ao direito do terceiro milênio*: justiça, globalização, direitos humanos e tributação. Rio de Janeiro: Renovar, 2001) nos tópicos referentes ao Papel do Juiz na Sociedade Contemporânea, pp. 7-14, O Juiz de Ontem, de Hoje e de Amanhã, pp. 65-75, O Juiz, o Poder Judiciário e os Direitos Humanos, pp. 77-103, e, por fim, Justiça num Mundo Globalizado, pp. 169-180). E continuando:

"Os princípios gerais que a dominam se ligam logicamente a este duplo aspecto das coisas. Estes princípios não procedem unicamente do direito francês interno. Muitas convenções internacionais (Declaração Universal dos Direitos do Homem, Pacto das Nações Unidas relativo aos Direitos Civis e Políticos, Tratados das Comunidades Européias, Convenção Européia de salvaguarda dos direitos do homem e das liberdades fundamentais), às quais a Constituição de 1958 reconhece uma força superior em face da lei interna, estabelecem princípios relativos à justiça que se aplicam de pleno direito na França e dentre os quais alguns, sobretudo no quadro europeu, podem ser sancionados (aplicadas judicialmente) por jurisdições internacionais (Corte de Justiça das Comunidades Européias, Corte Européia de Direitos do Homem)." No original: "L'institution judiciaire présente un aspect organique (quels sont les institutions et les hommes?) et un aspect fonctionnel (quelles taches et quels roles remplit-elle?). Les principes généraux qui la dominetn se rattachent logiquement à ce doublé aspect dês choses. Les principes ne procèdent pas uniquement du droit français interne. Plusieurs conventions internationales (Déclaration universelle des droits de l'homme, Pacte des Nations Unies relatifs aux droits civils et politiques, traités des Communautés européennes, Convention européenne de sauvegarde des droits de l'homme et des libertés fondamentales), auxquelles la Constitution de 1958 reconnaît une force supérieure à celle de la loi interne, posent des principes relatifs à la justice qui s'appliquent de plein droit en France et don't certains, notamment dans le cadre européen, peuvent être sanctionnés par des juridictions internationales (Cour de justice des Communautés européennes, Cour européenne des droits de l'homme)" (RASSAT, Michèle-Laure, *La justice en France*. 7 ed. Paris: PUF, 2004. Coleção Que sais-je? p. 9).

Com as atuais globalização e regionalizações, tal modelo e correspondentes ordenamentos restam superados, mas é oportuno frisar — não desapareceram, como também não desapareceram por completo os anteriores.[14] Estruturam-se, na pós-modernidade e sobre as envelhecidas bases do Estado Nacional, novas estruturas jurídicas (assim como políticas, econômicas e sociais), tema sobre o qual tratei em trabalho anterior[15].

1.4. O que se pretende com este livro

A premissa na qual se assenta — na verdade sua tese fundamental — é de que no mundo atual tanto o modelo dos códigos (e seu paradigma legislativo) como o do *common law* (e seu paradigma dos precedentes, usos e costumes), no fundo também *lei* (embora basicamente não oriunda do legislativo), já não são suficientes para disciplinar a sociedade da pós-modernidade.[16]

---

14   O tema foi por mim abordado no livro *Globalização, Regionalizações e Tributação* (NOGUEIRA, Alberto. *Globalização, regionalizações e tributação*: a nova matriz mundial. Rio de Janeiro: Renovar, 2000, pp. 97-117, pelo que a ele me reporto, sugerindo ao leitor interessado o exame do "texto aberto" (em letra mais clara), sobretudo nos tópicos "O Estado Burguês" (p. 97), "O paradigma legislativo, uma criação burguesa" (pp. 100-111), "os donos da cidade" (pp. 110-111), "mito e realidade" (p. 114), "As novas metamorfoses do Estado" (pp. 116-117) e "O Estado Social de Direito" (pp. 117-118).

15   No livro intitulado *Direitos Constitucionais e Liberdades Públicas*, o tema foi por mim abordado sob o enfoque do Direito Antigo, do Moderno e do "Novo" Direito (NOGUEIRA, A. *Direito constitucional das liberdades públicas*. Rio de Janeiro: Renovar, 2003, pp. 387-402).

16   Abro essa nota para os comentários de JEAN-CLAUDE BÉCANE e MICHEL COUDERC, em trabalho integrante da coleção dirigida pelo "Deão" Jean Carbonnier, sob o significativo título de "A Lei" (BÉCANE, Jean-Caude, COUDERC, Michel. *La loi*. Paris: Dalloz, 1994), a propósito do "post-modernismo hipo-normativo", por eles entendido

No primeiro caso, pela indiscutível *deficiência*, senão impotência do legislador diante da complexa realidade de um mundo globalizado. No segundo, pela lenta formação do direito através do costume. É com a junção dos dois sistemas, devidamente ajustados às novas necessidades, que os novos paradigmas jurídicos estão sendo estruturados[17].

---

como uma tendência de flexibilização da regra de direito (lembro, aqui, o clássico de Carbonnier, "Le Droit Flexible"), e que leva ao fenômeno da *deslegalização* (p. 281). E, em outro giro, ao "refino" (o juiz ou o administrador *ajustam* a norma legal ao caso concreto de forma flexível, como que preenchendo seu conteúdo como se fosse o legislador para aquela situação, o que qualificam como "mutação da lei" ou "autolimitação do legislador" (p. 282).

17 Consulte-se *Direitos Constitucionais e Liberdades Públicas* (NOGUEIRA, A. *Op. cit.*) Para ilustrar o que disse, sirvo-me de dois textos, recentes, de eminente especialista do chamado Neoconstitucionalismo, LUÍS ROBERTO BARROSO. O primeiro deles trata da nova interpretação constitucional: "A interpretação constitucional é uma modalidade de interpretação jurídica. Tal circunstância é uma decorrência natural da força normativa da Constituição, isto é, do reconhecimento de que as normas constitucionais são normas jurídicas, compartilhando de seus atributos. Porque assim é, aplicam-se à interpretação constitucional os elementos tradicionais de interpretação do Direito, de longa data definidos como o gramatical, o histórico, o sistemático e o teleológico. Cabe anotar, neste passo, para adiante voltar-se ao tema, que os critérios tradicionais de solução de eventuais conflitos normativos são o hierárquico (lei superior prevalece sobre a inferior), o temporal (lei posterior prevalece sobre a anterior) e o especial (lei especial prevalece sobre a geral).

Sem prejuízo do que se vem a afirmar, o fato é que as especificidades das normas constitucionais (v. *supra*) levaram a doutrina e a jurisprudência, já de muitos anos, a desenvolver ou sistematizar um elenco próprio de princípios aplicáveis à interpretação constitucional. Tais princípios, de natureza instrumental, e não material, são pressupostos lógicos, metodológicos ou finalísticos da aplicação das normas constitucionais. São eles, na ordenação que se afigura mais adequada para as circunstâncias brasileiras: o da supremacia da Constituição, o da presunção de constitucionalidade das normas e atos do Poder Público, o da

A nova principiologia terá fundamental e imprescindível papel nessa estruturação.[18]

interpretação conforme a Constituição, o da unidade, o da razoabilidade e o da efetividade" (BARROSO, Luís Roberto. Neoconstitucionalismo e constitucionalização do direito. *Quaestio Iuris*: Revista do Programa de Pós-Graduação em Direito da Uerj, Rio de Janeiro, n.3, p. 7, mar. 2006).

Já o segundo discorre, também no mesmo cenário da hermenêutica constitucional moderna ou avançada, especificamente sobre o reconhecimento de normatividade aos princípios: "O reconhecimento de normatividade aos *princípios* e sua distinção qualitativa em relação às regras é um dos símbolos do pós-positivismo (v. *supra)*. Princípios não são, como as regras, comandos imediatamente descritivos de condutas específicas, mas sim normas que consagram determinados valores ou indicam fins públicos a serem realizados por diferentes meios. A definição do conteúdo de cláusulas como dignidade da pessoa humana, razoabilidade, solidariedade e eficiência também transfere para o intérprete uma dose importante de discricionariedade. Como se percebe claramente, a menor densidade jurídica de tais normas impede que delas se extraia, no seu relato abstrato, a solução completa das questões sobre as quais incidem. Também aqui, portanto, impõe-se a atuação, do intérprete na definição concreta de seu sentido e alcance" (*Idem*. p. 9.).

18 O que nos leva necessariamente à interdisciplinariedade, a partir do enfoque jurídico tomando como base, reforçada esta com outras contribuições. Enfim, na feliz síntese de JEAN CARBONNIER, referindo-se especificamente ao direito dogmático e à sociologia jurídica, "a diferença não está no objeto: trata-se de uma diferença de ponto de vista, de ângulo de visão. O mesmo objeto que o direito dogmático analisa "de dentro", a sociologia do direito o observa "de fora". Observa o autor que se construiu no campo acadêmico uma espécie de aliança entre a sociologia jurídica, a história do direito e o direito comparado, procurando a primeira encontrar seu lugar natural no mundo em que os outros já se achavam implantados nas faculdades (de Direito). Como em trabalhos anteriores, sem perder de vista o foco jurídico e também o espaço jurídico territorial (sistemas de várias dimensões, e não apenas o "nacional"), temos procurado o auxílio dessas outras disciplinas para compreender a realidade jurídica em seus aspectos dogmáticos e para além deles. Sobre a historiografia jurídica, pareceu-me razoável aportar

a esta nota parte do verbete do Dicionário Enciclopédico de Teoria e de Sociologia do Direito, por didático e elucidativo quanto ao conteúdo deste trabalho: "A crítica da história dos acontecimentos quase não provocou mudanças na historiografia jurídica dominante, sobretudo em razão do fato de que ela muitas vezes ocultou a identificação dos 'fenômenos de longa duração' na área do direito, só vendo as realidades estruturais em campos como o 'social' ou o 'econômico'. Típico: em seu esboço monumental sobre a civilização mediterrânea moderna, F. Braudel quase não levou em consideração as estruturas políticas ou jurídicas, que são entretanto de importância fundamental na estruturação global da área sociocultural da qual se ocupava. Em contrapartida, os juristas-historiadores (p. ex. A. Garcia-Gallo, B. Paradisi, F. Wieacker, H. Coing, H. Thieme) consolidaram-se dentro da idéia segundo a qual uma abertura de sua disciplina ao 'social', levaria a um desconhecimento dos momentos (normativos, construtivos) mais específicos do direito (valorizados, aliás, até mesmo no lado dos 'sociólogos' ver G. Gurvitch). Os anos 70 foram uma época decisiva de tranformações. Vários foram os fatores responsáveis: a chegada de novas gerações de historiadores do direito, marcadas pela contribuição marxista da 'primeira onda' da Ecole des Annales, mas, também, pelo anti-economicismo da 'nouvelle histoire', permitiu superar tanto o formalismo da história jurídica estabelecido quanto o economicismo de suas críticas; as correntes novas da teoria política e sociológica (principalmente, L. Althusser, N. Poulantzas, a Escola crítica de Frankfurt, M. Foucault, P. Bourdieu) forneceram os modelos teóricos mais equilibrados e mais produtivos para a explicação das relações entre o direito (como instituição, como discurso, e como ideologia) e os outros níveis da prática social; a 'crise do Estado' (cf. R. Ruffilli, 1979) e o progresso da antropologia política e jurídica produziram uma maior consciência da historicidade dos paradigmas políticos e jurídicos da tradição 'estatal' e 'positivista', e abriram à história do direito os caminhos de uma concepção pluridimensional (e não chrono — ou etnocêntrica) do poder e do direito (B. Clavero, 1985b; J. Perez Royo, 1980; J. Chevallier & D. Loschak, 1982); as teorias do discurso revelaram os mecanismos mais sutis de condicionamento recíproco texto-contexto e dos níveis mais profundos de enraizamento e de significação social dos discursos jurídicos" (ARNAUD, André-Jean et al. [dir.]. DICIONÁRIO enciclopédico de teoria e de sociologia do direito. Rio de Janeiro: Renovar, 1999, pp. 375-376. Tradução de Patrice Charles F.X. Williaume).

Na área tributária isto se torna ainda mais importante e urgente, pois é nela — e já agora sob o novo paradigma constitucional — que mais se fertilizaram as sementes do direito do 3º milênio.

No presente livro, a pesquisa vai se desenvolver sobretudo a partir da constituição de 1988, que se assenta sobre rica tradição principiológica.

Os temas a seguir abordados são resultado das aulas que venho ministrando nos últimos quatro anos no Programa de Mestrado da Universidade Cândido Mendes na disciplina intitulada Teoria dos Princípios Constitucionais Tributários, além de outras experiências teóricas e práticas que tiveram lugar antes e durante esse período de tempo.[19]

---

19 No particular, levei em consideração as profundas reflexões contidas nas Investigações Filosóficas de Ludwig Wittgenstein (WITTGENSTEIN, Ludwig. Investigações filosóficas. 2. ed. São Paulo: Abril Cultural, 1979), com destaque para algumas passagens selecionadas, como segue: No campo da tributação, a idéia do devido ou do justo e de seu oposto é "perceptível". No caso brasileiro, como também alhures, a certeza de que o sistema tributário é não apenas injusto mas também "desgovernado" (sobretudo por sua irracionalidade, desfuncionalidade e legitimidade democrática). Sua má qualidade, em todos os aspectos parece ser uma unanimidade, exceto para os sonegadores "profissionais". Na reflexão de Wittgenstein: "Um ideal de exatidão não está previsto, não sabemos o que devemos nos representar por isso — a menos que você mesmo estabeleça o que deve assim ser chamado. Mas ser-lhe-á difícil encontrar tal determinação, uma que o satisfaça" (WITTGENSTEIN, Ludwig. Op. cit., p. 49).

Meu comentário: mas não é tão difícil encontrar uma fórmula aproximada do ideal (a melhor, dentre as várias possíveis) e que agrade, senão a todos, pelo menos ao maior número possível de pessoas. No caso dos tributos, a principiologia clássica apresenta inúmeras soluções técnicas em direção ao que se possa aceitar como um Sistema de Tributação justo ou razoável.

III. PARTE GERAL

CAPÍTULO 1

CONSTITUIÇÃO E TRIBUTO. NORMATIVIDADE E PRINCIPIOLOGIA CONSTITUCIONAL TRIBUTÁRIA[20]

---

20 Abro uma "janela" (entenda-se como um *parêntese* posto como pano de fundo deste capítulo, para preciosas passagens da Teoria Geral do Direito de JEAN-LOUIS BERGEL.

A primeira delas foi ali na Introdução, apresentada como uma espécie de "abertura" ou um convite de nova visitação ao mundo do Direito. Permito-me adotá-la também aqui:
"Depois de obras como as de P. Roubier, J. Dabin, J. Haesert, C. du Pasquier, P. Pescatore ou M. Virally, pode parecer pretensioso aventurar-se numa nova obra de teoria geral do direito. Mas, apesar de raras obras recentes, muitos juristas, que se abeberam em regulamentações e soluções pontuais e efêmeras, parecem desinteressados dos grandes princípios e dos aspectos metodológicos do direito. Ora, o jurista deve ser um regente de orquestra, apto a dominar e coordenar todos os instrumentos do direito: a solução jurídica não pode provir do som, por vezes discordante, de uma disposição isolada, mas depende para sua compreensão, para sua aplicação e sua execução dos princípios, das instituições, dos conceitos e dos procedimentos técnicos da ordem jurídica geral" (BERGEL, Jean-Louis. *Op. cit.*, p. xv).

Mais adiante, sobre a distinção entre a teoria geral e a filosofia do direito (Em 1998, com foco no direito tributário, abordei idêntica temática em conferência proferida no I Congresso Internacional de Direito Tributário em Vitória — ES promovido pelo IBET — ver apêndice à 2ª edição de *Os Limites da Legalidade Tributária no Estado*

Democrático de Direito (NOGUEIRA, Alberto. *Os limites da legalidade tributária no estado democrático de direito*: fisco X contribuinte na arena jurídica: ataque e defesa. 2. ed. Rio de Janeiro: Renovar, 1999, pp. 175-205):

"A teoria geral do direito, oriunda do sucesso das ciências positivas no final do século XIX, era então concebida como o meio de ir além da simples descrição do direito, libertando-se ao mesmo tempo das teorias do direito natural; ela se fundava na idéia de que o direito pode constituir 'um objeto científico positivo'. Depois da Segunda Guerra Mundial, foi compreendida, por reação antipositivista, mais como a investigação dos valores, das normas e das ideologias não-jurídicas, subjacentes à aparente neutralidade dos conceitos, das regras e das teorias jurídicas. A noção de teoria geral do direito mostra-se então ambivalente, até mesmo ambígua, pois é, para uns, uma emanação da filosofia do direito e, para outros, uma abordagem científica, próxima da 'dogmática jurídica', ou seja, da parte da ciência do direito consagrada à interpretação e à sistematização das normas. Conquanto ela não pareça ter adquirido verdadeira autonomia, nos países anglo-saxões, onde o termo 'jurisprudência' significa 'a ciência do direito', a teoria geral foi definida como a ciência cujo objetivo é a exposição dos princípios, das noções e das distinções que são comuns aos diversos sistemas de direito" (*Idem*, p. xviii).

Já agora, sobre as vantagens de um inventário dos princípios fundamentais:

"Um título inteiro do Digesto formulava os princípios e máximas do direito. A doutrina do Antigo Direito, mais especialmente em Loysel e Domat, empenhou-se em inventariar 'as máximas e institutos consuetudinários' e em apresentar 'as leis civis em sua ordem natural', noutras palavras, numa ordem lógica. Assim também, na Inglaterra, quando o *common law* pareceu por demais desordenado e inadequado, nos séculos XV e XVI, recorreram à *equity* para dar ênfase aos princípios do direito. A doutrina alemã moderna, dentro da tradição aristotélica e daquela dos 'tópicos jurídicos' de outrora, esforçou-se para aprofundar o raciocínio específico dos juristas. A obra fundamental de J. Dabin ou de Ch. Perelman, na Bélgica, a de autores franceses tão prestigiosos como Gény, Duguit ou Roubier evidenciam a estreita dependência das manifestações concretas do direito em relação à sua teoria geral. Uma boa formação dos estudantes deveria ser mais bem nutrida de teoria geral e menos entulhada de meros conhecimentos acumulados. A elaboração legislativa precisaria ser dominada graças a mais método e reflexão jurídica. Os profissionais do direito sairiam ganhando com uma melhor utilização dos instrumentos que a técnica jurídica comporta. As decisões jurisdicionais poderiam apoiar-se em geral em escolhas mais bem esclarecidas e em uma redação mais límpida se se abeberassem mais nos recursos da teoria geral do direito. (*Idem*, p. xxix).

Nessa passagem, demonstrando a falsa oposição entre as tendências idealistas e positivistas que, afinal, contribuem ambas para a formação do "pensamento jurídico":
"Certos autores distinguem as 'escolas formalistas', que privilegiam a segurança jurídica graças à forma exterior da regra de direito, as 'escolas idealistas', que perseguem um ideal de justiça e fazem da ordem jurídica uma ordem moral, e 'as escolas realistas', centradas no progresso social. Mas a maioria dos autores mostra, em toda a história das idéias sobre os fundamentos e as finalidades do direito, duas grandes correntes cuja distinção traduz uma escolha fundamental entre tendências idealistas (A) e tendências positivistas (B).

O Antagonismo via de regra demonstrado entre essas abordagens parece inexato e nefasto, a menos que se pretenda impor uma determinada escolha ideológica com fins puramente militantes, independentemente de qualquer preocupação científica" (*Idem*, p. 9).

Sobre a função fundamental dos princípios gerais (com valor jurídico supraconstitucional):
"Uma decisão do Tribunal Constitucional da Baviera admitira, em 1950, que há 'disposições constitucionais que expressam de um modo tão elementar e tão intenso um direito preexistente à Constituição, que elas amarram o próprio legislador constituinte e acarretam a nulidade de outras disposições constitucionais que não são do mesmo grau hierárquico e lhes são contrárias'. A Corte Suprema dos Estados Unidos, com uma interpretação extensiva da cláusula constitucional de *due process of law*, foi igualmente levada a apreciar a constitucionalidade das leis em relação aos princípios supraconstitucionais do 'direito natural', no sentido dos princípios fundamentais de liberdade e de justiça que constituem a base das instituições da vida privada e política dos americanos. A autoridade de certos princípios fundamentais consagrados e protegidos por convenções internacionais, como a Convenção Européia dos Direitos do Homem ou os tratados das Comunidades Européias, confere-lhes também um caráter supranacional que, excetuando-se

Em trabalho anterior procurei analisar o que é o Estado e também o tributo, melhor dizendo, estabelecer o relacionamento (interfaces) entre um e outro[21]. Já agora, o foco do estudo se volta para outra interface, identificada na díade Constituição/Tributo. Quanto ao primeiro desses elementos, dele tratamos, em perspectiva diversa, mais abrangente, relacionada com o Direito[22].

No tocante ao método de análise, parte-se do plano geral (teoria da Constituição e do Tributo) para se chegar ao específico e concreto do sistema brasileiro. Mas é preciso esclarecer, de logo, que não se fará um estudo específico da mesma. Apenas o mínimo e suficiente para se adentrar no campo es-

---

certas margens de indeterminação, os próprios constituintes dos países signatários não deveriam ignorar. A Corte de Justiça das Comunidades Européias admite claramente que o direito comunitário tem um efeito superior às constituições nacionais. Ademais, o princípio *pacta sunt servanda*, ao qual o Conselho Constitucional reconhece um valor constitucional, implica que os tratados ratificados prevaleçam sobre qualquer norma de direito interno, e a Constituição de 1958 consagra a superioridade do tratado sobre a lei" (*Idem*, pp. 119-120).

O autor, lá adiante adverte sobre a diversidade e riqueza desses princípios gerais, em todos os ramos do Direito, "notadamente em *direito fiscal* ou em *direito europeu*, a enumeração das áreas de eleição dos princípios gerais cuja importância é verificada em toda parte, mas cuja extensa diversidade impede um inventário completo" (*Idem*, p. 127).

21 Para leitura do tema específico, remeto o leitor ao livro *A Reconstrução dos direitos humanos da tributação*, no capítulo correspondente à teoria da tributação (NOGUEIRA, Alberto. *A Reconstrução dos direitos humanos da tributação*. Rio de Janeiro: Renovar, 1997, pp. 87-193)

22 Já agora, a sugestão de consulta é do livro *Direito Constitucional das Liberdades Públicas* (NOGUEIRA, Alberto. *Direito constitucional das liberdades públicas*. Rio de Janeiro: Renovar, 2003) nos capítulos relativos à Constituição e Direito (pp. 63-77) e à Formação do Direito Constitucional das Liberdades Públicas (pp. 105-112).

colhido, que toma como base (insista-se: base), daí decorrendo que o caso (sistema) brasileiro não é exauriente de outras considerações (de natureza genérica e, portanto, teóricas).

1. Uma visão panorâmica

Tributo, Direito e Tributação se encontram presentes na vida do homem desde os mais priscos e insondáveis tempos até os dias de hoje.

Tudo indica que essas três categorias continuarão a fazer parte dos novos cenários que a vida em sociedade continuará a construir.

Nessa tríade, pode-se constatar sem maior dificuldade com a decomposição de seus elementos: a) o primeiro deles (tributo) é *constante* e *invariável* quanto à sua configuração *fática*, sempre como transferência (compulsória ou consentida nos mais variados graus de intensidade, que não alteram, na substância, a natureza do fenômeno); 2) o segundo (Direito)[23] tam-

---

23 Sobre o Direito (com maiúscula e no singular), categoria diversa de direito(s) (com minúscula, no singular e no plural), em diversos trabalhos tratei de ambos. Faço rápida chamada para esse texto do *Direito Constitucional das Liberdades Públicas*, onde se procura resenhar, também sob a perspectiva histórica, as implicações de ambos entre si:
"Na Jurisdição das Liberdades Públicas, primeiro livro desta nova trilogia, como 'direitos antigos' foram ali considerados, no conjunto, os da Antiguidade clássica, os 'tradicionais' de qualquer época e os 'individuais' formados e reconhecidos até a Revolução Francesa, com ênfase para os forjados na 'Revolução Inglesa'. Na perspectiva deste 2º trabalho, o que se pretende pôr em destaque, não é propriamente essa série de *direitos* (no plural), mas a natureza *unitária, perene* e *exauriente* desse fenômeno, tal como se entendia como Direito (no singular).
Com a desagregação do mundo antigo clássico (greco-romano), esse Direito desapareceu, dele permanecendo *apenas* sua filosofia, cul-

tura, história e ciência (técnica jurídica e arte de aplicação ou jurisprudência).
Inobstante tenha 'desaparecido', de maneira alguma isso significa que tenha ficado um 'vácuo jurídico' na sociedade. Bem ao contrário, foi a transmutação de um mundo juridicamente integrado (no Direito) no fragmentado 'mosaico' medieval em *direito* 'localizado' (em cada feudo, e, mais tarde, em cada 'reino' ou 'principado') que se viabilizou a continuidade da 'ordem jurídica antiga' no claustro de cada baronato (também em direito exauriente, a nível local, de cada feudo = o mundo encastelado).

O Direito Moderno
Dos escombros do Império Romano, o Direito Antigo transita pelo medievo (uma ordem integrada em cada feudo) e aflora no mundo Moderno (não ainda a modernidade), com o surgimento do Estado Nacional.

A Modernidade
É a expressão do pós-moderno, ou seja, do modelo emergido do Estado Nacional ou burguês.

Agora o Direito se torna instrumento indispensável (tal como no Mundo antigo grego-romano), para a realização do grande projeto da globalização. É nessa circunstância histórica de uma dupla e formidável onda formada pela atual globalização no impacto de um novo iluminismo, que o Direito Antigo retorna, já agora, para assegurar uma ordem humanística abrangente. O modelo desta pode ser expresso na divisa: unidade, centralidade e diversidade. O Direito é um só (concepção antiga), centrado unicamente no Homem, com toda sua diversidade. Numa primeira etapa, surgiram os direitos modernos. Na subseqüente, os novos direitos" (NOGUEIRA, Alberto. *Direito constitucional das liberdades públicas*. Rio de Janeiro: Renovar, 2003, pp. 387-402).

Extensas anotações no rodapé, ali existentes, podem ser consultadas. Nesse momento, e sem a preocupação de seqüenciar aquele texto, agrego, por oportuno, nesta nota, passagem constante do instigante livro de LOUIS-ASSIER ANDRIEU, sob o título, bem sugestivo, de O *direito maiúsculo e o movimento do tempo*. Num primeiro momento, relembrando a obra (que reputo de plena atualidade) de GABRIEL TARDE (Transformações do Direito): "Antes de terminar, porém, tenho de insistir sobre a importância, às vezes ainda ignorada, de se estudar o Direito como um simples ramo da sociologia, se quisermos apreendê-lo em sua realidade viva e completa. Não há, aliás, nenhum ramo dessa grande árvore que possa ser impunemente separado do tronco e que não se encha da seiva ao se relacionar com os outros, em razão das múltiplas semelhanças, e das diferenças não menos instrutivas, que essa aproximação faz perceber entre seus diversos modos de crescimento. Mas é sobretudo a evolução jurídica que requer ser esclarecida desse modo: a rigor, o desenvolvimento de uma religião, de uma arte, de um corpo de ciências tal como a geometria, de uma indústria tal como a dos metais ou dos tecidos, pode ser explicado separadamente; o desenvolvimento de um corpo de Direito não: pois o Direito, entre as outras ciências sociais, tem o caráter distintivo de ser, como a língua, não só parte integrante mas também espelho integral da vida social" (TARDE, Gabriel apud: ASSIER-ANDRIEU, Louis. O direito nas sociedades humanas. São Paulo: Martins Fontes, 2000, pp. 309-310).

E, em seguida, apontando a *letra maiúscula*: "Com Tarde, o direito ganha uma maiúscula, lembrança gráfica da majestade de sua missão social, todo impregnado de uma tarefa que os religiosos de todas as ordens costumam achar divina. Espelho, o direito reflete o humano que ele gere" (*Idem*, p. 310).

Já agora, digredindo sobre o modelo *Júpiter, Hércules e Hermes*: "Uma indagação sobre o direito, nutrida no início e no fim por uma referência fundamental à ansiedade humana, redunda aqui, com otimismo, numa confiança (comedida) na economia e num apelo à transcendência. Preocupado com a preocupação dos magistrados diante da 'crise dos modelos' traduzida por uma superabundância totalmente 'supermoderna' das referências disponíveis na grande loja dos acessórios da justiça, o teórico do direito François Ost decanta a evolução do sistema jurídico a partir do ponto de vista do juiz. Ao modelo jupiteriano da sacralidade e da transcendência da lei, privilégio do Estado de direito do século XIX, e ao modelo herculeo que faz do juiz a única fonte de direito válida, expressão da imanência dos interesses em competição e associado ao desempenho do Estado social do século XX, sucede, segundo Ost, o modelo de Hermes, mediador universal, comunicador absoluto. Nele o direito se manifesta como 'uma ordem em rede que se traduz por uma infinidade de informações a um só tempo instantaneamente disponíveis e ao mesmo tempo dificilmente domináveis', e para aprender sua racionalidade paradoxal convém recorrer à teoria dos jogos, pois 'o jogo é para si mesmo seu próprio movimento'" (*Idem*, p. 313).

Sobre o destino das novas gerações em face das novas e insuspeitáveis (até ontem) fronteiras tecnológicas — e também do Direito, acrescento — a antológica apresentação:

"Outros autores, como Catherine Labrusse-Riou e sobretudo Pierre Legendre, não presumem com igual benevolência a adaptação global do direito aos processos de globalização e transmitem inquietações humanistas fundamentadas na lógica própria do projeto jurídico. Explicitando as conseqüências das procriações medicamente assistidas, C. Labrusse-Riou fala imediatamente dos 'riscos reais da desestruturação da ordem jurídica'. Não se trata nem de alarmismo existencial nem de reação moral, no sentido da moral subjetiva, mas de um diagnóstico vigoroso, fundamentado na experiência do direito privado, que todos os juristas aprenderam a respeitar como a base de todo o direito. O caso biotecnológico está sem dúvida apenas começando. Não obstante, ele provoca no direito ocidental um abalo histórico como talvez ele não tenha conhecido desde a conquista das Américas, e a obrigação subseqüente de estatuir sobre os limites da humanidade. O balanço de C. Labrusse-Riou tem a densidade do ouro e a precisão do quartzo:

Os poderes de produção científica do homem e o autodesenvolvimento de fato deles, vagamente referido a uma ética maleável, subjetiva e o mais das vezes cúmplice, reforçam a crise do direito como princípio de julgamento segundo um conjunto de conceitos, de categorias e de qualificações que, perdendo suas fronteiras ou sua autoridade, privam o direito da possibilidade de se impor às tecnoestruturas ou aos poderes individuais não restritos por limites eficientes e o obrigam quer a seguir quer a se eclipsar.

O direito existe a princípio nomeando e qualificando, é arte de linguagem, é acima de tudo palavra. Designando o particular, ele induz o geral, o princípio de classificação cujo papel é evitar a confusão entre aquilo que ele tem como tarefa distinguir. Artesão dos limites, inventor das fronteiras. Ele encarna primordialmente o poder de nomear e de classificar. Não sem razão. Como que ingenuamente — prosaicamente, desde que deixou de ser deliberadamente poético —, maquina a perpetuação daquilo que nomeia e daquilo que classifica. A começar pelos humanos. Em poucas palavras, Labrusse-Riou exprime que a 'produção científica do homem' não poderia substituir sem devastações a sua produção jurídica. Se cumprisse vincular o direito, concebido como uma suma histórica, a uma 'moral', seria a uma moral da espécie capaz de instituir sujeitos humanizados, e não a uma 'ética maleável', espécie de resultante datada de projetos subjetivos apartados do escopo institucional. A meio caminho entre a moral e a política, segundo P. Ricoeur, o direito encontra seu lugar específico no exercício de uma autoridade baseada num corpo de princípios, uma arquitetura conceptual" (*Idem*, p. 314-315).

E no fino toque de fechamento de suas reflexões conclusivas, anota: "A obra de Legendre fascina, incomoda e põe à prova. A massa de erudição e de sensibilidade que ela mistura, as associações que estabelece entre fatos, disciplinas, imagens que o senso comum acadêmico gostaria que fossem pensados separadamente, suas múltiplas incitações à reflexão sobre o poder e a responsabilidade solicitam vivamente o cidadão, mais ainda o que pratica ou estuda o direito. Suas filípicas contra as ciências sociais — cujo americanismo pedante ou inconsciente ele alfineta denominando-as sistematicamente 'social and behavioral sciences' —, muito amiúde cúmplices de evoluções nefastas que elas deveriam limitar-se a descrever e a explicar, assim como suas admoestações aos juristas esquecidos de que o Direito, como a Moral, ambos por ele escritos com uma maiúscula, deve ter outras leis que não as do mercado, lembram com força que a sociedade não se reproduz automaticamente e que, servindo para a fabricação diferenciada e coerente de sujeitos humanos, 'a verdade das instituições deve ser posta ao abrigo do tempo'" (*Idem*, p. 317).

Referindo-se ao livro de Legendre (*Deus no Espelho. Estudo sobre a Instituição das Imagens*): "Tão minucioso quanto Lévi-Strauss foi com relação às regras de aliança nas sociedades primitivas para ressaltar as estruturas elementares delas, Legendre mostra a prevalência da filiação na estruturação das sociedades ocidentais, dependentes das 'montagens genealógicas' institucionalizadas, do estatuto da pessoa ao do Estado, no direito, tal como a tradição romana-canônica fixou sua competência. Estamos, para empregar uma linguagem diferente da dele, diante de um modelo cultural, decerto suscetível de transformar-se a partir do interior, mas também dotado de condições de estabilidade cujo inventário compete ao cientista. É como técnico das instituições, cujas trajetórias ele enxerga na longa duração do mesmo modo que as vincula aos fundamentos do humano, que esse jurisconsulto de um novo gênero passa uma mensagem concreta sobre o estado do sistema. A mensagem é de alarme como se acende com insistência um sinal emitido do interior de uma máquina para avisar do perigo que ela corre. Não ansiosa verborréia nem milenarismo catastrófico: um estado das disfunções

bém, como o primeiro, é identificado no tempo e no espaço, em todas as sociedades humanas, desde as mais primitivas até as de extrema complexidade: *ubi societas, ibi jus*. Não obstante, observa-se que o Direito é menos constante e *invariável* que aquele tributo. Apenas no sentido filosófico ou da idealidade pode ser definido como o fez ULPIANO, na expressão *"Ars est interpretandus potius ut valeat quam ut pereat."* Trata-se, na realidade, de uma "entidade mutante"[24]

---

específicas dessa fragmentação do discurso normativo que no Ocidente se chama direito e do qual, graças às suas crises, Legendre disseca a lógica profunda e descreve o lugar na estrutura social, lendo a espessura do campo institucional na letra dos direitos antigos ou no 'não saber' contemporâneo. 'Concepção carniceira da humanidade', da qual provêm o nazismo e também, de certa maneira, a apropriação pelo poder biomédico, do discurso sobre a filiação, e 'degradação do sujeito', pelo que se deve entender a derrota das montagens normativas, são expressões costumeiras para designar 'uma guerra progressiva contra as gerações que se seguirão a nós', cuja testemunha mais viva e instrumento mais forte é a decomposição da arquitetura jurídica das instituições. A obra de Legendre fascina, incomoda e põe à prova. A massa de erudição e de sensibilidade que ela mistura, as associações que estabelece entre fatos, disciplinas, imagens que o senso comum acadêmico gostaria que fossem pensados separadamente, suas múltiplas incitações à reflexão sobre o poder e a responsabilidade solicitam vivamente o cidadão, mais ainda o que pratica ou estuda o direito. Suas filípicas contra as ciências sociais — cujo americanismo pedante ou inconsciente ele alfineta denominando-as sistematicamente '*social and behavioral sciences*' —, muito amiúde cúmplices de evoluções nefastas que elas deveriam limitar-se a descrever e a explicar, assim como suas admoestações aos juristas esquecidos de que o Direito, como a Moral, ambos por ele escritos com uma maiúscula, deve ter outras leis que não as do mercado, lembram com força que a sociedade não se reproduz automaticamente e que, servindo para a fabricação diferenciada e coerente de sujeitos humanos, 'a verdade das instituições deve ser posta ao abrigo do tempo'" (*Idem*, pp. 316-317).

24 Sob o título de "O Estado: entidade mutante", consulte-se a Reconstrução dos Direitos Humanos da Tributação, pp. 195-314 (NO-

Quanto ao terceiro componente dessa tríade (a *tributação*) ela sempre se revelou *inconstante, variável* e *diferenciada*. No primeiro caso por não ter um *titular fixo* (daí as diversas construções doutrinárias em torno da figura do "FISCO", como a elaborada pelos juristas romanos e, modernamente, pelos alemães.[25]

GUEIRA, Alberto. *A reconstrução dos direitos humanos da tributação.* Rio de Janeiro: Renovar, 1997).

25 Sobre o tema, alhures registrei a mecânica de dominação tributária:

"Emerge, destarte, das antigas concepções e modelos elaborados ao longo do Império Romano a nova teoria do fisco, como magistralmente expõe a pena de M. RIVERO nas suas anotações constantes do *Cours de droit administratif comparé:*

'Para compreendê-la, é necessário partir da *teoria,* própria do direito alemão dos séculos XVIII e XIX, do *Fisco* ou *Fiskus,* elaborada a partir de alguns textos romanos do Baixo-Império. Na Alemanha do século XVIII, dominada pela concepção absolutista da soberania, é impossível conceber uma ação judicial dirigida por uma pessoa contra o Estado. Para responder às exigências da prática, e no próprio interesse de pequenos soberanos que necessitavam de crédito, a prática passou a distinguir, no Estado, uma pessoa moral que não participa de seu caráter soberano, e que somente existe como titular do patrimônio público: é o Fisco, aquele que possui, que gerencia e age perante a justiça, por conta do Estado. Este desdobramento, que a França conheceu no século XIX sobre uma base análoga (distinção de Estado-poder e Estado-pessoa) permite submeter ao juiz as atividades do Fisco, resguardando ao mesmo tempo os privilégios do soberano.'

Diversas são as técnicas engendradas para assegurar a utilização do tributo como instrumento de submissão entre dominantes e dominados ou mais favorecidos e menos favorecidos.

No segundo trabalho dessa nossa trilogia, uma delas, que identificamos no contexto da tributação, consiste no 'que a moderna doutrina chama de *violência simbólica* ou de *eficácia* como forma de *dominação* (manutenção do *status quo)*'.

LOUIS ALTHUSSER, sob ângulo diverso, mas na linha do que temos sustentado quanto à utilização do tributo como instrumento de dominação, refere-se aos Aparelhos Ideólogicos do Estado — AIEs —

considerados, de forma empírica, como tais, os AIE familiar, jurídico, político, sindical, da informação e cultural.

Para nós, o tributo se enquadra à perfeição no modelo de ALTHUSSER, com a vantagem de se apresentar, como uma das mais antigas — senão a mais velha — criação da sociedade humana, desempenhando, ao longo do tempo e à sombra de tradicionais instituições, cada vez com mais eficiência e requinte, seu papel de instrumento de dominação.

Sob o título de 'A ideologia e suas vicissitudes no marxismo ocidental', TERRY EAGLETON nos traz interessante aporte de feição sociológica:
'Bourdieu chama de 'violência simbólica'. Uma vez que a violência simbólica é legítima, ela costuma passar despercebida *como* violência. É, no dizer de Bourdieu no *Esboço de uma teoria prática* (...)
'(...) No campo da educação, por exemplo, a violência simbólica opera menos pela fala 'ideológica' do professor com os alunos do que por ser o professor percebido como possuidor de um 'capital cultural' que o estudante precisa adquirir. O sistema educacional contribui, desse modo, para reproduzir a ordem social dominante, não tanto pelos pontos de vista que fomenta, mas por essa distribuição regulada do capital cultural (...) A 'violência simbólica' é, pois, a maneira de Bourdieu repensar e elaborar o conceito gramsciano de hegemonia, e sua obra como um todo representa uma contribuição original para o que se poderia denominar de 'microestruturas' da ideologia, complementando as noções mais gerais da tradição marxista com exposições empiricamente detalhadas da ideologia como 'vida cotidiana'.'

Também no campo monetário a mesma técnica tem sido utilizada, como recorda ERNST FORSTHOFF, ao confirmar a tese de VILFREDO PARETO, que 'descobriu e descreveu a manipulação de mudanças monetárias, como mecanismo de expoliação das classes politicamente mais débeis. Desde então temos sido ensinados por duas reformas do sistema monetário sobre as mudanças sociais que são possíveis nesse campo; o que tem confirmado as teses de Pareto'.

Profunda e irrefutável é a interpretação que SLAVOT ZIZEK dá à expressão 'Lei é Lei' no ensaio intitulado 'Como Marx inventou o sintoma?', em sintonia com a teoria do 'recalque', com incursões no Processo de Kafka e no famoso fragmento de Pascal. Quanto ao primeiro, averba em fina e sutil reflexão: 'O que se 'recalca', portanto, não é uma origem obscura da Lei, mas o próprio fato de que a Lei não tem que ser

A tributação, ou seja, o ato de instituir e cobrar tributo, envolve necessariamente o *poder* de exercê-la, uma estrutura geralmente bem definida e uma "legitimidade" (ora simplesmente "a força", ora a "aceitação" pelo reconhecimento da necessidade ou mesmo da utilidade ("o bem comum"). Com ou sem "legitimidade", a tributação em todos os tempos e lugares ou se impôs pela *força* ou pela *lei* (vocábulo aqui associado ao Direito ou com este identificado).[26]

---

aceita como verdadeira, mas apenas como necessária — o fato de que *sua autoridade é desprovida de verdade*' O mesmo mecanismo de 'transferência' é, nesse autor, também identificado no segundo, no citado fragmento 233, onde PASCAL procura demonstrar a utilidade da aceitação da crença em Deus, cujo conteúdo, na visão de ZIZEK corresponderia à seguinte resposta: 'Abandone a argumentação racional e simplesmente submeta-se ao ritual ideológico, entorpeça-se repetindo os gestos sem sentido, aja *como* se acreditasse, e a crença virá por si só.

'Das considerações acima estampadas, podemos constatar que, na atualidade, a camuflagem que o tributo utiliza é justamente a lei, no sentido de que a obrigação de pagá-la não tem outra causa senão ela mesma.

O tributo, diz-se, resulta de uma relação *ex lege*, nada mais havendo a perquirir.

E dessa forma se procura afastar a verdadeira realidade, que é a imposição de exigências desequilibradas, na medida em que o próprio autor da lei se encarrega de instituir um sistema que, em nome da lei, favoreça alguns em detrimento de outros" (NOGUEIRA, Alberto. *A reconstrução dos direitos humanos da tributação*. Rio de Janeiro: Renovar, 1997).

26 Como no célebre episódio de Jesus Cristo, o Nazareno: "Dá a César o que é de César" (passagem bíblica). Eis o texto bíblico: "Tendo os fariseus interrogado Jesus quanto a saber se era lícito pagar tributo a César, ele perguntou-lhes de quem eram a imagem e inscrição cunhada numa moeda. Responderam os fariseus que era de César. Então — concluiu Jesus — "dai a César o que é de César e a Deus o que é de Deus" (Evangelho de São Mateus, 22, de São Marcos, 12 e de São Lucas, 20).

2. Teoria da tributação[27]

Quando se trata de uma teoria da tributação, evidentemente que surgem também os sistemas, e isso varia dentro de uma perspectiva de atemporalidade e, também, de espacialidade. Essa Teoria envolve, portanto, uma tributação que é uma realidade social e mesmo pré-social.

Assim sendo, tivemos tributação na Antigüidade; tributação na Idade Média, no Regime da Feudalidade; tributação na primeira globalização marítima, portanto, uma tributação no contexto de colonialidade. E, finalmente, tivemos uma tributação formatada para o Capitalismo e que acabou resultando numa tributação típica do Estado Burguês, sendo certo que a experiência Socialista muito se afastou desses contextos, em razão da própria natureza do regime.

De qualquer sorte, independentemente desses fatores de tempo ou de espaço, é indiscutível que encontramos três elementos na tributação: quem tributa, o que se tributa e quem é tributado. Esses elementos se compõem como equação inexorável, não há como fugir dessa tríade: quem tributa, o que se tributa e quem é tributado. Um quarto fator emerge, em termos de instrumentalidade, e se questiona, então, como se tributa.

Assim sendo, ao se considerar essa teoria, mergulhamos em cada etapa histórica e se encontramos na Antigüidade a tributação legitimada, *soi-disant*, pela força, a exemplo do que ocorreu no Antigo Império Romano, uma tributação bastante estruturada, tecnicamente desenvolvida, mas voltada à captação de recursos para sustentar o gigantesco Império. Com a desestruturação do Antigo Império Romano, no Período Medieval, praticamente desapareceu a tributação, ressur-

---

[27] Para um exame detalhado dessa teoria, remeto o leito ao Capítulo I (Teoria da Tributação), Parte II, pp. 87-193 do nosso livro intitulado A Reconstrução dos Direitos Humanos da Tributação (NOGUEIRA, Alberto. *A reconstrução dos direitos humanos da tributação*. Rio de Janeiro: Renovar, 1997).

gindo, em termos de contratualidade, pactos orais e escritos ou mesmo decorrentes do costume consolidado.

A estrutura piramidal, de todos conhecida, em que o suserano tributava o vassalo, seja diretamente, através de bens, de recursos ou de corvéias, com o trabalho devido ao senhor, ou mesmo em termos de contribuição monetária, diretamente considerada. Evidentemente, que o Rei ocupava essa posição em um nível mais amplo, mas dividia essa questão do poder tributário com a nobreza feudal.

Podemos, também, constatar que, já na formação do Estado Moderno, refiro-me aos inícios do século XVI, a partir do pensamento de Maquiavel, paralelamente à expansão ultramarina, primeiro de Portugal, mais tarde Espanha, Holanda e Inglaterra, sobretudo, desenvolveu-se um sistema também de tributação, tipicamente expropriatório e, também, para a manutenção do poder, com o regime de monopólios.

A partir da formação do Estado Burguês e, sobretudo, com a Revolução Francesa, encontramos um paradigma que — tal como, hoje, se anunciou aqui, em relação à República de Angola, o projeto é democrático, é de estabelecimento de um Estado Democrático de Direito, que é uma expressão da ultramodernidade — na Declaração de 26 de agosto de 1789, em França, os artigos 13 e 14 bem caracterizam o Projeto fracassado dessa tentativa de democratização do tributo, na medida em que o primeiro deles determinava que todos estavam obrigados a contribuir para as despesas do Estado, ou seja, para as despesas da sociedade, e que, no artigo seguinte, cada cidadão, por si mesmo ou por seus representantes, tinha o direito de exigir a prestação de contas, o resultado da aplicação dos recursos captados.

Certamente que esse Projeto, marcado por um conjunto de segmentos, além do Terceiro Estado, dos antigos artesãos e mestres de ofícios, da burguesia incipiente, da pequena burguesia, dos pequenos produtores, dos comerciantes, dos produtores rurais, surgia a indústria, e, com a indústria, o capital financeiro, pela primeira vez utilizado como instrumento de atuação do sistema econômico, e não mais como um capital meramente mercantil da economia de trocas.

Nesse período, realmente, houve uma obra inacabada e, nesse momento, se tenta voltar às origens, de tal modo que a sociedade passe a considerar a tributação não como um instrumento cego, de transferência da riqueza do particular para o setor público, e muito menos como instrumento de manipulação do poder ou de contenção de ascensão de segmentos dominados.

A expressão acima também é definida na doutrina francesa clássica como "fiscalidade".[28]

---

[28] Anotei, a propósito da natureza de crédito tributário, visto como uma massa difusa:
"O Estado, nessa visão, não mais passa a ser considerado o 'titular' do crédito tributário, pois este, como substrato material do que classificamos como 'direito de 3ª ou 4ª geração', pertence à sociedade, ou seja, ao 'povo' (na perspectiva do Estado Democrático de Direito), sendo aquele o mero 'agente', ou responsável pela cobrança (instituição e exigência do tributo).

Trata-se, portanto, de uma 'massa difusa', que se forma com a instituição (fase legislativa e abstrata) e exigência concreta, de acordo com a matriz democrática (consentimento dos contribuintes) pela Administração.

Uma vez que estamos diante de direitos coletivos (o que cada contribuinte paga ou deixa de pagar se reflete no conjunto da sociedade), impende seu controle, em termos de legalidade formal e material, tanto na esfera Administrativa como — e especialmente — na judicial, esta última apenas a seguir examinada para não transbordar o tema proposto.
Controle Judicial
Níveis
Nos países em que, como no Brasil, existe o sistema do *judicial control* extensivo a qualquer matéria, inclusive a tributária, o Poder Judiciário exerce uma função de extrema importância no controle da legalidade da tributação, tanto no plano abstrato (legalidade das normas tributárias em face da Constituição), como no concreto (legalidade da exigência de tributos em relação aos contribuintes).

É nesse contexto específico que situamos a função do controle da tributação pelo Poder Judiciário, ensejando a questão central da suspensão da exigibilidade do tributo, em dois planos, a saber: 1º) controle das normas impositivas em abstrato (controle direto de constitucionalidade), no Brasil, através do STF (ADINs e ADCs) e 2º) controle concreto da legalidade, em cada situação individualmente considerada, a cargo das chamadas instâncias ordinárias (Juízes e Tribunais ordinários) e especiais (STJ).

Limites

No plano judiciário, não há limites para o exercício desse controle, seja quanto aos aspectos de legalidade da exigência tributária (exame do ato administrativo) ou da própria constitucionalidade da norma legal (controle de constitucionalidade).

Temos sustentado, que esse controle é total, abrangendo tanto os aspectos formais como os materiais (de conteúdo), desenvolvendo-se através do processo, que passa a superior função de instrumento de justiça fiscal" (NOGUEIRA, Alberto. *Viagem ao direito do terceiro milênio*: justiça, globalização, direitos humanos e tributação. Rio de Janeiro: Renovar, 2001, pp. 522-523. Palestra proferida no I Congresso Internacional de Direito Tributário, em Vitória-ES, 12 a 15 de agosto de 1998).

"Para se ter uma idéia de como a problemática tributária se tornou importante no contexto da sociedade atual, basta confrontar a abertura do Prefácio de um dos mais consagrados especialistas nessa matéria, LUCIEN MEHL, no clássico *Science et technique fiscales*, edição de 1959, com a de 1984, este último em co-autoria com PIERRE BELTRAME. No primeiro, "a fiscalidade foi considerada, por muito tempo, em França ainda mais do que no exterior, como uma disciplina menor, e à véspera da segunda guerra mundial, ela ocupava ainda uma situação de segundo plano no ensino e na pesquisa, na vida dos negócios e até nas preocupações dos poderes públicos e da administração" (MEHL, Lucien. *Science et technique fiscales*. Paris: Presses Universitaires de France, 1959).

Essa tão desalentada passagem se fez substituir por um texto de conteúdo totalmente inverso, num giro de 180 graus, decorridos 35 anos, pelo tom otimista e mesmo fervoroso, no Prefácio à edição de 1984. É ler: "É uma obra quase que inteiramente nova que apresentamos hoje ao leitor, pois, desde a primeira edição deste trabalho, em 1958, o lugar da fiscalidade no ensino e na pesquisa, na vida dos negócios e até nas

3. A segunda tríade

Ela é composta dos elementos "princípios", "Constituição" e "Direito Constitucional".
Numa visualização linear articulada: Princípios X Constituição e Direito Constitucional.
O conjunto pode ser esquematicamente decomposto como segue:
1) *Princípios* (e *principiologia*)
No campo específico do direito tributário, os "princípios" têm, em todas as épocas, servido de suporte para a estruturação do sistema jurídico como um todo e, ainda, para preencher o conteúdo das normas jurídicas.

É a partir da identificação dos princípios que se pode compreender a lógica dos sistemas tributários em suas variadas articulações e, sob o aspecto funcional (utilidade e funcionamento), suas finalidades.

O conjunto dos princípios dinamicamente considerado forma uma estrutura e uma linguagem acoplada aos demais componentes do sistema (normas e regras), às vezes neles se integrando numa simbiose jurídica.[29]

---

preocupações dos poderes públicos e da adminstração, mudou muito. Parodiando a célebre fórmula, poder-se-ia dizer: 'o que era a fiscalidade até então? nada; o que ela se tornou? tudo!'" (MEHL, Lucien, BELTRAME, Pierre. Science et technique fiscales. Paris: Presses Universitaires de France, 1984, p. 27). (NOGUEIRA, A. *A reconstrução dos direitos humanos da tributação*. Rio de Janeiro: Renovar, 1997, pp. 87-88).

29 Duas passagens do Direito Fiscal de SOARES MARTÍNEZ, embora extensas, não podem deixar de ser aqui reproduzidas (observo que no Brasil o livro não é de fácil acesso) pela riqueza de seu conteúdo e afinidade com inúmeras teses que venho expondo em obras anteriores.
A primeira delas se refere às fontes materiais dos Direitos Fundamentais "antigos", e está assim magnificamente exposta:
"É sabido que as *Constituições formais* são de origem recente. E, no entanto, antes delas, as ordens jurídicas já se subordinavam a um

certo número de regras imutáveis, ou de mutação muito lenta. *Capítulos de cortes* sobre a medida do exercício do poder pelo Rei e sobre os deveres dos súbditos de acatá-lo, *juramentos* dos monarcas, *testamentos reais*, *bulas pontifícias* respeitantes ao exercício do poder em Estados integrados na *República Cristã*, *petições e declarações de direitos*, foram, entre outros, instrumentos nos quais se reflectiram *normas fundamentais*, um Direito Constitucional muito anterior ao movimento constitucionalista dos séculos XVIII e XIX. Exemplos característicos dessas normas se encontram no extenso juramento que o *Infante D. Afonso, conde de Bolonha*, fez, no ano de 1254, em Paris, sobre as regras a observar no governo de Portugal, no qual prometeu que não prevaleceria 'a ousadia dos maus', que 'a cada um seria dado o seu', 'sem haver nisto respeito a grandes ou pequenos, pobres ou ricos'.

Não se esgotavam nesses instrumentos todas as *normas* fundamentais que regiam os Estados. Muitas outras radicavam em costumes, em convicções fundas das comunidades, e manifestavam a própria natureza pela permanência do seu domínio sobre as leis que se sucediam, através dos séculos. Será o caso da definição da esfera dos 'direitos reais', projectada na legislação portuguesa desde as *Ordenações Filipinas* (L. 2, T. XXVI). Sobre esta definição afirmou *Pedro Calmon* que ela antecipou o regime da limitação constitucional do Estado pela enunciação dos seus poderes, principiando aí a experiência das Constituições dogmáticas.

A *orientação positivista* postulará o entendimento segundo o qual tais *normas fundamentais* ou foram recebidas pelas Constituições *modernas* ou deixaram de existir. E assim terá acontecido, por certo, com muitas delas, que, pelo decurso do tempo e a mutação de condicionalismos, perderam qualquer relevo institucional ou, até, qualquer significado. Mas poderá pôr-se em questão de saber se tais *normas fundamentais*, não escritas umas, dispersas por diversos instrumentos outras, quando mantenham actualidade, quando sejam profundamente sentidas pelas comunidades, quando correspondam à consciência coletiva, ao '*Volksgeist*', não terão relevância jurídica ainda que o legislador constitucional as tenha omitido. Este é, em termos gerais, o problema da *Constituição material*, que abrange necessariamente, os mais diversos sectores. Assim, não será concebível que o *direito à vida*, o *direito de constituir família* a *não retroactividade da lei penal*, o *poder paternal*, etc., não tenham relevância, e ao nível das normas fundamentais, impondo-se ao legislador ordinário, se a *Constituição escrita*, por demasiado sucinta, ou por qualquer outro motivo, não tiver enunciado tais princípios ou direitos.

Não há dúvida de que a difusão das 'declarações de direitos' e das regras fundamentais do chamado 'Estado de Direito' vieram reforçar a orientação neo-jusnaturalista e dar volume à idéia de uma Constituição material que se sobrepõe à Constituição formal. Esta sobreposição poderá mesmo suscitar o problema de uma admissível inconstitucionalidade da Constituição formal, por inobservância de alguma ou mais regras da Constituição material. E é inegável o aspecto positivo de tal entendimento na defesa de admissíveis direitos naturais, anteriores ao Estado, que este tenha de reconhecer. Mas também não deverá perder-se consciência dos riscos, do ponto de vista da certeza jurídica, resultantes da admissibilidade de uma Constituição material, que poderá ser utilizada para nela tentar inserir princípios que sejam particularmente gratos aos doutrinadores" (MARTÍNEZ, Soares. Direito fiscal. 10 ed. Coimbra: Almedina, 2000, pp. 101-103).

A segunda discorre sobre os princípios tributários fundamentais: "Também no plano do Direito fiscal se poderá entender que a consciência jurídica contemporânea, ao menos em certas zonas geográfico-culturais, reclama a constitucionalidade de determinadas regras, tais como a legalidade e a anualidade do imposto, a igualdade de tratamento na repartição dos encargos tributários e a capacidade contributiva como base da incidência fiscal. De tal modo que, mesmo na hipótese de a Constituição formal não conter tais princípios, eles se imporiam ao legislador ordinário, por inseridos na Constituição material.

A questão posta não reflecte mero bizantinismo, sem qualquer alcance prático. Aliás, quanto ao princípio da legalidade do imposto já entendeu em França o Conselho de Estado, na vigência da Constituição de 1875, omissa sobre aquele princípio, que se tratava de um costume constitucional, com relevância e força vinculativa bastante para impedir o governo de criar impostos. E baseou-se o Conselho de Estado na continuidade da afirmação do princípio através dos textos constitucionais anteriores, desde a Constituição de 1791. Uma questão paralela poderia pôr-se actualmente à face da Constituição portuguesa de 1976. Com efeito, esta não faz qualquer referência à pena de confisco, que todas as Constituições anteriores sempre expressamente proscreveram. Dificilmente se admitiria que a Constituição tivesse restabelecido, tacitamente, a pena de confisco, pelo que esta deverá considerar-se abolida, na base de um costume constitucional, ou de uma norma fundamental de

Temos assim a principiologia como *função, linguagem* e *comunicação* (para dentro e para fora do sistema jurídico)[30].

Direito, *supra-constitucional*. E, se se admitir, como tem acontecido nalguns Estados, a figura dos *impostos confiscatórios*, este entendimento permitirá julgar inconstitucionais as normas que os estabeleçam. Nem sempre a idéia de *costume constitucional* permitirá o enquadramento de *princípios fundamentais*, inclusivamente tributários, não enunciados pela *Constituição* no sistema jurídico. Porque pode acontecer que alguns desses *princípios* nunca tenham sido incluídos em qualquer *lei constitucional*.

Com todas as reservas já referidas, admite-se que determinados princípios e normas de Direito Fiscal, pelo enraizamento na consciência dos povos, tenham assento *supra-constitucional*, que se imponha ao legislador, sem excluir o próprio legislador constitucional. E, não pretendendo embora qualquer enumeração taxativa em tal matéria, estariam nesse plano os citados princípios da *legalidade* e da *anualidade do imposto*, da *igualdade de tratamento* na repartição dos encargos tributários e da *capacidade contributiva* como base da incidência fiscal. A estes princípios já tem sido agregado o da *limitação tributária*, sem respeito do qual os impostos poderão tornar-se confiscatórios. Assim, na base dos preceitos dos arts. 14° e 17° da *Constituição* da Argentina, que asseguram a propriedade privada e vedam o confisco, o Supremo Tribunal daquele país tem julgado inconstitucionais os impostos cujas taxas excedam 33% das matérias colectáveis, quer se trate de rendimentos quer de patrimónios.

Com efeito, para além da *legalidade do imposto*, que já foi referida largamente, também os outros princípios enunciados se acham profundamente enraizados na *consciência jurídica* contemporânea de algumas sociedades, à face da qual não será facilmente tolerável que o imposto incida por forma diversa em função de factores que não derivem exclusivamente da situação tributária, sem dependência das condições alheias a essa situação que concorram na pessoa do contribuinte. Como não será facilmente tolerável também que o imposto possa deixar de ter por base uma certa *capacidade contributiva*, uma posição económica que justifique a própria exigência tributária" (*Idem*, pp. 103-104).

30 ˙ Como ilustração, podem ser mencionados os famosos "cânones" (princípios) de Adam Smith, que bem configuraram o modelo de um Estado liberal e respectiva economia (política), do tipo "nacional" e "de

mercado". São os 4 famosos cânones de ADAM SMITH. Vale a pena reproduzi-los no texto original completo vertido em português:
"Antes de entrar na análise de impostos especiais, torna-se necessário referir as quatro máximas seguintes no que toca aos impostos em geral.

I. Os súbditos de todos os Estados devem contribuir para a manutenção do governo, tanto quanto possível, em proporção das respectivas capacidades, isto é, em proporção do rédito que respectivamente usufruem sob a protecção do Estado. A despesa do governo para os indivíduos de uma grande nação é semelhante à despesa de administração para os co-arrendatários de uma grande herdade, obrigados a contribuir na proporção dos seus respectivos lucros na herdade. Na observância ou não dessa máxima consiste o que se chama a igualdade ou desigualdade de tributação. Todo o imposto, deve-se observar de uma vez por todas, que recai finalmente sobre apenas uma das três espécies de rédito acima mencionadas, é necessariamente desigual na medida que não afecta as outras duas. Na análise seguinte dos diferentes impostos, raramente darei outras indicações sobre esta espécie de desigualdade, mas confinar-me-ei, na maior parte dos casos, a essa desigualdade que é ocasionada por uma taxa especial que recai desigualmente mesmo sobre essa espécie particular de rédito privado, afectado por ela.

II. O imposto que todo o indivíduo é obrigado a pagar deve ser certo e não arbitrário. O tempo de pagamento, o modo de pagamento, o quantitativo a ser pago, tudo deve ser claro e simples para o contribuinte e para todas as outras pessoas. Caso contrário, todas as pessoas sujeitas ao imposto são colocadas, mais ou menos, sob a alçada do cobrador de impostos, que ou pode agravar o imposto a um contribuinte desagradável, ou extorquir, pelo terror de tal agravamento, algum presente ou gratificação. A incerteza da tributação estimula a insolência e favorece a corrupção de uma classe de homens naturalmente impopulares, mesmo que não sejam nem insolentes, nem corruptos. A certeza do que cada indivíduo deve pagar é, na tributação, um assunto de tão grande importância que, parece, um grau considerável de desigualdade (creio-o pela experiência) não constitui de perto um mal tão grande como um pequeno grau de incerteza.

III. Todo o imposto deve ser lançado no tempo ou modo mais provável de ser conveniente para o contribuinte o pagar. Um imposto sobre a renda da terra ou das casas, pagável no mesmo prazo em que tais rendas são geralmente liquidadas, é lançado na altura em que é mais provável de satisfazer as conveniências do contribuinte; ou, quando ele tem mais probabilidades de ter com que pague. Os impostos sobre tais bens de consumo como artigos de luxo são finalmente pagos pelo consumidor e geralmente de um modo que lhe é muito conveniente. Paga-os aos poucos, quando tem ocasião de comprar os bens. Como também tem liberdade de comprar ou não, como lhe aprouver, a culpa é toda dele se acaso sofrer qualquer inconveniência considerável devido a tais impostos.

IV. Todo o imposto deve ser arquitectado tão bem que tire o mínimo possível do bolso das pessoas para além do que traz para o erário público. Um imposto pode tirar ou afastar do bolso das pessoas muito mais do que arrecada para o tesouro público das quatro maneiras seguintes. Em primeiro lugar, o seu lançamento poderá requerer um grande número de oficiais cujos ordenados podem consumir a maior parte do produto do imposto e cujos emolumentos podem impor outra taxa adicional sobre o povo. Em segundo lugar, pode obstruir a iniciativa das pessoas e desencorajá-las de se aplicarem em certos ramos de negócio que poderiam garantir sustento e emprego a grande número de pessoas. Enquanto obriga as pessoas a pagar, pode deste modo diminuir ou talvez destruir alguns dos fundos que poderiam proporcionar-lhes a fazer tal. Em terceiro lugar, pela confiscação e outras sanções em que incorrem esses infelizes, tentando, sem êxito, evadir-se dos impostos, pode muitas vezes levá-los à ruína, e desse modo acabar com o benefício que a comunidade poderia ter recebido do investimento dos seus capitais. Um imposto pouco judicioso oferece uma grande tentação para a fraude. Mas as sanções para a fraude devem aumentar na proporção da tentativa. A lei, contrária a todos os princípios da justiça, cria primeiro a tentação e depois pune aqueles que a ela cedem. Geralmente encarece a punição em proporção com a própria circunstância que deve certamente aliviá-la — a tentação de cometer o crime. Em quarto lugar, ao sujeitar o povo a frequentes inspecções e ao exame odioso dos cobradores de impostos, pode expô-lo a desnecessárias dificuldades, vexames e opressões. E embora o vexame não seja, rigorosamente falando, uma despesa, é certamente equivalente ao custo pelo qual todo o homem estaria disposto a redimir-se dele. É numa ou noutra destas quatro diferentes maneiras que os impostos são frequentemente mais onerosos para as pessoas do que benéficos para o soberano.

A utilidade e justiça evidentes das máximas anteriores têm mais ou menos sido recomendadas à atenção de todas as nações. Todas as nações têm procurado esforçar-se o máximo para apresentar os seus im-

A aproximação (melhor dizendo, integração) dos sistemas jurídicos predominantemente legislados e do *common law* é não apenas uma tendência, como uma realidade nos dias de hoje. É, aliás, no campo genérico do Direito, a lição de CHAIM PERELMAN[31], em tudo — e até com maior razão,

postos tão equitativamente quanto conseguiram concebê-los. Tão certos como convenientes para o contribuinte, não só no tempo como no modo de pagamento e em proporção com o rédito que levaram ao príncipe. E o menos oneroso possível para o povo. A curta análise seguinte de alguns dos principais impostos que se verificaram em diferentes épocas e países mostrará que os esforços de todas as nações não foram a esse respeito igualmente bem-sucedidos" (SMITH, Adam. *A riqueza das nações*. Lisboa: Calouste Gulbekian, 1983, v. 2, pp. 485-489).

DAVID RICARDO, na seqüência da escola de SMITH, se afina com a mesma linha, afirmando, no seu clássico *Princípios de Economia Política e de Tributação*: "os encargos do Estado devem ser suportados por todos proporcionalmente aos seus meios: este é um dos quatro princípios mencionados por Adam Smith que devem servir de regra a todos os impostos" (RICARDO, David. *Princípios de economia política e de tributação*. 3. ed. Lisboa: Calouste Gulbekian, 1983, p. 232)

Na epígrafe ao livro *O Devido Processo Legal Tributário* (NOGUEIRA, Alberto. *O devido processo legal tributário*. 3.ed. Rio de Janeiro: Renovar, 2002), citei a sábia lição de Smith, que bem resume a substância do criador da moderna economia: "Pouco mais é necessário para levar um Estado do mais ínfimo barbarismo ao mais elevado grau de opulência, do que paz, impostos leves e uma administração razoável da justiça; todo o resto é resultado do curso natural das coisas". Um registro importante convém lembrar: a última edição em vida desse autor é de 1789, data da Revolução Francesa, dois elos de ligação do projeto econômico, político e jurídico do Estado Burguês, gerados em culturas conflitivas, França e Inglaterra.

31 "Faz algumas décadas que assistimos a uma reação que, sem chegar a ser um retorno ao direito natural, ao modo próprio dos séculos XVII e XVIII, ainda assim confia ao juiz a missão de buscar, para cada litígio particular, uma solução eqüitativa e razoável, pedindo-lhe ao mesmo tempo que permaneça, para consegui-lo, dentro dos limites autorizados por seu sistema de direito. Mas é-lhe permitido para realizar a síntese

aplicável ao novo direito tributário de conteúdo e função humanitários. Na esteira do pensamento desse autor quanto à "função" da lei escrita, juiz e *common law* (cf. p. 185, 186 e 243), está a essência de nossa teoria e reflexões. Nela, a lógica jurídica, e especialmente a judiciária, se centra na argumentação principiológica para a filtragem de um sistema tributário que corresponda ao Estado Democrático de Direito.

2) *Constituição*

Tal como no primeiro componente de nossa segunda "tríade"[32], a Constituição em face do sistema social de cada época, é o centro, ou núcleo da respectiva ordem e revela a estrutura existente.[33]

---

buscada entre a eqüidade e a lei tornar esta mais flexível graças à intervenção crescente das regras de direito não escritas, representadas pelos princípios gerais do direito e pelo fato de se levar em consideração os tópicos jurídicos. Esta nova concepção acresce a importância do direito pretoriano, fazendo do juiz o auxiliar e o complemento indispensável do legislador: inevitavelmente, ela aproxima a concepção continental do direito da concepção anglo-saxã, regida pela tradição da *common law*" (PERELMAN, Chaïm. *Lógica Jurídica*. São Paulo: Martins Fontes, 1998, p. 185).

32 Composta dos livros *Jurisdição das liberdades públicas*. Rio de Janeiro: Renovar, 2003; *Direito constitucional das liberdades públicas*. Rio de Janeiro: Renovar, 2003 e *Sistemas jurisdicionais das liberdades públicas*. Rio de Janeiro: Renovar, 2005.

33 Alhures, anotei, no tópico intitulado "Constituição, norma e sistemas":

"A Constituição, no dizer de CANOTILHO, 'não é apenas um sistema de conceitos' ou um 'texto' qualquer, mas um *código explícito* em que um poder, em virtude de necessidades políticas, económicas, sociais e culturais, fixa as regras" (digo eu: as normas) "de acordo com as quais a mensagem constitucional" (o Direito que ela contém, como norma fundamental que é também) "se deve interpretar e produzir:" (dentro do sistema jurídico e se irradiando, eficazmente para os demais sistemas até onde possa atingir) "a 'fala' e o 'uso da língua' são 'heterógeneos' e dão lugar a uma pluralidade de práticas" (CANOTILHO,

3) *Direito Constitucional*
O derradeiro componente da tríade em exame se apresenta como o corpo (cabeça, tronco e membros) dos demais, porém integrados (massa + energia) que, agora, passa a atuar e ser atuado como entidade ou "ser jurídico" com vida própria, integrante da realidade social. Nessa visão, corresponde ele à *ordem jurídica em funcionamento*[34].

Jose Joaquim Gomes. *Constituição dirigente e vinculação do legislador*: contributo para a compreensão das normas constitucionais programáticas. Coimbra: Coimbra Editora, 1994, reimp., pp. 424-425). Tais considerações nos levam ao fértil e profícuo campo da auto-reprodução do Direito (*autopoiese*) também no interior dos *sistemas normativos*.
Alhures, a propósito, assim me pronunciei:
Os Sistemas Normativos
Penso, contudo, que não é aceitável, pelo menos sem as devidas ressalvas, a conclusão do festejado lente de Coimbra, segundo a qual a Constituição corresponderia a "um sistema que 'gravita sobre si próprio'" (*Idem*, p. 402). Isso porque, nesse campo, não se pode admitir a existência de um "piloto automático". Ele funciona através das instituições existentes em cada um dos regimes políticos particularmente considerados em cada época e lugar. Em outras palavras, de acordo com a realidade do regime" (NOGUEIRA, Alberto. *Direito constitucional das liberdades públicas*. Rio de Janeiro: Renovar, 2003, pp. 254-255).

34   Como ali também assinalei:
"A idéia central focalizada no presente trabalho parte da concepção de que 'constituição' e 'ordenamento jurídico' são fenômenos equivalentes.
Em abril de 1862, Ferdinand Lassale, um dos ícones da democracia social moderna (não confundir com o modelo implantado em sua pátria por Adolf Hitler), assim expunha uma de suas teses fundamentais: 'Todos os países sempre têm e tiveram uma Constituição *real e efetiva*, e não há nada mais equivocado nem que leve a deduções mais desencaminhadas do que essa idéia tão extensa de que as Constituições são uma característica peculiar dos tempos modernos' (LASSALE, Ferdinand. *O que é uma constituição?* Belo Horizonte: Cultura Jurídica — Ed. Líder, 2001, pp. 55-56)."
Noutra passagem dessa preciosa e clássica obra, o jurista teutônico lança a célebre e emblemática frase da 'folha de papel':

"Mas não há nada disso. Antes pelo contrário! Vocês podem colocar em sua horta uma maçã e pregar-lhe um papel dizendo: 'Esta árvore é uma figueira.' Bastará isto para que vocês o digam e o proclamem para que se torne uma figueira e deixasse de ser maçã? Não. E ainda que vocês congregassem todos os seus servos, todos os vizinhos da comarca, em várias léguas de distância, e lhes fizessem jurar todos solenemente que aquilo era uma figueira, a árvore continuaria sendo o que é, e na próxima colheita dirão bem alto de seus frutos que não serão figos, mas maçãs.

O mesmo acontece com as Constituições. De nada serve o que se escreve numa folha de papel se não se ajusta à realidade, aos fatores reais e efetivos de poder" (*Idem*, p. 68).

A visão que agora procuro mostrar sob tal perspectiva não é muito diferente daquela. Mas abre à reflexão outro referencial: a Constituição como *ordem jurídica*. Decorrência disso é a identificação, em cada momento histórico e lugar, do correspondente ordenamento.

Com esse "corte", pode-se analisar objetivamente a Constituição não apenas como "uma folha de papel", mas — instrumental orgânica ou funcionalmente, "o papel da Constituição".

Esse *papel* não se confunde com a realidade existente, embora esteja necessariamente com ela imbricada" (NOGUEIRA, A. *Op. cit.*, pp. 25-29).

CAPÍTULO 2

A CIDADANIA TRIBUTÁRIA

O centro da cidadania é aquele locus da cidade onde o homem dela se faz parte integrante.[35] *No mundo grego, a cidada-*

---

[35] Dentre inúmeros trabalhos, destaco o contido no livro Os Limites da Legalidade Tributária no Estado Democrático de Direito (NOGUEIRA, A. Os limites da legalidade tributária no estado democrático de direito — fisco x contribuinte na arena jurídica: ataque e defesa. 2. ed. Rio de Janeiro: Renovar, 1999), na verdade, uma tese de livre-docência, que aporta como foco o contexto brasileiro da Constituição de 1988. No âmbito da teoria do tributo, a literatura que "hibernou" por longos anos no "inverno positivista" ("lei é lei", não importa a causa ou legitimidade da imposição tributária), como os estranhos ursos polares, despertos de sua letargia. No mundo inteiro, o debate entra na agenda dos contribuintes, da academia e dos políticos. As teorias do imposto despertam de seu longo e profundo sono dos últimos duzentos anos (tomo como marco 1789, a partir de quando adormeceram as utopias sintetizadas na sagrada divisa da tricolor bandeira, na fórmula "Liberdade, Igualdade, Fraternidade".

De 1789 para cá, cada um por si e a tributação se torna um assunto "desagradável", indigno de entrar no austero campo acadêmico, por se tratar de mero interesse contábil, a se resolver entre o Fisco e o contribuinte — segundo a lei, que se pressupõe legítima, uma vez aprovada pelos representantes do povo (os contribuintes). Faço, nesta nota, breve referência ao importante livro de MICHEL BOUVIER, MARIE-CHRISTINE ESCLASSAN e JEAN-PIERRE LASSALE, trabalho cole-

nia, sobretudo no seu significado político (da polis) era considerada como suprema dignidade do homem. Na refinada lição de CHRISTIAN RUBY, está ela magnificamente descrita. No capítulo relativo à dignidade do político na filosofia grega:

tivo com funções definidas (BOUVIER, M. et al. Finances publiques. 6. ed. Paris: L.G.D.J., 2002) no capítulo referente à Teoria do Imposto (idem, pp. 583-658). Meus comentários serão ligeiros (resisto à tentação de expor todo o extenso e rico capítulo). De início, o óbvio, segundo o que o estudo da fiscalidade (tributação) está ligado à essência das finanças do Estado, do que resulta a necessidade de identificar os elementos que fundamentam a legitimidade da tributação, bem como a identificação da estrutura impositiva (veja-se, quanto a esse aspecto, meu livro da A Reconstrução dos Direitos Humanos da Tributação, pp. 87-193, Teoria da Tributação) e seus protagonistas (idem, p. 583), ou seja entendida a legitimidade sob os aspectos sociológico, político e jurídico (idem). Após a resenha precisa dos diversos "fundamentos" da tributação (legitimidade), com base em dívida do homem para com Deus (idem, pp. 588-590), no "sacrifício fiscal" (idem, p. 590) e antropológico (idem, pp. 590-592) e outras tantas com base nas religiões (idem, pp. 593-594), seguem as teorias "modernas" do consentimento (troca e solidariedade, (idem, pp. 594-602), e, mais modernamente ainda, a da solidariedade com redistribuição de renda, (idem, p.602), ou "imposto negativo").

A seguir, entra a nova dimensão teórica da tributação, na linha que venho trilhando, do Estado Democrático de Direito (ali rotulado de Estado Parlamentar Democrático, idem, pp. 603-604). Finalmente, exatamente na linha que venho explorando, preciosas páginas são dedicadas ao exame do "enfraquecimento de 1789, no que se refere a seus princípios tributários (idem, p. 604) e à retomada da revolucionária bandeira, com o retorno aos grandes princípios do Direito Tributário (idem, pp. 608-614), agora no contexto das diretivas adotadas no âmbito da União Européia (idem, pp. 615-658), a essa altura não apenas como postulado de justiça fiscal, mas também pela necessidade de "calibramento" dos sistemas nacionais como instrumento de regulação (integração das relações contribuinte nacional de país membro com os demais, e de todo o conjunto no sistema comunitário (interno, "para dentro" e externo "para fora"). Em outras palavras, harmonização, integração e legitimidade comunitária supranacional.

"Afirmando logo de início que o homem é um ser da Cidade, por conseguinte da lei, a política não pode constituir, para os filósofos gregos, uma questão entre outras. A política — *politéia*, vida da Cidade, mas também ordem dos poderes ou constituição, termo derivado de *pólis* (Cidade, vínculo tecido por uma mesma lei) — fornece o motivo de uma afirmação, a da dependência do cidadão para com a Cidade. E, por tal afirmação, a filosofia manifesta-se em público.

Aliás, se a atividade política é nobre por excelência (*axios*, digna), a razão está no fato de que nenhum cidadão (*polités*, cidadão, deriva de *pólis*) poderia romper seu compromisso com a continuidade da Cidade à qual é destinado, da qual recebe sua educação. Como poderia ele tornar-se indiferente ao vínculo que unifica e perpetua essa Cidade, ao trabalho realizado em comum no seio do Conselho — enquanto torna memoráveis os discursos de alguns — e ao que realizam os juízes dos tribunais?"[36]

E, nessa segunda passagem, complementando:

"Os gregos oferecem dois testemunhos dessa dignidade do político, entre muitos outros. Por um lado, chamam *idiotés* o cidadão solitário que não se envolve nos negócios da Cidade, dito também indivíduo 'isolado', 'insignificante' (daí deriva 'idiota'), incapaz de oferecer alguma coisa aos outros e de deixar traços, sem lugar de existência e sem título de nascimento. Por outro lado, graças às reformas de Dracón (621 a. C.), e em seguida de Sólon (594 a. C.) — fazendo gravar as leis —, trocam as regras orais pelas leis escritas, e substituem os costumes e tradições por uma organização cívica em *dêmos*, divisão que solicita discussão."[37]

Finalmente, arremata, à guisa de conclusão:

---

36 RUBY, Christian. *Introdução à filosofia política*. São Paulo: Fundação Editora da UNESP, 1998, p.14.
37 Idem, pp. 13-14.

"Daí resulta uma cidadania concebida como um *êthos*, um hábito adquirido que torna ser plenamente humano e se desdobra na Cidade. Nesse sentido, a cidadania define melhor o poder de formar-se, designando a melhor forma de governo no que concerne aos assuntos humanos, do que o poder de influir sobre os acontecimentos."[38]

Se não encontra, ali, espaço algum, é porque, para ele, não existe cidadania.[39] No campo da tributação, o indivíduo (melhor: a pessoa humana) se confronta ou se conforta com a estrutura jurídica existente, que define sua posição perante o Estado de sua época (existência biológica e vida social): escravo, servo, contribuinte "legal" (passivo) ou titular da própria tributação?[40] Em todas e em quaisquer situações históricas, a

---

38 *Idem*, p. 14.

39 Sobre o tema, anotei:
"A cidadania, termo polissêmico, aqui é considerada como um momento de transformação do ser humano. De 'combatente isolado', passa a integrante de um 'grupo social organizado' de alguma forma. Nessa 'passagem', o homem se modifica, desdobrando-se: ao mesmo tempo em que conserva sua condição primitiva, individual, reproduz-se socialmente, e passa a existir como 'integrante' de determinado grupo social.

Nisso se opera uma transformação revolucionária. De 'animal pensante' voltado para seus interesses e ambiente próprios, envolve-se com 'os outros', e disso resultam novos centros de poder.

A feracidade do homem
A 'feracidade' [A cidade das feras (nem sempre ferozes, porque as há também pacíficas, aqui se tem em mente sobretudo o nível de evolução ou de desenvolvimento — adaptação — dos seres vivos, em especial os primatas ou hominídios)] do homem se civiliza no relacionamento com 'os outros'. Agora ele é também um ser social, integrado numa determinada comunidade de outros homens, como ele, mas diferentes no sentido jurídico. O homem em princípio é ele e 'seu Direito', sua 'circunstância jurídica'. Integrado à comunidade, 'seu' Direito agora convive com o Direito 'dos outros'" (NOGUEIRA, Alberto. *Jurisdição das liberdades públicas*. Rio de Janeiro: Renovar, 2003, pp. 239-241).

40 Sobre a relação "Estado e Cidadania" e "Efetividade da Cidadania Tributária", trago a esta nota essa passagem de antigo trabalho (1994):

questão básica mais importante é a do poder de tributar e sua legitimidade.[41]

"Do Direito do Estado passa-se para o Direito da Democracia, deslocando-se o foco da entidade Estado para a instituição da cidadania. Enfim, o Estado se jurisdiciza de forma mais completa, passando a se sujeitar não apenas ao Direito, que na maior parte se habituou a formular, para se amoldar aos desígnios da cidadania ativa.

No campo da tributação e, em particular, da obrigação tributária, nessa nova visão, o Estado se vincula a princípios e preceitos da Justiça Fiscal, fazendo emanar regras condizentes com a repartição dos encargos tributários de acordo com a capacidade dos contribuintes e obrigatoriamente através de critérios seguros, objetivos, racionais e cômodos.

Regras como, por exemplo, da personalização do tributo (Constituição de 1988, art. 145, § 1º), com matriz histórica na Carta de 1824 (art. 179, inciso 15), segundo Aliomar Baleeiro (1985), e tantos outros memoráveis princípios que se vêm formulando ao longo de intrépida luta histórica (legalidade, anterioridade, seletividade em função da essencialidade) terão necessariamente de ser respeitados pelo legislador.

O processo, nessa perspectiva, haverá de garantir a efetividade desses princípios, adequando a legislação infraconstitucional aos grandes vetores constitucionais da tributação.

Enfim, deixa o contribuinte de ser mero 'sujeito passivo' (no sentido amplo) para se tornar 'partícipe' da atividade tributária, na medida em que 'fiscaliza' as normas relativas à tributação através do processo.

Numa comparação razoável, poder-se-ia dizer que Fisco e contribuinte passam a se envolver numa relação semelhante a que se vê nos condomínios residenciais, ficando o primeiro com o papel de Síndico e o último com o de condômino (contribuinte).

A Constituição, no caso, seria como que o 'Regulamento do Condomínio', vinculando todo o conjunto dos 'moradores' (ou seja, Fisco e contribuintes)" (NOGUEIRA, A. *Os limites da legalidade tributária no estado democrático de direito:* fisco X contribuinte na arena jurídica: ataque e defesa. 2. ed. rev. ampl. Rio de Janeiro: Renovar, 1999, pp. 60-61).

41   Abro esta nota, embora brevemente, para tocar no livro de ETIENNE BALIBAR (BALIBAR, Etienne. *Droit de cité*. Paris: PUF, 2002) em apenas duas passagens (o livro merece ser exposto por inteiro, mas

É a lenta, sofrida e conturbada luta que se trava através dos tempos em direção à cidadania tributária, uma construção tributária, uma construção do dia a dia, incessante e interminável.[42]

---

devo limitar minhas "incursões"). Na primeira, faz distinção (corretamente, entre "direito e a cidade" e "cidadania" em face da Declaração dos Direitos do Homem, na qual conclama o leitor a perceber a diferença entre um e outro (*idem*, p. 5). Na segunda, após pertinentes considerações sobre o conflito entre o modelo cosmopolita atual (planetário) e a dura realidade, dentro da cidade, onde predomina a desigualdade e a opressão do homem sobre o homem (*idem*, p. 14), lança a bandeira (hoje sob sangrentos conflitos na França e também em outros países da Europa) da *desobediência civil*, agora sob a nova qualificação moderna — *desobediência cívica*. "Desobediência cívica, e não apenas civil — como faz crer uma prematura transcrição inglesa correspondente: *desobediência civil*. Não se trata apenas de indivíduos que, conscientemente, recusam a autoridade. Mas de cidadãos que, numa circunstância grave, recriam sua cidadania por uma iniciativa pública de 'desobediência' ao Estado." No original: "Désobéissance civique, et non pas civile — comme pourrait le faire croire une transcription hâtive de l'expresion anglaise correspondante: *civil disobedience*. Il ne s'agit pas seulement d'individus qui, en conscience, objecteraient à l'autorité. Mais de citoyens qui, dans une circonstance grave, recréent leur citoyenneté par une initiative publique de 'désobéissance' à l'État" (BALIBAR, Etienne. *Op. cit.*, p. 17).

42 No caso brasileiro, assim me pronunciei quanto ao resgate da cidadania tributária:

"Em plena vigência de um Estado democrático de direito (Constituição da República, art. 1º), há indiscutivelmente um sentimento entre a maioria da população de que a tributação a que se tem submetido não está de acordo com as premissas fundamentais do correspondente regime.

Se compararmos a situação imperante entre nós com a bandeira levantada pela Revolução Francesa da Declaração dos Direitos do Homem e do Cidadão de 26 de agosto de 1789 (onde nos arts. 13 e 14 se previa a repartição eqüitativa dos encargos tributários entre os cidadãos e o seu direito de fixar os limites, forma de cobrança, emprego e a sua duração) com a que hoje vivenciamos, sentimos a nítida e inevitável

Em suma, é uma questão de *status* a ser definido no bojo de cada sociedade ao longo da história. Em Roma, *contribuintes* e *proletários* (a imposição: "dar a César o que é de César"); na Idade Média, *os pactos* (entre senhor e suserano ou servo); sob o regime do Estado Moderno emergente da aglutinação (centralização do poder) dos feudos, o modelo dos "estamentos" (nobreza, alto clero e a plebe, integrante do 3º Estado, sobre a qual recaía o fardo (pesado fardo) da tributação. Enfim, do *Ancien Régime* pré-1789, à cidadania burguesa do Estado Nacional. Chega-se à igualdade formal e à universalidade da tributação.[43]

---

sensação de que regredimos politicamente, na medida em que não temos, como cidadãos, uma efetiva participação na fixação dos tributos e, muito menos, em sua respectiva aplicação.

Nem se argumente que essa participação se faz por intermédio dos legítimos representantes dos cidadãos, eleitos democraticamente para integrar o Congresso Nacional.

Como ensina um dos mais autorizados publicistas da atualidade, a inspiração liberal dos autores da Declaração dos Direitos do Homem e do Cidadão jamais se compatibilizaria com a idéia de uma "ditadura da lei" (Jean RIVERO, *Les libertés publiques*. 7. ed. Paris: PUF, 1995. **Tome I: Les droits de l'homme, p. 60 e segs.).**

Este descompasso histórico não é — diga-se a bem da verdade — uma exclusividade brasileira, como se pode constatar, por todos, na obra de Pascal Salin que ostenta o sugestivo título: *La arbitrariedad fiscal*, sendo o subtítulo ainda mais expressivo: *El peso de los impuestos, en la maior parte de los países occidentales se está conviertendo en insoportable, al tiempo que provoca protestas y críticas cada vez más fuertes* (trad. espanhola, Barcelona: IEUNSA, 1992) (NOGUEIRA, Alberto. *Viagem ao direito do terceiro milênio*. Rio de Janeiro: Renovar, 2001, pp. 445-446).

43 Bem a propósito, a respeitada exposição de ADAM SCHAFF, no já clássico *História e Verdade* (*Geschichte und Wahrheit*), sobre o livro de Madame de Staël, filha do então Ministro da Fazenda da França:

"Comecemos pela epígrafe que abre a sua obra e que é característica da orientação geral do pensamento de Mme de Staël: 'As revoluções que se fazem nos grandes Estados não são efeito do acaso nem do capricho dos povos'" *(Mémoires de Su//y,* vol. I, p. 133).

Mme de Staël aplica esta pressuposição à Revolução Francesa: esta foi uma necessidade e não um efeito do acaso. É necessário procurar as suas causas no descontentamento de todas as classes da sociedade desse tempo: aristocracia, clero, povo. No entanto, a causa profunda da revolução resulta da mudança de situação da burguesia. Para a filha do grande financista Necker, a origem do poder crescente da burguesia está precisamente nas finanças. A França não podia dispensar os impostos e os créditos, tanto mais que as guerras eram feitas com a ajuda de exércitos mercenários e já não com vassalos. Os parlamentos que concediam os créditos e estabeleciam os novos impostos, aproveitavam-se desta circunstância, tal como em Inglaterra, para criticar a administração, apoiando-se na opinião pública. Este facto contribuía igualmente para a importância crescente da nova classe.

'Esta nova potência adquiria cada dia mais força e a nação libertava-se, por assim dizer, por si própria. Enquanto foram só as classes privilegiadas a gozar de uma existência fácil, podia governar-se o estado como uma corte, manejando habilmente as paixões e os interesses de alguns indivíduos; mas assim que a segunda classe da sociedade, a mais numerosa e a mais activa de todas, teve consciência da sua importância, tornava-se indispensável a descoberta e aplicação de uma forma de governo melhor.'

Mas, segundo Mme de Staël, a revolução foi provocada não só pela transformação da posição social da nova classe, mas também pela miséria do camponês, à qual se juntava a arbitrariedade do poder. Vê-se aparecer na sua análise um elemento novo sobre o qual nos debruçaremos mais longamente adiante: a miséria do povo enquanto causa da explosão revolucionária e da sua violência.

'Os jovens e os estrangeiros que não conheceram a França antes da Revolução, e que vêem hoje o povo enriquecido pela divisão das propriedades e pela supressão dos dízimos e do regime feudal, não podem imaginar a situação deste país quando a nação suportava o peso de todos os privilégios. Os partidários da escravatura, nas colónias, costumavam dizer que um camponês de França era mais infeliz que um negro [...]. A miséria aumenta a ignorância, a ignorância aumenta a miséria; e quando nos perguntamos por que razão o povo francês foi tão cruel durante a revolução, não podemos encontrar a resposta senão na ausência de felicidade, que conduz à ausência de moralidade.'

A causa principal e constante desta miséria era o peso dos impostos.

Mas se a coleta é igual para os desiguais, também o retorno em serviços e benefícios dos tributos igualmente arrecadados não se faz na proporção igual (o espaço da cidadania usufruída é ocupado sobretudo pelos afortunados, ficando, de regra, dele afastado, o mero detentor da força de trabalho. O servo agora é o operário (à semelhança do antigo proletário romano). E quem não for dotado nem de capital nem de força de trabalho, não faz parte da cidade (como os atuais "excluídos"). São os desempregados, indigentes e dependentes de toda sorte (doentes, loucos, abandonados, menores e velhos desassistidos ou abandonados). Nesse cenário, o sistema tributário se torna instrumento não apenas de expropriação (para não dizer "extorsão"), mas também de tortura do contribuinte.[44] "Fichado, extorquido, humilhado... caído na armadilha de textos obscuros — quando não são completamente incompreensíveis — e numa multidão de impostos e taxas visíveis e invisíveis... apanhado nas malhas de fios urdidos com arbitrariedades, injustiças e perniciosos atentados às liberdades... O contribuinte, vítima apesar de sua resistência das caçadas do Conde Zaroff, corre a perder o fôlego. Corrida desenfreada para respeitar os prazos, juntar fundos, acessar os textos e perambular de tribunal a tribunal. Às vezes mesmo, sofrendo o último ultraje, que é o da violação das liberdades.

'Os impostos, que incidiram exclusivamente sobre o povo, reduziram-no à pobreza sem esperança. Um jurisconsulto francês, há cinquenta anos, chamava ainda segundo o costume, ao terceito estado, *a gente sujeita ao trabalho obrigatório e ao tributo como bem aprouvesse ao senhor.*'" (SCHAFF, Adam. História e verdade. 2 ed. Lisboa: Editorial Estampa, Ltda., 1994, pp. 21-22).

44 O diagnóstico vale não apenas para o caso brasileiro, mas para tantos outros, considerados "civilizados", a exemplo da França, cujo sistema é assim descrito por ROBERT MATTHIEU, mestre em Direito e tributarista especializado em "controles fiscais", no seu conhecido "S.O.S. Impostos", referindo-se ao contribuinte de seu país.

Vítima escolhida de um implacável postulado: todo contribuinte é, salvo prova em contrário, um fraudador. O pretexto da fraude fiscal justifica todas as perversões." No original: "Fiché, racketté, humilié Piégé entre des textes abscons — quand ils ne sont pas tout à fait incompréhensibles — et une multitude d'impôts et taxes visibles et invisibles... Pris dans les malles d'un filet tissé d'arbitraire, d'injustices et de prenicieuses atteintes aux libertés Le contribuable, victime malgré lui des chasses du comte Zaroff, court à perdre haleine. Course effrénée pour respecter les délais, réunir les fonds, accéder aux textes, foncer de tribunal en tribunal. Parfois même, subissant le dernier outrage, celui de la violation des libertés. Victime d'un implacable postulat: tout contribuable est, sauf preuve du contraire, um fraudeur. Le leitmotiv de la fraude fiscale excuse toutes les perversions" (MATHIEU, Robert. *S.O.S. impôts*. Paris: L'Archipel, 2003, p. 15).

Os princípios retores da tributação são voltados para a produção industrial. É o império do mercado e sua fria *lex mercatoria*.

O modelo funcionou a contento sob o signo da *matriz* nacional, com a substituição dos "princípios" pela "lei", entendida esta como a norma jurídica formatada pelo Parlamento.[45]

---

[45] Nesse cenário, observa BERNAT RIUTORT SERRA, a propósito do capitalismo avançado: "O surgimento de novos valores *posmateriais* entre as novas classes médias vem estimulando a formação de novos movimentos sociais em torno de problemas de identidade e de cividade, trazendo novos problemas para a política e a cultura do consenso" (SERRA, Bernat Riutort. *Razón política, globalizacion y modernidad compleja*. Espanha: El Viejo Topo, 2001).

Mais à frente seu juízo a respeito dos efeitos da *centralidade* econômica e política hoje consolidada e também da globalização, acarretando a perda do poder dos estados nacionais de regularem seus próprios mercados (*idem*, p. 47). Faz essa ressalva importante: "Somente

Ao incremento de novas forças em face das atuais ondas de globalização e regionalizações[46], o modelo do Estado Nacional (e de seu mercado tão bem regulado internamente: se-

---

os grandes blocos capitalistas, Estados Unidos, União Européia e Japão têm capacidade para estabelecer normas na economia globalizada", e, por fim: "As organizações financeiras internacionais, dominadas pelo capital transnacional, assumiram o neoliberalismo, impondo suas receitas aos países necessitados de crédito, anulando sua soberania" (idem).

46 Abro esta nota para o precioso livro de ILIAS ARNAOUTO-GLOU, "Leis da Grécia Antiga" (ARNAOUTOGLOU, Ilias. *Leis da Grécia antiga*. São Paulo: Odysseus Editora Ltda., 2003), que mereceria uma resenha completa, mas o faço com o específico propósito de registrar, no campo da cidadania, um modelo "regionalização jurídicopolítica", em duas passagens: na primeira, a justificação do autor na seleção do material por ele compilado: "Certas categorias de documentos de que já existem coletâneas específicas (como é o caso, por exemplo, da legislação sacra e dos acordos entre Estados) não foram aqui sistematicamente incluídas. Tampouco foram incluídos testemunhos oriundos de papiros, desde quando já existe, no particular, um compêndio de textos de interesse jurídico e uma coletânea dos decretos legislativos dos Ptolomeus, sem tradução para o inglês. No entanto, decidi incluir aqui três tratados celebrados entre Estados, relativos à atribuição por uma *polis* de direitos iguais a cidadãos de uma outra (*isopoliteía*, n° 104), à unificação de duas *póleis* (n° 105) e a acordos judiciais bilatérias (*symbola*, n° 106). O motivo da inclusão desses textos é que eles não concernem apenas a direitos e deveres (já estabelecidos) de cidadãos; também regulamentam aspectos cruciais da atividade do cidadão além da esfera de sua *polis* original" (ARNAOUTOGLOU, I. *Op. cit.*, p. xxx-xxxi). E, na segunda, de conteúdo idêntico, porém voltada "para dentro da polis" (uma espécie de *naturalização* no sentido atual), concedida aos habitantes de Tasos: "Nas *póleis* da Grécia antiga, a assembléia dos cidadãos podia conceder cidadania a um indivíduo ou a cidadãos de outras *póleis* em circunstâncias excepcionais. Com essa lei, os habitantes de Tasos estendem o direito da cidadania de Tasos a todos aqueles, homens e mulheres, nascidos de mulheres naturais de taso que viviam em Neápolis, uma de suas colônias no continente, como parte da reorganização feita após as agitações políticas de fins do século V a. C." (*Idem*, p. 106).

gurança e liberdade para produzir e consumir) entra em pane, pois já não pode controlar como antes a vida na cidade que ele construiu internamente.[47]

---

47 A propósito desse novo paradigma constitucional avançado, adequado e indispensável à efetiva concretização jurídica de uma "sociedade aberta" também no campo da cidadania tributária (Estado Democrático de Direito Tributário Humanizado), há mais de dez anos (1ª edição do livro intitulado "Os limites da legalidade tributária no estado democrático de direito"), toquei no centro nervoso do tema, até então um tanto quanto quase ignorado nos aspectos especificamente tributários, em texto reproduzido na 2ª edição de 1999:
"LIMITES DECORRENTES DOS PRINCÍPIOS CONSTITUCIONAIS
Na autorizada e insuspeita lição de Manoel Gonçalves Ferreira Filho:
'O Direito Constitucional nasceu da revolução democrática moderna e de perto acompanha as suas vicissitudes. A cada qualificação de Democracia corresponde um sistema de princípios constitucionais. O exame destes, portanto, implica a determinação prévia do que significa aquele' (Ferreira Filho, *Curso...*, p. 45).
Nessa densa e sintética passagem do notável constitucionalista paulistano, encontramos a confirmação do que vimos sustentando ao longo desse trabalho, que a tributação, considerada em todos os seus aspectos (competência, instituição e cobrança), deve se ajustar ao modelo constitucional vigente, em cujo seio serão interpretados e aplicados os princípios nele consagrados à luz do Estado Democrático de Direito.
A literatura brasileira é sobremodo vasta e rica ao cuidar dos princípios da tributação. Não é nosso intento, no presente tópico, descer ao exame de cada um desses princípios, motivo pelo qual, *brevitatis causa*, remetemos o leitor para obras específicas.
O que pretendemos, aqui, é assinalar a mudança de conteúdo, em todos esses princípios, que, conservando na maioria das vezes a mesma fórmula de explicação (v.g., legalidade tributária, anualidade, capacidade contributiva, *due process of law*, personalização, seletividade em função da essencialidade, uniformidade, não discriminação, isonomia, e tantos outros) assumam novo conteúdo para se ajustar ao regime agora explicitamente definido como Estado Democrático de Direito.

Uma principiologia agora se torna necessária para suprir a lacuna da *lei nacional*. E o paradigma constitucional substitui o infra (norma legislada).

Ademais, é também precioso instrumento para a concretização do modelo referente ao Estado Democrático de Direito Tributário (centrado nos Direitos Humanos).

> Nessa nova dimensão, continuando tais princípios a servir de limite ao poder de tributar, agora também devem ser considerados em sua substância para assegurar a concretização do Estado Democrático de Direito.
> O que antes servia basicamente como uma espécie de 'recomendação' dirigida ao legislador, com o advento do Estado Democrático de Direito há de ter uma função adicional — a de submeter aquele às regras do novo regime, preenchendo os princípios — tanto quanto possível — com os valores nele consagrados.
> Mas essa mudança de postura não se restringe à figura do legislador. Também o Poder Executivo há de se amoldar ao novo ambiente, formado pelo Estado Democrático de Direito, em cada ato que pratique.
> Apenas para exemplificar como isso há de ser atendido, mencionamos o processo administrativo fiscal, agora submetido ao princípio do devido processo legal (CF, art. 5°, LIV e LV), com todas as suas garantias, inclusive a do contraditório.
> Não mais é admissível que o julgador administrativo ignore a mudança que o constituinte conferiu ao processo que se desenvolve em sua esfera de atuação, cerceando os direitos do contribuinte sob qualquer forma ou pretexto: falta de motivação, denegação injustificada de prova, recusa de diligências legitimamente requeridas ou de documentos apresentados pelo contribuinte, como se fazia em passado não muito longínquo, ou, como ainda se insiste, em alguns casos, na exigência da odiosa garantia de instância administrativa.
> Também está o Poder Judiciário sujeito aos novos e saudáveis ventos insuflados pelo Estado Democrático de Direito, seja no resguardo do direito das partes, nos processos que se formem no seu âmbito, seja no repúdio a práticas incompatíveis com aquele regime" (NOGUEIRA, A. *Os limites da legalidade tributária no estado democrático de direito*: fisco X contribuinte na arena jurídica: ataque e defesa. 2. ed. Rio de Janeiro: Renovar, 1999, pp. 90-92).

IV — PARTE ESPECÍFICA
Uma Abordagem Predominantemente (Base) Brasileira

CAPÍTULO 1

PRINCÍPIOS TRIBUTÁRIOS NO DIREITO BRASILEIRO

A Tutela Constitucional da Tributação (Sujeição e Defesa)

Neste Capítulo, entra a tributação *como esfera constitucional* contendo três vertentes, a saber:

1.1. Primeira vertente (desdobrada em três *etapas* ou estágios)[48]

A primeira etapa revela uma face *garantística* (defesa contra o poder tributário). A 2ª etapa, *cidadanística* (o contribuinte é o cidadão, titular do *poder tributário* que, nessa qualidade, *outorga ao Fisco* (sem lhe transferir), a *competên-*

---

48 Em linguagem figurada:

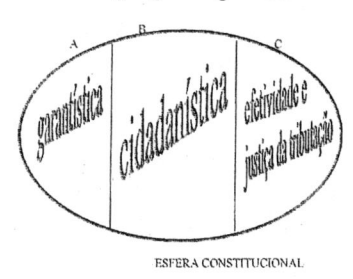

cia legal (representação ou mandato civilístico) para exercer (como dever) a *função* de tributar (o chamado "ente tributante" na verdade é mero delegatário do contribuinte, em nome do qual e no interesse do mesmo atua, devendo uma "prestação de contas" (legitimidade de exercício da tributação). A terceira etapa, *a efetividade* e a *justiça da tributação*. Decorrência das etapas anteriores, o desempenho do Fisco está sujeito ao *controle* da cidadania tributária, sendo-lhe, por óbvio, defeso agir em interesse que não seja o do contribuinte (verdadeiro titular da tributação cidadânica). A segunda etapa está fundamentalmente voltada para a *cidadania*. Nessa perspectiva *cidadanística*, três características se destacam: 1° — o contribuinte é o cidadão, já não mais mero *devedor* ou simplesmente *pagador de impostos* e, menos ainda, o *sujeito passivo* tão bem identificado numericamente através de um código, como do tipo CPF, no caso brasileiro. Liberto dessa "submissão" ou servidão tributária, agora é o cidadão em toda a sua plenitude. Em outras palavras, é ele — e não o Estado — o verdadeiro titular da tributação (de "dono" do tributo, em contrapartida, a entidade estatal assume a função de *instrumento* da tributação). Nesse novo papel, sua *função* é a de concretizar a cidadania tributária, em nome e no interesse do contribuinte que, assim redefinido, tem legitimidade, *por natureza*, para agir em defesa da justa tributação (princípio do consentimento) do "interesse geral" ou público (aqui o vocábulo "público" corresponde ao "contribuinte", identificado como a totalidade dos cidadãos). Está-se nessa nova configuração, no superior e grandioso espaço dos *Direitos Humanos* (em nossa conhecida teoria[49], na qual inte-

---

49 Para consulta específica, dentre alguns trabalhos, sugere-se: (NOGUEIRA, A. Jurisdição das liberdades públicas, *op. cit.* NOGUEIRA, A. Direito Constitucional das liberdades públicas, *op. cit.* NOGUEIRA, A. Viagem ao direito do terceiro milênio, *op. cit.*)

gram essa categoria (Direitos Humanos, no plural, os *do Homem*, os *Fundamentais* e as *Liberdades Públicas*).[50] Em de-

---

50 Sobre a efetivação dos Direitos do Homem, na fórmula adotada na Declaração de 10/12/1948 pela Assembléia Geral das Nações Unidas, inclusive no tocante aos tributos, essa referência de concretização se faz importante aportar nesta nota: "Assim os direitos do homem, durante longo tempo postos no rol de princípios abstratos, entram no campo do direito positivo. Não é, portanto, que sua dimensão histórica e ideológica e sua força política considerável foram absorvidas por sua realidade jurídica. A questão dos direitos do homem fica no centro de toda reflexão sobre a condição humana e o futuro do mundo. Não se trata mais apenas dos direitos naturais proclamados no fim do século XVIII, aqueles dos direitos do indivíduo em face de todos os poderes, mas também dos direitos econômicos, sociais e culturais. Ninguém pode hoje em dia ignorar os direitos do homem, mesmo aqueles que os põem em questão como o fez Marx que, criticando sua característica individual, falava dos direitos do 'homem egoísta' ou aqueles que afirmam hoje em dia que se trataria apenas dos direitos do homem ocidental, rico e responsável pela miséria do mundo. O fato de eles serem freqüentemente violados por aqueles mesmos que os reclamam não os tornam caducos. A questão é de saber como os colocar em prática, ou seja, dar-lhes uma vigência jurídica concreta, no interior das nações e, sobretudo, no plano internacional." (No original: "Ainsi les droits de l'homme, trop longtemps cantonnés à un rôle de préceptes abstraits, entrent-ils dans le champ du droit positif. Ce n'est pas pour autant que leur dimension historique et idéoligique et leur force politique considérable ont été absorbées par leur réalité juridique. La question des droits de l'homme reste au centre de toute reflexión sur la condition humaine et l'avenir du monde. Il ne s'agit plus seulement des droits naturels proclamés à la fin du XVIIIe s., ceux de l'individu face à tous les pouvoirs, mais aussi des droits économiques, sociaux et culturels. Nul ne peut aujourd'hui ignorer les droits de l'homme, même ceux qui les mettent en cause comme fit Marx qui, critiquant leur caractère individuel, parlait des droits de 'l'homme égoïste', ou ceux qui affirment aujourd'hui qu'il ne s'agirait que des droits de l'homme occidental, riche et responsable de la misère du monde. Le fait qu'ils soient souvent violés par ceux-là même qui s'en réclament ne les rend pas pour autant caducs. La question est de savoir comment les mettre en application, c'est-à-dire leur donner une vigueur juridique concrète, tant à l'intérieur des nations et

corrência dessa nova cidadania tributária, duas relações distintas e independentes passam a qualificar também juridicamente a chamada "obrigação tributária", agora — e somente agora — digna de ostentar sua natureza *pública*, ou seja, de todos os cidadãos — e não mais *inerente* ao Estado — como atrás se disse, despido de uma legitimidade usurpada do cidadão, a entidade estatal tributante é o instrumento, valioso e indispensável instrumento de concretização da cidadania no âmbito da tributação. O contribuinte, como cidadão, se apresenta em duas situações. Na primeira, na qualidade de *devedor*, ou obrigado (quando individualmente se vê na posição de pagar por se ajustar à hipótese legalmente prevista (lei válida, bem entendido, e presentes os demais elementos validadores da exigência fiscal). Na segunda, ele representa não apenas o cidadão individualmente considerado, mas o conjunto dos cidadãos em face da "massa difusa" correspondente às obrigações dos demais devedores. A díade *direitos-deveres*[51], no

---

sur le plan internacional" (CADIET, Loïc (Dir.) *DICTIONNAIRE de la justice*. Paris: PUF: 2004, pp. 368-369).

51 Sobre direitos e deveres fundamentais, por enquanto remeto o leitor ao correspondente verbete do *Digesto delle Discipline pubblicistiche* (MARTINEZ, Gregorio Peces-Barba. Diritti e doveri fondamentali. In: *DIGESTO delle disciplinne pubblicistiche*. 4. ed. Torino: UTET, 1994, pp. 139-159. Traduzido para o italiano por Eduardo Rozo Acuña, integrante da atual disciplina que venho regendo na Pós-Graduação da Universidade Gama Filho, Direitos Fundamentais). Limito-me, nesse momento, a destacar a base jurídico-tecno-metodológica ali adotada: a) não se trata (direitos e deveres) de conceitos correlatos; b) nem, tampouco, opostos; c) inobstante, a adjetivação (melhor dizendo, a substantivação) é fundamental ("condizentização" [uso o neologismo no sentido de "fatores ou instrumentos que conduzem a determinado "saber"] sobre a posição — estabilidade ou *status* — no poder); d) qualquer pessoa tem um direito ou um dever fundamental quando uma norma jurídica o estabelece; e) a confusão entre ambas decorre basicamente de raiz ética comum entre ambos os conceitos; f) são, ambos, do

campo da tributação é, por simetria, o equivalente da outra díade, *pessoa* (ou indivíduo)/*sociedade civil*[52].

A terceira e última etapa dessa 1ª vertente envolve aspectos instrumentais relacionados com a própria base (ou fundamentos) da tributação, assim identificados: a) quem formata o sistema e como isso se desenvolve; b) quem opera (e controla) o sistema; c) qual a finalidade do sistema (e respectiva tributação); e, por fim, d) legitimidade do sistema, de seu funcionamento e definição da responsabilidade de seus operadores (integrantes da chamada "Administração Tributária" ou simplesmente FISCO).

---

indivíduo, de grupos, de associações, etc.; g) a análise superada de ambos não afasta uma análise global (integrativa). Para exame mais específico no campo tributário, ver meu livro *A Reconstrução dos direitos humanos da tributação* (NOGUEIRA, A. *A Reconstrução dos direitos humanos da tributação*. Rio de Janeiro: Renovar, 1997, pp. 138-193). Aproveitando a oportunidade desta nota, remeto-me e, claro, também o leitor, ao precioso verbete "Derecho humano" da *Nueva Enciclopédia Jurídica*, do qual transcrevo (o conceito — "fundamento" — é importante para comparar a visão da época — repetindo, 1955 — para a atual): "Fundamento — Assim, o fundamento do Direito humano corresponde à categoria jurídica geral de *positividade*: a validade de seus preceitos deriva da vontade humana que os 'põe' (estabelece). Mas, veja bem, da vontade divina emanam, delas próprias, normas de justiça, com o que se contrapõe o Direito Humano em razão de sua *positividade*, a Direito positivo divino. Por outro lado, a categoria de positividade não é exclusiva como fundamento do Direito em geral, na medida em que corresponde com o de *naturalidade*. Existe, com efeito, uma ordem jurídica objetiva, independente da vontade, baseada nas exigências absolutas e universais da natureza humana. O Direito humano se opõe também ao Direito natural em razão do respectivo fundamento de suas valorações: uma justiça subjetiva, no primeiro, e objetiva e intrínseca, no segundo" (MASCAREÑAS, Carlos E. (dir). *Nueva enciclopédia jurídica*. Barcelona: Francisco Seix, Editor, 1955, t. VII, p. 15).

52 Para uma leitura detalhada, consulte-se NOGUEIRA, A. *A reconstrução dos direitos...* pp. 80-193).

1.2. A segunda vertente — A Constituição e a Tributação

Essa vertente se configura no complexo e múltiplo espaço (jurídico, político, econômico, filosófico, aqui lembrados como os mais importantes, mas não exaurientes) onde se localizam *A Constituição e a Tributação*.

1.2.1. O ordenamento tributário

Nesse instigante universo, três aspectos particularmente se destacam. O primeiro tem seu eixo principal no ordenamento tributário constituído pela Ordem Jurídica na dupla visão *estática* (todo o conjunto normativo e organizacional com seus diversos sistemas) e *dinâmica* (envolvendo sobretudo a atividade Fisco-Contribuinte), com uma variedade de controles jurídicos, administrativos, judiciais, políticos, protetivos e repressivos.

1.2.2. Os limites da impositividade

O segundo deles pode ser, *brevitatis-causa*, identificado como o correspondente aos *limites da impositividade*[53].

1.2.3. A legitimidade da tributação

O terceiro dos referidos aspectos não é de menor complexidade, pois cuida da legitimidade da tributação. Mesmo com

---

53 Remeta-se o leitor particularmente interessado nesse tema ao livro *Os limites da legalidade tributária no estado democrático de direito* (NOGUEIRA, A. *Os limites da legalidade tributária no estado democrático de direito:* fisco X contribuinte na arena jurídica: ataque e defesa. 2. ed. rev. ampl. Rio de Janeiro: Renovar, 1999) e aos trabalhos publicados na *Viagem ao direito do terceiro milênio* (NOGUEIRA, A. *Viagem ao direito do terceiro milênio*. Rio de Janeiro: Renovar, 2001).

guarda daqueles outros limites (da impositividade), estes oferecem ângulos de extrema delicadeza jurídica, principalmente por estar conectados com a alma e o coração do *regime jurídico* e *político* a ser seguido e efetivamente realizado. Leva ele necessariamente à última das referidas vertentes.

1.3. A terceira vertente

Nessa terceira e última vertente (que não sendo exauriente, antes consagra as vertentes anteriores e se abre para novas faces da tributação democrática (Direitos Humanos da Tributação), oferece três dimensões pontuais para assegurar a *defesa* do poder público (o Fisco) no interesse do contribuinte (o poder público não pode se desviar da fiscalidade do tributo: *o bem comum* democraticamente definido (Declaração de 26 de agosto de 1789, arts. 13 e 14). Essa defesa se estrututra em três dimensões: 1) individual (garantias liberais clássicas), 2) grupal (garantias sociais e econômicas) e, 3) garantia jurídica (a Constituição e a tributação, o ordenamento tributário (sistema tributário), os limites da impositividade (capacidade contributiva e interesse de contribuir, assim como sua sujeição à matriz constitucional).

1.3.1. A defesa em 3 dimensões

A defesa não é apenas do contribuinte (na dupla posição atrás referida) mas do conjunto da sociedade, pessoas e instituições.

Numa palavra, é a *defesa do regime* que, no caso brasileiro, se define como o do *Estado Democrático de Direito*.

Ela há de se realizar nas esferas *individual, grupal* e institucional, sobretudo mediante a sustentação da Ordem Jurídica.

1.3.1.1. A dimensão individual

Nesse *locus*, o cidadão-contribuinte tem a seu favor a garantia do devido processo legal, com foco principalmente no art. 5º, LIV e LV da Constituição Federal de 1988, princípio dominante, retor e síntese de todos os demais, posto que, como analisei em trabalho pioneiro, por suas características e natureza sistêmicas, envolve aspectos *procedimentais (procedure due process of law)*, *substanciais (substantive due process of law)*, institucionais e instrumentais (meios e modos de defesa)[54].

No conjunto, tais meios e modos de defesa basicamente consistem na proteção processual (processo administrativo e judicial), transparência legislativa e da atuação do fisco em relação ao contribuinte (seja na investigação da atividade e conduta do contribuinte, seja no respeito e presteza devidos quando estiver na posição legal de atender aos direitos daquele (p. ex., na restituição de tributos indevidos — CTN, arts., 165 e s.), prestar esclarecimentos (consulta fiscal) e informações, inclusive para facilitar o atendimento dos deveres do contribuinte.[55]

---

54 Sobre o precioso instrumento de defesa da cidadania tributária e da legalidade (também abrangendo a legitimidade), remeto o leitor ao livro intitulado O *Devido Processo Legal Tributário* (NOGUEIRA, A. O *devido processo legal tributário*. 3. ed. Rio de Janeiro: Renovar, 2002). Ademais, noutro capítulo do presente estudo (-) será dito princípio destacadamente considerado, dada sua incontestável magnitude e importância.

55 Tal como previsto no art. 212 do CTN (que no plano federal somente foi cumprido quando da criação da Secretaria da Receita Federal, em 1969, apenas uma vez), *in verbis*: "Os Poderes Executivos federal, estaduais e municipais expedirão, por decreto, dentro de 90 (noventa) dias da entrada em vigor desta Lei, a consolidação, em texto único, da legislação vigente, relativa a cada um dos tributos, repetindo-se esta providência até o dia 31 de janeiro de cada ano" (BRASIL. *Código Tributário Nacional*. Lei nº 5.172, de 25/10/1966, art. 212).

Afora isso, e levando em conta o respeito à dignidade do cidadão-contribuinte, a essa altura, sob o manto do regime constitucional adotado no Brasil (Estado Democrático de Direito), está o legislador federal e da maior parte nas esferas estadual e municipal, em mora para com aquele, no que se refere à aprovação e implementação do Estatuto do Contribuinte.[56]

1.3.1.2. A dimensão grupal

A pessoa física do contribuinte e também as jurídicas de pequeno porte (*micro* e *média* empresas) quase sempre ficam expostas ao desgaste e prejuízos financeiros e morais diante dos 3 Fiscos que as assediam com todo tipo de exigências (União, Estados/DF e Municípios e respectivas projeções autárquicas).

A impiedosa e massacrante burocracia desses 3 Fiscos atinge brutalmente a vida e a própria sobrevivência desses infelicitados contribuintes. Torna-se necessária a atuação *coletiva, em grupos* organizados, para resistir aos abusos da atuação fiscal (tanto no plano da normatização como da própria ação fiscal). Mesmo empresas de grande porte se ressentem desses excessos (embora dotados de boas estruturas de defesa e de planejamento fiscais), sofrendo os efeitos do que se convenciona chamar "custo Brasil". Para remediar tais males, torna-se necessária a articulação desses segmentos, tal como já ocorre com as 3 entidades tributantes, mediante convênios e ajustes.[57]

---

[56] Sobre o tema, o Apêndice 1, que se insere no corpo do presente livro, mas que também pode ser considerado como tema autônomo.

[57] Tal como previsto (e levado à prática) no art. 199 do CTN, *in verbis:* "A Fazenda Pública da União e as dos Estados, do Distrito Federal e dos Municípios prestar-se-ão mutuamente assistência para a

1.3.1.3. A dimensão jurídica

Abrange todo o espaço contido na Ordem Jurídica como um todo, com destaque especial para as vedações constitucionais (arts. 150 a 156) e dos direitos e garantias fundamentais (art. 5º *caput* e incisos e seus parágrafos 1º e 2º). Pelo primeiro, está posto que as normas definidoras (ressalte-se: *qualquer* norma, de qualquer nível, interna ou comunitária ou mesmo internacional) têm aplicação imediata. O segundo parágrafo reforça o primeiro, ampliando ainda as fontes normativas e o campo de aplicação, *in verbis*: "*Os direitos e garantias expressos nesta Constituição não excluem outros decorrentes do regime e dos princípios por ela adotados, ou dos tratados internacionais em que a República Federativa do Brasil seja parte.*"[58]

---

fiscalização dos tributos respectivos e permuta de informações, na forma estabelecida, em caráter geral ou específico, por lei ou convênio. Parágrafo único: A Fazenda Pública da União, na forma estabelecida em tratados, acordos ou convênios, poderá permutar informações com Estados estrangeiros no interesse da arrecadação e da fiscalização de tributos" (BRASIL. *Código Tributário Nacional*. Lei nº 5.172, de 25/10/1966, art. 199, alterado pela LC 104/2001).

58 BRASIL. [Constituição Federal 1988]. *Constituição da República Federativa do Brasil, de 5 de outubro de 1988*, art. 5º, § 2º.

CAPÍTULO 2

O ESTADO DEMOCRÁTICO DE DIREITO TRIBUTÁRIO

A partir do conceito de Estado Democrático de Direito, regime adotado no Brasil com a Constituição de 1988[59], não há como desconsiderar o sistema tributário brasileiro precedente[60], visto fazer parte do sistema. Mas ao aplicá-lo aos casos concretos, insta ajustá-lo à nova realidade jurídica. Isso leva, na área impositiva, ao Estado Democrático de Direito Tributário. Sobre esse tópico, há mais de uma década, em tese de livre-docência, examinei com objetividade a situação brasileira[61].

---

59   Art.1º A República Federativa do Brasil, formada pela união indissolúvel dos Estados e Municípios e do Distrito Federal, constitui-se em Estado democrático de direito e tem como fundamentos: I — a soberania; II — a cidadania; III — a dignidade da pessoa humana; IV — os valores sociais do trabalho e da livre iniciativa; V — o pluralismo político. Parágrafo único. Todo o poder emana do povo, que o exerce por meio de representantes eleitos ou diretamente, nos termos desta Constituição (BRASIL. [Constituição Federal 1988]. Constituição da República Federativa do Brasil, de 5 de outubro de 1988).

60   Ver apêndice 1: a conferência sobre o Estatuto do Contribuinte.

61   Ver apêndice 2.

Outros aspectos devem ser levados em conta, notadamente:

1) Uma visão adequada da Teoria da Constituição aplicada ao segmento tributário;

2) A nova interpretação do texto constitucional com o objetivo de viabilizar a concretização e aplicação dos princípios fundamentais do ordenamento no superior contexto jurídico-político ao correspondente Estado Democrático de Direito Tributário. Nessa nova hermenêutica, o que se intenta realizar é a aplicação das "tradicionais" limitações constitucionais ao poder de tributar[62]. O ponto (provisório) de chegada ou alvo (projeto a realizar a cada momento, infindavelmente, etapa por etapa) é a busca de uma tributação democraticamente justa e legítima, de acordo com os valores e circunstâncias de cada época.

3) Nessa concretização, chega-se à teoria e à prática da Constituição Tributária, conjugando-se a tradicional concepção dos *limites* formais e *substanciais*, com os *novos limites*, de caráter afirmativo (agora o problema não é apenas o de *controlar* o legislador, impondo-lhe limites de atuação, mas também o de obrigá-lo a agir, implementando os espaços do *justo* e do *democrático* necessários ao novo modelo tributário (cidadania tributária republicana). É o delta no qual finalmente se encontram as límpidas águas do Estado e da cidadania. Do direito do Estado passa-se para o Direito da Democracia, deslocando-se o foco da entidade Estado para a instituição da cidadania.

O centro mais profundo da temática em comento se localiza, com energia renovável e auto-sustentável que é, na desig-

---

62 Tome-se como ponto de partida o clássico e insuperado clássico de Aliomar Baleeiro, *Limitações Constitucionais ao Poder de Tributar*. Recomendo a leitura da 6ª e última edição em vida do autor e da 7ª atualizada por Misabel Abreu Machado Derrzé, Rio de Janeiro: Ed. Forense, 1985 e 1997, respectivamente.

nação do moderno constitucionalismo avançado (Estado Democrático de Direito), que se conhece como "o espírito da Constituição", tal como exposto por FRÉDÉRIC ROUVILLOIS a seus alunos, remontando ao Espírito das Leis de Montesquieu:

"Nessa literatura, o termo 'espírito' tem um significado preciso: é, explica Littré, aquilo segundo o qual nos dirigimos" (finalidade da Constituição); "o que o torna um sinônimo de 'princípio': 'o que dá vida a um Estado. O governo se assenta dentro desse princípio'. Já Domat aproximava o espírito da *intenção* do autor da regra e do *objetivo* visado através dela. Nesse sentido, que é aquele utilizado por De Gaulle" (permito-me lembrar que o autor tem sob exame a Constituição da V ª República de 1958, talhada e levada à execução por De Gaulle), "o espírito aparece como *a idéia diretriz, o princípio motor, animador e organizador de uma regra ou de um sistema*".[63]

Referindo-se ao valor da Constituição, o autor observa que ele faz parte do espírito, daí que, quando violado, será substituído por outro.[64] Na França, como aqui no Brasil, tais transgressões principiológicas, são tantas vezes perpetradas,

---

63 No original: "Dans cette littérature, le terme d' 'esprit' a une signification précise: c'est, explique Littré, ce d'après quoi on se dirige; ce qui en fait un synonyme de 'principe': 'ce qui fait la vie d'un État. Le gouvernement est frappé dans son principe'. Domat, quant à lui, rapprochait l'esprit de l'*intention* de l'auteur de la règle, et de l'*objectif* visé à travers elle. En ce sens, qui est celui qu'utilise de Gaulle, l'esprit apparaît donc comme *l'idée directrice, le principe moteur, animateur et organisateur d'une règle ou d'un système*" (ROUVILLOIS, Frédéric. Droit constitutionnel. La Ve République. Paris: Flammarion, 2001.p. 10).
64 *Idem*, p. 16.

freqüentemente em nome de suspeitosa "governabilidade" (agravada com o falso argumento ainda mais suspeito e imoral da chamada "lógica da racionalidade"). O caso, na feliz e ferina expressão do citado lente é de *infidelidade* constitucional[65], o que acaba por gerar uma enfermidade constitucional[66] diagnosticada há muito tempo por Montesquieu. Sobre essa doença, anota:

"'A corrupção de cada governo, observava Montesquieu, começa quase sempre por aquela dos princípios'. É o que também inspira a crise contemporânea da V^a República, onde as repetidas infidelidades ao espírito da Constituição têm pouco a pouco levado ao descrédito dela, e finalmente a contestá-la como tal: insensivelmente, passou-se da transgressão à contestação."[67]

Enfim, o Estado se jurisdiciza de forma mais completa, passando a se sujeitar não apenas ao Direito, que na maior parte se habituou a formular, para se amoldar aos desígnios da cidadania ativa.

No campo da tributação e, em particular, da obrigação tributária, nessa nova visão, o Estado se vincula a princípios e preceitos da Justiça Fiscal, fazendo emanar regras condizentes com a repartição dos encargos tributários de acordo com a

---

65 *Idem*, p. 17.
66 *Idem*, p. 18.
67 No original: " 'La corruption de chaque gouvernement, observait Montesquieu, commence presque toujours par celle des principes.' C'est aussi ce qu'inspire la crise contemporaine de la Ve. République, oú les infidélités répétées à l'esprit.de la Cosntitution ont peu à peu conduit à le discréditer, et finalement à lê contester em tant que tel: insensiblement, on est passe de la trangression à la contestation" (*Idem*, p. 18).

capacidade dos contribuintes e obrigatoriamente através de critérios seguros, objetivos, racionais e cômodos. Regras como, por exemplo, da personalização do tributo (Constituição de 1988, art. 145, § 1º), com matriz histórica na Carta de 1824 (art. 179, inciso 15), segundo Aliomar Baleeiro (1985), e tantos outros memoráveis princípios que se vêm formulando ao longo de intrépida luta histórica (legalidade, anterioridade, seletividade em função da essencialidade) terão necessariamente de ser respeitados pelo legislador.

Retoma-se, como anotei alhures, a reconstrução da tríplice divisa (liberdade, igualdade, fraternidade) no sagrado solo da tributação.[68]

4) Enfim, agora é a hora da verdade. Insta saber e decidir (democraticamente) se o superprincípio do Estado Democrático de Direito solenemente proclamado no preâmbulo e no primeiro artigo da Constituição, é regra para valer também no campo da tributação. A questão, obviamente, assim se põe: modelo (Estado Democrático de Direito), prática (sistema tributário infraconstitucional) e realidade.[69]

---

68 Ver apêndice 3, A Interminável Epopéia da Tributação.

69 Em contextos como o brasileiro, nos quais a tributação se apresenta como instrumento jurídico afinado com a teoria da rejeição social, como na análise de Ives Gandra da Silva (MARTINS, Ives Gandra da Silva. *Teoria da Imposição Tributária*, São Paulo: Saraiva, 1983), à luz do Estado Democrático de Direito (princípio/matriz) da Constituição de 1988 (Preâmbulo e art. 1º), não mais se admite tergiversar, quanto à verdadeira e jurídica função do tributo, que é o da concretização das necessidades do cidadão brasileiro — e não o de oprimi-lo, a pretexto de ser o da mera previsão em lei (infraconstitucional), o que não pode continuar sendo, contra a *letra* e o *espírito* do regime adotado após a superação do período autocrático técnico-burocrático-militar. Como uma lupa, no ponto, a lição de SOAREZ MARTÍNEZ, que, em Portugal, co.no nós aqui no Brasil, passou pela opressiva ditadura do regime Salazarista:

"Tem-se argumentado contra esta concepção dizendo que, por vezes, da aplicação das receitas de impostos não resultam benefícios mas, pelo contrário, danos, para a comunidade; e que, algumas vezes também, só determinados grupos sociais, ou até apenas determinadas pessoas, beneficiam das actividades do Estado, pelo que se toma impossível, em tais condições, estabelecer qualquer equivalência entre os benefícios auferidos pela comunidade e os impostos exigidos pelo Estado. Os argumentos assim aduzidos, porém, derivam de uma apreciação política sobre a aplicação do produto dos impostos, que não pode invalidar a construção apresentada. Uma teoria jurídica sobre o fundamento da soberania fiscal tem de assentar na presunção de que o emprego do produto dos impostos é vantajoso para a comunidade.

Ainda que tal presunção seja ilidível, no plano da apreciação política.

Mesmo sem tentar fazer reviver as teorias da troca, importará não esquecer o seu mérito de fundar em termos jurídicos, numa ideia de justo equilíbrio de interesses, o poder de tributar. Parece indispensável, em tal matéria, o estabelecimento de uma correspondência entre sacrifícios tributários e benefícios particulares e gerais, recebidos do Estado. Sem essa correspondência, a soberania fiscal, desprovida de fundamento, estaria a ser exercida ilegitimamente" (MARTÍNEZ, Soares. *Direito fiscal*. Coimbra: Almedina, 2000, p. 79.).

Ainda sobre o caráter pretensamente *odioso* da tributação e como complemento à refutação da tese da chamada teoria da rejeição social, também no tocante à interpretação de suas normas, vale à pena transcrever essa extensiva e preciosa passagem do referido lente português:

"Não se contunde o princípio '*in dubio contra fiscum*', o qual pressupõe dúvidas de interpretação, com o princípio da *interpretação restritiva*, de aplicação permanente às normas fiscais, seja a sua interpretação duvidosa ou não, desde que se entenda que elas são 'odiosas'. Mas ambos têm andado frequentemente confundidos, ou ligados, e têm sido também, de um modo geral, rejeitados pela mais recente doutrina fiscalista e pelos modernos sistemas de Direito positivo. Segundo o entendimento dominante, as *normas tributárias* não têm carácter 'odioso', nem sequer 'excepcional'. E, realmente, parece difícil defender a excepcionalidade, ou o carácter odioso, de normas de execução permanente, cuja normalidade é afirmada pela própria circunstância de serem indispensáveis ao funcionamento regular dos serviços públicos. Já parecerá menos consistente o argumento segundo o qual a interpretação restritiva da lei fiscal, ou a interpretação contra o Fisco, em casos duvidosos, seriam justificadas apenas pela arbitrariedade no exercício do poder sobre os vencidos na época imperial romana. *Modestino* for-

Tais reflexões foram objeto de debates, um dos quais tomou o título de "*Os direitos humanos no sistema constitucional brasileiro*"[70].

mulou a sua regra em meados do século III, portanto já depois da *Constituição de Caracala* de 212, que alargou o *direito de cidade* a todos os habitantes do Império, e pouco antes de, sob *Diocleciano*, o *tributo provincial* se ter estendido ao solo itálico. Não parece, pois, que aquele jurisconsulto romano tenha contemplado, através da sua regra, uma tributação ligada a uma '*nota captivitatis*', alheia à cidadania, à comunidade política activa. O princípio enunciado visava defender os cidadãos romanos das exacções fiscais, ao menos nos casos duvidosos. E nem parece que a tributação romana fosse ao tempo, e em termos absolutos, particularmente arbitrária ou gravosa. É de crer mesmo que a parte do rendimento dos cidadãos romanos absorvida pelos impostos se mostrasse muito inferior à que na actualidade os Estados modernos exigem aos particulares. Aliás, a regra de *modestino* foi geralmente observada, como vimos, durante períodos muito extensos e à face de condicionalismos muito diversos. Também não se justificará pretender que o princípio '*in dúbio contra fiscum*' teria fundamento tão-somente nos quadros dos regimes anteriores às Revoluções Inglesas do século XVII, ou à Revolução Francesa, ou às democracias sociais do século XX. Tanto mais que a *votação popular dos impostos* é muito anterior.

Tem-se observado pertinentemente que o princípio '*in dúbio contra fiscum*' não constituirá propriamente uma *regra de interpretação* das normas, mas sim 'uma regra de decisão sobre facto incerto na aplicação da lei', com alcance análogo ao do princípio '*in dúbio pro reo*', que respeita à apreciação das provas. Mas, por uma forma ou outra, continua tal regra a exercer influência na jurisprudência dos Tribunais superiores de bastantes países, entre os quais os Estados-Unidos" (*Idem*, pp. 134-135).

70 Ver Apêndice 4.
Noutro trabalho, tratando do tributo e da superação da crise que hoje o atinge no mundo inteiro, com maior ou menor intensidade, procurei examinar o tema pontualmente (NOGUEIRA, Alberto. *A reconstrução dos direitos humanos da tributação*. Rio de Janeiro: Renovar, 1997, pp. 393-416) e volto a fazê-lo agora, reforçando sua abordagem, no Apêndice 5 deste livro, sob o sugestivo título "Os Caminhos da Libertação ou a retomada dos Direitos da Cidadania Tributária Confiscada".

CAPÍTULO 3

O DEVIDO PROCESSO LEGAL TRIBUTÁRIO E OS DIREITOS HUMANOS DA TRIBUTAÇÃO

O devido processo legal tributário no enfoque dos direitos humanos envolve aspectos tradicionais, como o procedimental e o substantivo (*procedure* e *substantive due process of law*) no sentido garantístico, que se apóiam sobretudo numa legislação e prática adequadas e, *condition sine qua non* (retaguarda da logística da efetividade), na existência de um sistema judicial eficaz que implemente a garantia fundamental da *equal protection* (igual proteção para todos).

Num sistema desequilibrado, como é o caso brasileiro, há dois tipos de contribuintes: o que tem acesso à proteção legal (seja na modelagem das leis tributárias, ou na capacidade de se informar e de questionar, administrativa ou judicialmente, as exigências do fisco) e os *excluídos* ou desprotegidos por carentes de assessoramento jurídico e assistência jurídica de qualidade.

A situação, nesse contexto, é de *estado de sítio* tributário, no qual todos os contribuintes estão "cercados" pelo fisco. Cada um se defende segundo suas possibilidades. Os mais fracos (sobretudo os mais "expostos", que são os assalariados) são os indefesos, aos quais não se aplica a cláusula de *igual proteção*. Somente um modelo de devido processo legal tributário sistêmico, estrutural e institucional, centrado na existência de um sistema *integrante* (democrático e solidário), *integrado* (estrutura legal funcionalmente eficiente e socialmente justa) e *integrativa* (agregadora de interesses pela participação dos contribuintes na modelagem do sistema e de sua aplicação) pode realizar o projeto democrático de uma tributação justa em face do modelo constitucional adotado (Estado Democrático de Direito Tributário).

Há obstáculos nesse caminho. Além dos problemas históricos (déficit democrático e extremada desigualdade social e econômica), fatores extratributários graves, como o da dívida pública *interna e externa*.

No Brasil, como de resto em outros países, o *tributo* tem sido utilizado para atender ao chamado "serviço da dívida", pagamento de juros e de amortizações, e não para atender aos custos dos serviços públicos, notadamente *saúde, segurança* e *educação*.

É o desvirtuamento da própria natureza e razão de ser do sistema tributário.

Nessa perspectiva, não apenas a geração atual é atingida, mas as seguintes, que serão comprometidas com dívidas atuais e do passado.

Há que superar o impasse, resolvendo-se a questão da dívida pública por meios próprios (tal com os devedores procuram fazê-lo), mas de modo algum através da tributação, que tem finalidade econômica e social específicas: o atendimento das necessidades sociais.

A questão que aqui se impõe é a da cidadania tributária. Estamos diante de uma anomalia que não é uma singularidade brasileira, mas o retrato da realidade internacional, que se projeta com maior intensidade nos países endividados. Parece chegada a hora de um novo "Plano Marshall" tributário a ser executado por instituições globais, como o Fundo Monetário Internacional (Tributário) em escala planetária.[71]

71 O fenômeno não é novo, posto que em outras épocas se fez presente, mas no caso brasileiro vem atingindo patamares perigosos. Alhures, aludindo ao "panorama" tributário brasileiro, anotei:
"O caso brasileiro merece destaque dentro do cenário internacional. Apenas para se ter uma idéia da dramaticidade e do quadro grotesco em que se acha a economia (empresas) diante da tributação, veja-se, no cotidiano de nosso noticiário, a matéria divulgada no JORNAL DO COMMERCIO (edição de 25 de setembro de 1999):
'A indústria brasileira tem R$ 213,9 bilhões de impostos em atraso com o Governo Federal, R$58,9 bilhões dos quais com a Previdência. Oitenta e três por cento de 1,5 milhão de indústrias estão em débito com a União. Os dados são de estudo, em fase de conclusão, realizado pela Abimaq, em conjunto com a Fiesp e outras federações estaduais de indústria. O presidente da Abimaq, Luiz Carlos Delben Leite, disse que os valores são declarados e que a indústria não paga por não ter condições. A dívida, afirmou, 'é impagável e incobrável', pois exigiria mais de 90 anos para julgamento das ações de cobrança na Justiça e quitação dos débitos. A Abimaq propõe, no entanto, o parcelamento da dívida, por 20 anos, e a suspensão de multas e juros.' (INDÚSTRIA deve R$ 213,9 bi à União. *Jornal do Commercio*, Rio de Janeiro, 25 set. 1999, p.1.).
E adiante, referindo-se à proposta de parcelamento que circula entre alguns parlamentares em Brasília para quitação, sob o título '90 anos para a quitação':
'Dentro da atual estrutura judicial e tributária, a dívida de R$213,9 bilhões com a União em impostos atrasados levaria mais de 90 anos para ser julgada e quitada, segundo o presidente da Abimaq.
Até o final do ano passado, os processos movidos contra a indústria pela União somavam 574.458. Havia ainda na fila mais 986.712 processos para serem distribuídos. Para julgar esses processos a Receita Federal conta com uma estrutura de apenas 237 procuradores. Juntos eles conseguem julgar 11.831 processos por ano.
'Isso mostra que a dívida tributária é impagável e incobrável. A Receita e a Previdência têm um crédito de difícil recebimento, com alto custo de administração. Mantida a situação atual, não conseguirá recebê-lo', afirma o presidente da Abimaq" (*Idem*. Caderno Economia A-3).
Parece fora de dúvida que estamos diante de um monumental e

sintomático problema de conseqüências imprevisíveis, como o ocorrido na Revolução Francesa, embora em contexto e época diferentes. Antes que tumultos de dimensões catastróficas, como as que devastaram aquela nação aqui se repitam, convém lembrar o cenário francês, na autorizada versão de SIMON SCHAMA: "O tumulto foi imprevisível, pois a Assembléia discutia a necessidade urgente de manter — não suspender — as taxas vigentes até que se legislassem as novas. O visconde de Noailles, cunhado de Lafayette, transformou então um debate específico numa peça de oratória revolucionária. O reino, disse, 'oscilava entre as alternativas de uma completa destruição da sociedade e um governo que fosse admirado e seguido em toda a Europa'. Para concretizar a segunda alternativa era preciso tranqüilizar o povo mostrando-lhe que a Assembléia se preocupava ativamente com sua felicidade. Com isso em mente propôs a obrigação formal de todos os cidadãos pagarem impostos de acordo com seus recursos, a abolição de todas as obrigações feudais e a eliminação de quaisquer remanescentes de servidão pessoal, como a *mainmorte* e a *corvée*." (SCHAMA, Simon. *Cidadãos*: uma crônica da Revolução Francesa. São Paulo: Companhia das Letras, 1989, p. 360.).

Enfim, mais tarde a separação entre os verdadeiros autores (ou beneficiários da derrubada do Antigo Regime) e os demais coadjuvantes (também não detentores de privilégios e, ademais, não-burgueses, ou seja, proprietários de razoável capital) se tornaria clara, como o reconhece (pouco à vontade), o citado autor: "*L'Ami du Peuple* de Marat e o Clube dos Cordeliers disparavam furiosos ataques contra a corte e o 'Comitê Austríaco' que sabotavam a guerra e também, mais genericamente, contra os ricos, agora caracterizados como a '*bourgeoisie*', que se apartaram do Povo e esqueceram o quanto deviam a este, tropa de choque da Liberdade" (*Ibid*. p. 489).

Nas suas conclusões, afinal reconhece que:
"Igualmente a abolição do feudalismo constituiu uma mudança mais legal que social e apenas consumou a evolução de senhores a senhorios que se iniciara no Ancien Régime. Não há dúvida de que os camponeses estavam gratos pela extinção das extorsões senhoriais que tanto pesavam seus ganhos." "..." "Os tributos devidos aos senhores foram abolidos em 1793, porém os proprietários de terras criaram outras estratégias que aumentavam as dívidas dos *métayers*. Ademais, os tributos cobrados pela República — como o imposto territorial único, o *impôt foncier* — certamente não eram menores que aqueles arrecadados

pelo rei. Logo o Consulado e o Império retomariam os impostos indiretos numa escala pelo menos tão onerosa quanto a do Ancien Régime. Só não havia a extraordinária tributação per capita — como a antiga *capitation e o vingtième* —, o que constituía mera conseqüência da contínua expansão das fronteiras militares. Os tributos retirados dos ombros dos franceses recaíam agora sobre os italianos, alemães e holandeses. Em 1814, quando essas fronteiras recuaram de repente, voltando a *patrie* hexagonal a seus antigos limites, os franceses receberam a conta, que, como em 1789, recusaram-se a pagar, selando a sorte do Império" (*Ibid*).

A revolução armada sempre cumpriu o papel de demolir estruturas econômicas e políticas para abrir caminho para uma nova ordem. Assim foi também com o desmonte das estruturas estamentais francesas e o conseqüente estabelecimento da ordem burguesa.

O preço tem sido pesado e de regra pago com perda de vidas e com grande sofrimento de todos. A Revolução, como é sabido, costuma devorar também seus próprios filhos.

Devemos lutar pelas grandes mudanças, democraticamente, para que todos possam usufruir de uma vida digna, contribuindo na proporção de suas possibilidades para a melhoria das condições sociais" (NOGUEIRA, A. *Globalização, regionalizações e tributação*: a nova matriz mundial. Rio de Janeiro: Renovar, 2000, p. 229-233).

Parece que ainda estamos a tempo de tomar uma decisão no terreno da tributação e do direito para a profunda crise de nossa época. É preciso rever a concepção do direito, como há 6 anos assinalei:

"Não se trata mais apenas de um antropocentrismo, de se colocar o centro da decisão no homem, mas sim de se considerar o homem como um ser vivo, independentemente dos parâmetros de tempo e de lugar. Uma atemporalidade e ao mesmo tempo algo concreto. Aqui, hoje, em qualquer época, ou em qualquer lugar. Esse é o novo Direito. O Direito que se faz para o que foi, para o que é e para o que será. O homem considerado na sua integralidade como realidade social e espiritual. Não se trata mais apenas de um antropocentrismo, de se colocar o centro da decisão no homem, mas sim de se considerar o homem como um ser vivo, independentemente dos parâmetros de tempo e de lugar. Uma atemporalidade e ao mesmo tempo algo concreto. Aqui, hoje, em qualquer época, ou em qualquer lugar. Esse é o novo Direito. O Direito que se faz para o que foi, para o que é e para o que será. O homem considerado na sua integralidade como realidade social e espiritual."

(Palestra proferida no II Fórum Universitário de Direito, organizado pelo Núcleo de Estudos de Direito do Centro Universitário da Tijuca, em 12.05.00. Texto publicado na Revista Interdisciplinar de Direito (NOGUEIRA, Alberto. *Revista Interdisciplinar de Direito*. Valença: Centro de Ensino Superior de Valença, Fundação Educacional D. André Arcoverde, Ano III, n. 3, pp. 19-32, nov. 2000).

CAPÍTULO 4

DIREITOS, DIREITO E PRINCÍPIOS

Os Princípios Constitucionais Tributários

Há o *Direito* (no singular e com letra maiúscula), os *Direitos* (agora no plural e ainda com maiúscula) e os "direitos" (pluralizados e minuscularizados) que são os oriundos do primeiro e também do segundo (ciência do direito e *Direitos* de determinadas categorias ou espécies "dos comerciantes, dos navegantes, dos produtores, dos consumidores, das obrigações, de família, das sucessões, da propriedade, etc.").

Os "direitos", ao fim e ao cabo, são "produtos jurídicos". É aqui que o ponto mais alto da obra dos mortais abre o portal da construção dos direitos do homem[72]. É a porta de "entrada"

---

72 Como assinalei há dez anos:
"Sendo o Direito, ele próprio, uma construção, como toda construção oferece estilos, modelos, concepções e finalidades (funções) diversas, variando com a transformação da sociedade e mesmo do homem, a que se destina.
Há Direito, Direitos e direitos. No singular, ele é um só, regula todas as relações que direta, indiretamente, em combinações isoladas ou grupais — e também concentrados em órgãos, entidades e instituições, ocupa toda uma complexa e infinita malha que cobre a vida social. No plural (e com maiúscula), os Direitos se especificam em segmentos

delimitados: o Direito Antigo, o Direito Medieval, o Direito Moderno que, cada um, por seu turno, se desdobra por grupos de pessoas, comunidades locais, regionais ou internacionais, e ainda segundo critérios próprios de ramificação (p. ex: Direito Civil, Comercial, Financeiro, Tributário, Internacional, etc.).

As classificações variam e não é, nem de longe, nosso propósito o de fazer delas uma exposição e, muito menos, uma análise.

O que nos desperta a atenção é que o Direito, em qualquer faceta que se apresente, é um produto do homem, produto esse de alta complexidade e constituído de insumos diversificados, os quais, também no curso do tempo, por sua vez também se modificam.

Lançando os olhos sobre o Direito até aqui construído e levando em conta exclusivamente os contornos, conteúdo e proposta do presente estudo, o que se percebe, com nitidez, é uma série bem definida de Direitos, assim identificados: Direitos Individuais, Direitos do Estado, Direito da Cidade, Direito das Comunidades, Direito dos Estados (neles incluídos o Internacional e o das Gentes) e, ao que nos interessa diretamente, os Direitos do Homem.

Essa divisão admite, em maior ou menor extensão e profundidade, um corte em que se inserem os direitos (com minúscula) de primeira, segunda, terceira e quarta geração (dentre os quais incluímos o referente a tributo), segundo tipologia atualmente em voga.

Os Direitos Humanos da Tributação, tal como procuramos demonstrar na PARTE I deste trabalho, eclodiram com o surgimento e desdobramento do Estado Moderno, tendo encontrado sua formulação mais perfeita na Declaração dos Direitos do Homem e do Cidadão de 26 de agosto de 1789, e especificamente nos artigos 13 e 14 deste marco universal da história política e jurídica da humanidade.

Para que se chegasse a esse momento culminante, foi preciso que gerações e gerações de homens empenhassem o melhor de suas vidas na edificação de seus alicerces, erigidos por caminhos, interesses e métodos os mais diversificados.

Em nossa esquematização, à essência desses insumos, de sua elaboração e resultados (que pela natureza da obra, será sempre imperfeita e não se encerrará enquanto existir a espécie humana), chamamos de Humanismo. É a melhor palavra que nos ocorre para nela centralizar os autores dessa gigantesca e infinita obra.

Com o objetivo de facilitar o desenvolvimento do capítulo destinado ao exame específico da Construção dos Direitos dos Homens, dividimo-lo em tópicos: 1) O Humanismo (tomado como gênero dos Humanismos), 2) Humanismo Antigo, 3) Humanismo Moderno (o Liberalismo humanista) e 4) O Humanismo do Terceiro Milênio. Obviamente, para temas de tão largo espectro, deles nos ocuparemos, tanto quanto possível, dos aspectos que interessam ao núcleo do presente estudo (tal como procuramos fazer nos Capítulos anteriores).

Uma passagem que bem ilustra a idéia e a intenção acima expostas, tomada da excelente obra de MIGUEL BAPTISTA PEREIRA, com o sugestivo título de *Modernidade e secularização*, espelha o que se assinalou:

"A ideia de Feuerbach de que a nova época da humanidade é consciente e decididamente de ordem antropológica e de que o verdadeiro infinito se encontra no 'humano genérico' — Homo homini deus est —, foi reelaborada e modificada no séc. XX por E.Bloch no 'autêntico materialismo, o dialéctico', que elimina a transcedência e a realidade de qualquer hipótese de Deus 'sem afastar da utopia real de um reino da liberdade' o sentido de 'ens perfectissimum'. O conceito bíblico de 'reino de Deus' torna-se, na sua forma secularizada, um espaço messiânico mas sem qualquer teismo, uma 'Antropologicização do Céu' e a interpretação da Bíblia saída do secularismo absoluto de Bloch resume-se na conclusão: 'só um ateu pode ser um bom cristão'"(PEREIRA, Miguel Baptista. *Modernidade e secularização*. Coimbra: Almedina, 1990, p. 60-61).

Na vertente socialista, idêntica visão (porém com foco diferente) se colhe no clássico e insuperado livro de HENRY DE MAN, *L'Idée socialiste* (traduzido do alemão para o francês em plena ascensão do nazismo), a partir do Prefácio de 1934 (novembro) à edição parisiense de 1935: "Eu me consagro neste livro, que reivindica para o socialismo a qualidade de executor testamentário de todo o passado humanista de nossa civilização, a apresentar de uma maneira que exclua toda confusão possível entre o 'anti-marxismo' e o meu 'para além do marxismo'" (MAN, Henri de. *L'idée socialiste*. 4. ed. Paris: B. Grasset, 1935, p. 8. No original: "Je devais à ce livre, qui revendique pour le socialisme la qualité d'exécuteur testamentaire de tout le passé humaniste de notre civilisation, de le présenter d'une façon qui exclut toute confusion possible entre cet 'anti-marxisme' et mon 'au delà du marxisme'.")

Noutras três passagens, o pensamento desse autor nos traz ricas e densas reflexões, a saber, na primeira: "Em realidade, o movimento pela liberdade da pessoa, que partiu da burguesia urbana da Alta Idade Média e cuja direção só no último século passou da burguesia tornada capitalista ao proletariado socialista, tende não à destruição da sociedade por sua atomização, mas à extensão do círculo no interior do qual os homens devem realizar sua liberdade concreta até à comunidade humana em geral" (*Ibid.*, p. 346. No original: "En réalité, le mouvement pour la liberté de la personne, qui est parti de la bourgeoisie urbaine du haut Moyen Age et dont la direction n'est passée qu'au siècle dernier de la bourgeoisie devenue capitaliste au prolétariat socialiste, tend non pas à la destruction des sociétés par leur atomisation, mais à l'extension du cercle à l'intérieur duquel les hommes doivent réaliser leur liberté concrète jusqu'à la communauté humaine en général.")

E na segunda: "O fato de que as revoluções burguesas foram vítimas de uma ilusão, no momento em que elas confundiram a supressão dos 'Estados' com a supressão de todas as diferenças de classe, não muda em nada este outro fato de que a idéia de uma ordem social sem diferença de classe seja de origem burguesa." (*Ibid.*, p. 349. No original: "Le fait que les révolutions bourgeoises furent victimes d'une illusion, lorsqu'elles confondirent la suppression des 'états' avec la suppression de toutes les différences de classe, ne change rien à cet autre fait que l'idée d'un ordre social sans différence de classe est d'origine bourgeoise.")

Compare-se esse texto com o de KARL MARX em *As lutas de classe na França (1848-1850):*

"A frase que correspondia a esta imaginária abolição das relações de classe era a *fraternité*, a confraternização e a fraternidade universais. Esta idílica abstração dos antagonismos de classe, esta conciliação sentimental dos interêsses de classe contraditórios, êste imaginário elevar-se acima da luta de classes, esta *fraternité* foi, de fato, a palavra de ordem da revolução de fevereiro. As classes estavam separadas por um simples *equívoco*, e Lamartine *batizou* o govêrno provisório, a 24 de fevereiro, de '*un gouvernement qui suspend ce malentendu terrible qui existe entre les différentes classes*'. O proletariado de Paris se deixou levar com agrado por êste enebriamento generoso de fraternidade" (MARX, Karl. *As lutas de classe na França (1848 — 1850)*. Rio de Janeiro : Editorial Vitória, 1956, p. 41).

A terceira e última é de uma atualidade deveras impressionante, quando HENRY DE MAN analisa as várias acepções da expressão "meu próximo" (logo se verá porque lhe conferimos destaque tão forte):

"O moralista inglês, F.H.Green, disse uma vez que as morais de todos os tempos e de todos os povos estão de acordo em dizer que se deve amar seu próximo; as opiniões não divergem a não ser no momento em que se trata de determinar a quem eu devo considerar como 'meu próximo'. Isto indica muito bem o critério quantitativo que nós podemos aplicar aos diferentes estados de cultura para determinar sua elevação na escala deste desenvolvimento histórico que todo humanismo reporta ao ideal de 'auto-realização da humanidade'" (MAN, Henry de. L'idée socialiste, op. cit., p. 344. No original: "Le moraliste anglais, F.H. Green, a dit une fois que les morales de tous les temps et de tous les peuples s'accordent à dire que l'on doit aimer son prochain; les opinions ne divergent que lorsqu'il s'agit de déterminer qui je dois considérer comme 'mon prochain'. Cela indique très bien le critère quantitatif que nous pouvons appliquer aux différents états de culture pour déterminer leur élévation dans l'échelle de ce développement historique que tout humanisme rapporte à l'idéal de 'l'auto-réalisation de l'humanité'").

ALAIN TOURAINE, um dos maiores pensadores da atualidade, no tópico, ensina: "Os liberais garantem a transição entre os antigos e os modernos na medida em que procuram combinar o espírito cívico com o interesse individual. Já não podem contentar-se com a liberdade dos antigos, que identifica o homem com o cidadão e a liberdade com a participação nos negócios públicos e no bem comum, mas recusam ter uma confiança ilimitada tanto no interesse individual, quanto na soberania popular" (TOURAINE, Alain. O que é democracia? op. cit., p.121.).

E mais adiante: "Utilitaristas como liberais não opõem o interesse individual à integração social; consideram o primeiro como o meio mais seguro de chegar à segunda."(Ibid., p. 122.)

Nessa notável obra, o tema central (a Democracia) e a resposta do autor, comparando-se com as passagens que citamos de HENRY DE MAN, é de uma fenomenal e, por todos os títulos, gloriosa e feliz recorrência, que raramente surge no mundo da investigação social. Precisamente no texto de DE MAN, que focalizou a questão do "meu próximo", detona com nova força e já no contexto de um mundo que certamente não é mais o de DE MAN, o diagnóstico de TOURAINE, em verdade um desafio, precedido de sua constatação fundamental: "No passado, a democracia lutou, em primeiro lugar, pela liberdade política e, em seguida, pela justiça social; qual será a luta que está travando atualmente? (Ibid., p.260).

A resposta, do próprio autor, é de uma objetividade e precisão que bem justifica o merecido prestígio intelectual que lhe é universalmente reconhecido, ao fazer a síntese do próprio livro: "Este livro propõe uma resposta: a razão de ser da democracia é o reconhecimento do outro" (*Ibid.*)" (NOGUEIRA, Alberto. *A reconstrução dos direitos humanos da tributação*. Rio de janeiro: Renovar, 1997, p. 315-320).

Mais tarde e em contexto diverso (centrado no exame da jurisdição), dei um passo à frente nessa análise:

"Na Antigüidade Clássica 'a lei' ou 'o direito' não era considerada uma criação do homem, que se limitava, mediante procedimentos adequados, a "revelá-los" (Como nessas insuperáveis passagens de WERNER JAEGER. Na primeira, aludindo a uma Constituição espiritual: "Do mesmo modo, a liberdade sofreada sem esforço, característica do espírito grego e desconhecida dos povos anteriores, baseia-se na consciência nítida de uma legalidade imanente das coisas. Os Gregos tiveram o senso inato do que significa 'natureza'. O conceito de natureza, elaborado por eles em primeira mão, tem indubitável origem na sua constituição espiritual." (JAEGER, Werner. *Paidéia*: a formação do homem grego. São Paulo: Martins Fontes, 1986. p. 8)

Nessa outra, toca no ponto mais sensível da visão grega do Direito: a 'lei' perene e imutável: "Todos os povos criaram o seu código de leis; mas os Gregos buscaram a 'lei' que age nas próprias coisas, e procuraram reger por ela a vida e o pensamento do homem" (*Idem*, p. 9).

Agora, tratando do ideal grego do Homem: "Este ideal de Homem, segundo o qual se devia formar o indivíduo, não é um esquema vazio, independente do espaço e do tempo. É uma forma viva que se desenvolve no solo de um povo e persiste através das mudanças históricas. Recolhe e aceita todas as transformações do seu destino e todas as fases do seu desenvolvimento histórico. O humanismo e o classicismo de outros tempos ignoraram este fato, ao falarem da 'humanidade', da 'cultura', do 'espírito' dos Gregos ou dos antigos, como expressão de uma humanidade intemporal e absoluta" (*Idem*, p. 11). E, finalmente, referindo-se ao acervo deixado para a posteridade, *ad perpetuam*: "Os Gregos posteriores, do início do Império, foram os primeiros a considerar como clássicas, naquele sentido intemporal, as obras da grande época do seu povo, quer como modelos formais da arte quer como protótipos éticos. Nesse tempo em que a história grega desembocou no Império Romano e deixou de constituir uma nação independente, o único e mais elevado ideal da sua vida foi a veneração das suas antigas tradições.

Desse modo foram eles os criadores daquela teologia classicista do espírito que é característica do humanismo. A sua estética *vita contemplativa* é a forma originária do humanismo e da vida erudita dos tempos modernos. O pressuposto de ambos é um conceito abstrato e anti-histórico, que considera o espírito uma região de verdade e de beleza eternas, acima do destino e das vicissitudes dos povos. Também o neo humanismo alemão do tempo de Goethe considerou o Grego como manifestação da verdadeira natureza humana num período da História definido e único, o que é uma atitude mais próxima do racionalismo da 'Época das Luzes' (*Aufklärung*) que do pensamento histórico nascente, ao qual com suas doutrinas deu tão forte impulso" (*Idem*, p. 11). É claro que o autor está se reportando ao período clássico do "mundo grego" e não do helênico, como se vê desse trecho de sua monumental **Paidéia**: "O Homem que se revela nas obras dos grandes gregos é o homem político. A educação grega não é uma soma de técnicas e organizações privadas, orientadas para a formação de uma individualidade perfeita e independente. Isto só aconteceu na época helenística, quando o Estado grego já havia desaparecido" (*Idem*, p. 12).

É nessa mesma linha que NORBERTO BOBBIO superiormente atesta: "O dogma da completude, isto é, o princípio de que o ordenamento jurídico seja completo para fornecer ao juiz, em cada caso, uma solução sem recorrer à eqüidade, foi dominante, e o é em parte até agora, na teoria jurídica européia de origem romana. Por alguns é considerado como um dos aspectos salientes do positivismo jurídico.

Regredindo no tempo, esse dogma da completude nasce provavelmente da tradição romântica medieval, dos tempos em que o Direito romano vai sendo, aos poucos, considerado como o Direito por excelência, de uma vez por todas enunciado no *Corpus iuris*, ao qual não há nada a acrescentar e do qual não há nada a retirar, pois que contém as regras que dão ao bom intérprete condições de resolver todos os problemas jurídicos apresentados ou por apresentar. A completa e fina técnica hermenêutica que se desenvolve entre os juristas comentadores do Direito romano, e depois entre os tratadistas, é especialmente uma técnica para a ilustração e o desenvolvimento interno do Direito romano, com base no pressuposto de que ele constitui um sistema potencialmente completo, uma espécie de mina inesgotável da sabedoria jurídica, que o intérprete deve limitar-se a escavar para encontrar o veio escondido. Caso nos fosse permitido resumir com uma frase o caráter da jurisprudência desenvolvida sob o império e à sombra do Direito romano, diríamos que ela desenvolveu o método da *extensio* em prejuízo do método da *eqüidade*, inspirando-se no princípio de autoridade em vez de no princípio da natureza das coisas" (BOBBIO, N., *Teoria do ordenamento*... p. 119-120).

1.2 Como dizer o direito

Até a chamada "modernidade", o Direito não era considerado ou sequer pensado como uma criação do homem, um produto de seu engenho, mas algo **existente** como o ar, a água, o fogo, a terra e o próprio ser humano. Nessa circunstância (sobretudo cultural, que impregnava a sociedade antiga), a preocupação fundamental era tal como em relação às demais realidades ou fenômenos da natureza, "enxergar", perceber, assimilar e revelar o Direito. Foi nessa experiência cultural e social que o Direito teve aplicação. A "lei" é "sagrada" e sua fonte é divina ("natural"). Mas para revelá-lo, vários instrumentos ou "sistemas" foram utilizados.

1.3 O profeta, o imperador, o juiz

Dentre tais instrumentos ou "sistemas", podem-se mencionar: o do **profeta**, do **imperador** e o do **juiz**. Anoto que, onde quer que se localize "o Judiciário" como poder ou mesmo como uma ordem (mera função judicial), não há sistema judicial perfeito, mas deve, isso sim, atender às necessidades de cada época e lugar. Como bem assinala EUGENIO RAÚL ZAFFARONI: "É ilusório — e até perigoso — pensar em modelos perfeitos de instituições, que jamais existirão: imaginar um poder judiciário 'perfeito' é tão absurdo quanto pretender um modelo histórico de 'república perfeita'" (ZAFFARONI, Eugenio Raúl, TAVARES, Jurarez (trad.). *Poder Judiciario*: crise, acertos e desacertos. São Paulo: Revista dos Tribunais. 1995, p. 182).

1.4 O "império": jurisdição de Roma e jurisdições locais

Em Roma, nesse estágio, a revelação e validade do Direito se operava na simbólica (e efetiva) fórmula "SPQR" (*Senatus Populusque Romanus*) — o povo de Roma integrado no 'Império' (e no Direito) (Na autorizada exposição de CHARLES HOWARD MCLLWAIN em obra especializada que se tornou clássica, referindo-se à famosa (e, na época, tão temida) sigla: "Realmente significavam algo para os romanos as letras SPQR, *Senatus Populusque Romanus*. A diferença e inter-relação constitucionais entre senado e *povo* eram aproximadamente análogas aos

decretos do Senado, as constituições do Imperador tinha para Gayo o efeito da *lex* sem se converterem, elas próprias, em *leges*; inobstante, de outro lado, a partir do segundo século depois de Cristo, ninguém poderia possivelmente duvidar da plena equivalência jurídica de uma constituição imperial com uma lei, o que era possível em se tratando de um *senado consulto*: nada menos que a totalidade (*omne*) do *imperium* e a *potestas* do povo, segundo a expressão posterior das *Instituciones de Justiniano* — existindo mais de uma destas leis reais" (HOWARD MCLLWAIN, Charles, ECHAVARRIA, Juan José Solozábel (trad.). *Constitucionalismo antiguo y moderno*. Madrid: Centro de Estudios Constitucionales. 1991, p. 67. No original: "Realmente significaban algo para los romanos las letras SPQR, *Senatus Populusque Romanus*. La diferencia e interrelación constitucionales entre senado y *pueblo* eran aproximadamente análogas a las que existen entre el 'gobierno' y el parlamento modernos ingleses. Como los decretos del Senado, las constituciones del Emperador tenían para Gayo el efecto de la *lex* sin convertirse ellas mismas en *leges*; sin embargo, de otro lado, hacia el segundo siglo después de Cristo, nadie podría posiblemente dudar de la plena equivalencia jurídica de una constitución imperial con una *ley*, lo que sí era posible tratándose de un *senado consulto*: pues el Emperador había recibido este *imperium* — nada menos que la totalidad (*omne*) del *imperium* y la *potestas* del pueblo, según la expresión posterior de las *Instituciones de Justiniano* — existiendo más de una de estas leyes reales"). E, mais adiante, completando a explicação: "SPQR significa *senado* e *populus*, no senado é algum tipo de assembléia, ainda que fosse mais ou menos representativa do povo" (*Idem*, p. 68. No original: "SPQR significa senado y *populus*, no senado y algún tipo de asamblea, aunque fuese más o menos representativa del pueblo").
No **Império**, a jurisdição se desdobrou. O Direito em Roma se restringia aos interesses do **Império** (a "autoridade"), permitindo-se (ou melhor, deixando) que o Direito dos "não romanos" (povos e nações submetidas ou "associadas" ao Império Romano) fosse dito (jurisdição não romana) segundo os preceitos e sistemas "locais".

2. A multiplicação (e especialização) das jurisdições
Foi a partir da fase imperial de Roma que a forma e o sistema de "dizer o Direito" se diversificaram.

2.1 Rei, senhor e povo

101

Agora o Direito passa a ser "revelado" (e dito) por várias fontes : Rei, Senhor e Povo.

De algo "natural" e ainda conservando esse caráter, o Direito passa a ser revelado por fontes diversificadas, um sistema único ou múltiplo. Pode ser o Rei, o Senhor (Chefe) ou a coletividade — um Direito popular, revelado pelo povo.

2.2 Igreja e Estado

Mais tarde surgiria um Direito dividido ou disputado: Igreja (Direito Canônico) e Estado (Direito "profano" ou laico). Num caso e no outro, passa a ser um direito revelado "construído" ou "derivado". Começa a transmutação do Direito como 'ciência' (jurisprudência) em Direito como técnica de organização social (a dimensão instrumental ou ideológica do Direito).

2.3 A centralização (tendência) da jurisdição no Estado

A duplicidade de "jurisdição" (Igreja ou Papado X Estado) vai progressivamente se definindo no sentido do monopólio do Direito pelo Estado — é a vitória da laicização jurídica e o começo da fase de 'construção' do Direito, e não mais da mera "revelação".

Chega-se ao cume desse "processo" com o Estado Burguês e o modelo do positivismo normativista formalista. A exposição de NORBERTO BOBBIO é perfeita e clara, como, de resto, todos os seus escritos. É ler, na sua notável "Teoria do Ordenamento Jurídico", nos textos a seguir pinçados, a começar pelo *dogma da completude*:

"... o princípio de que o ordenamento jurídico seja completo para fornecer ao juiz, em cada caso, uma solução sem recorrer à eqüidade, foi dominante, e o é em parte até agora, na teoria jurídica européia de origem romana. Por alguns é considerado como um dos aspectos salientes do positivismo jurídico.

Regredindo no tempo, esse dogma da completude nasce provavelmente da tradição românica medieval, dos tempos em que o Direito romano vai sendo, aos poucos, considerado como o Direito por excelência, de uma vez por todas enunciado no *Corpus iuris*, ao qual não há nada a acrescentar e do qual não há nada a retirar, pois contém as regras que dão ao bom intérprete condições de resolver todos os problemas jurídicos apresentados ou por apresentar. A completa e fina técnica hermenêutica que se desenvolve entre os juristas comentadores do Direito romano, e depois entre os tratadistas, é especialmente uma técnica para a ilustração e o desenvolvimento interno do Direito romano, com base no pressuposto de que ele constitui um sistema potencialmente completo, uma espécie de mina inesgotável da sabedoria jurídica, que o intérprete deve limitar-se a escavar para encontrar o veio escondido. Caso nos fosse permitido resumir com uma frase o caráter da jurisprudência desenvolvida sob o império e à sombra do Direito romano, diríamos que ela desenvolveu o método da *extensio* em prejuízo do método da *eqüidade*, inspirando-se no princípio da natureza das coisas" (BOBBIO, N., *Teoria do ordenamento*... pp.119-120.)

Em seguida, abordando a questão do monopólio do Direito pelo Estado e, decorrentemente, da **jurisdição**:

"Nos tempos modernos o dogma da completude tornou-se parte integrante da concepção estatal do Direito, isto é, daquela concepção que faz produção jurídica um monopólio do Estado. Na medida em que o Estado moderno crescia em potência, iam-se acabando todas as fontes de direito que não fossem a Lei ou o comando do soberano. A onipotência do Estado reverteu-se sobre o Direito de origem estatal, e não foi reconhecido outro Direito senão aquele emanado direta ou indiretamente do soberano. Onipotente como o Estado do qual emanava, o Direito estatal devia regular cada caso possível: havendo lacunas, o que deveria ter feito o juiz senão recorrer a fontes jurídicas extra-estatais, como o costume, a natureza das coisas, a eqüidade? Admitir que o ordenamento jurídico estatal não era completo significava introduzir um Direito concorrente, quebrar o monopólio da produção jurídica estatal. E é por isso que a afirmação do dogma da completude caminha no mesmo passo que a monopolização do Direito por parte do Estado. Para manter o próprio monopólio, o Direito do Estado deve servir para todo uso. Uma expressão macroscópica dessa vontade de completude foram ás grandes codificações; e é justamente no interior de uma dessas grandes codificações, note-se bem, que foi pronunciado o veredicto de que o juiz deve julgar permanecendo sempre dentro do sistema já dado. A miragem da codificação é a completude: uma regra para cada caso. O código é para o juiz um prontuário que lhe deve servir infalivelmente e do qual não pode afastar-se" *(Idem,* pp. 120-121).

Nesse diapasão, completa a exposição do tópico, no tocante à posição monopolista do Estado (entenda-se Estado-Nação ou Burguês) com a era dos novos e grandes códigos :

"A cada grande codificação (desde a francesa de 1804, até a alemã de 1900) desenvolveu-se entre os juristas e os juízes a tendência de ater-se

e de "saída" entre o que é e o que não é (normatividade, faticidade e realidade).[73] Na primeira pilastra dessa construção (produtos primários), podem ser percebidos a ordem *jurídica* (e respectivo ordenamento, ou seja, aspecto dinâmico e instrumental daquela), assim como os correspondentes *sistemas jurídicos* (a organização estruturada da ordem e do ordenamento), tudo em prol dos "consumidores jurídicos", em última análise, os destinatários (e construtores) dessa obra humana.[74] Bem a

---

escrupulosamente aos códigos, atitude esta que foi chamada, com referência aos juristas franceses em relação aos códigos napoleônicos, mas que se poderia estender a cada nação com Direito codificado, de *fetichismo da lei*. Na França, a escola jurídica que se foi impondo depois da codificação é geralmente designada com o nome de *escola da exegese*, e se contrapõe à *escola científica*, que veio depois. O caráter peculiar da escola da exegese é a admiração incondicional pela obra realizada pelo legislador através da codificação, uma confiança cega na suficiência das leis, a crença de que o código, uma vez promulgado, basta-se completamente a si próprio,, isto é, não tem lacunas: numa palavra, o dogma da completude jurídica. Uma escola da exegese existiu não somente na França, mas também na Itália, na Alemanha, etc. Existe até agora, mesmo que, como veremos, o problema das lacunas hoje seja colocado criticamente" (*Idem*, p. 121) (NOGUEIRA, Alberto. *Jurisdição das liberdades públicas*. Rio de Janeiro: Renovar, 2003, pp. 291/298).

73 Sobre a questão (fundamental) das fontes, aporto nesta nota a precisa lição de JEAN-LOUIS BERGEL: "Mas o conhecimento do direito foi por muito tempo reservado a sacerdotes e depois monopolizado pelos chefes, de modo que o direito, diretamente produzido por fontes místicas e saído da vida social foi abocanhado pela autoridade. Foi com o desenvolvimento da vida social que, para limitar os efeitos desses monopólios opressivos, se fez sentir a necessidade de conhecer de antemão o que era o direito e que foram publicadas e conhecidas as regras jurídicas, sejam elas espontâneas ou ordenadas (A). Ora, com o desenvolvimento do Estado, as fontes oficiais se tornaram predominantemente, sendo a origem legal ou pretoriana delas (B) ligada a problemas técnicos" (BERGEL, Jean-Louis. Teoria geral do direito. *Op. cit.*, p. 58).

74 Abro uma nota sobre o enfoque da História do Direito, coerente com uma das pilastras do método adotado neste outro estudo. A primeira referência do precioso Dicionário Enciclopédico de Teoria de Sociologia do Direito é quanto à própria conceituação da História do Direito: "HISTÓRIA DO DIREITO — Ramo da história que se ocupa do direito, concebido quer como o conjunto das normas jurídicas oriundas ou reconhecidas pelos poderes 'oficiais', quer como a prática normativa espontânea da sociedade ou dos grupos, ou, finalmente, como as categorias doutrinárias ou discursivas dos juristas eruditos" (ARNAUD, André-Jean et al. (dir.) DICIONÁRIO enciclopédico de teoria e de sociologia do direito. Rio de Janeiro: Renovar, 1999, p. 374. Tradução de Patrice Charles F., X. Williaume. A segunda é mais descritiva e expositiva do desenvolvimento dessa ciência: "Sobre 'História do direito' — Ainda que as referências históricas sejam muito antigas no discurso dos juristas (cf. P. ex. D.., 1,2,2), a história do direito se constituiu como disciplina (jurídica) autônoma no curso dos séculos XVI-XVIII. Os juristas alemães do usus modernus pandectarum, tendo criticado a lenda de uma recepção global do direito romano, serviram-se da história para reconstruir o direito 'recebido'. Os juristas da Escola humanista se serviram também da história para descartar as 'falsificações' do direito romano clássico baixo império e da época medieval, ao passo que as escolas do direito natural explicavam o 'irracionalismo' das instituições jurídicas positivas pelos acidentes ('preconceitos', 'ignorância', 'paganismo') de suas origens. No século XIX, a história do direito conheceu um notável progresso. Como disciplina histórica, ela se beneficiou do esplendor da grande história positivista (publicação e crítica de fontes, exposições gerais). Como disciplina jurídica, ela foi valorizada pela Escola histórica alemã (sobretudo, por C. F. v. Savigny, 1779-1861) que, ao conceber o direito como a emanação do espírito popular (Volksgeist), propunha o estudo da tradição jurídica nacional como a via régia de acesso às realidades jurídicas mais profundas; mas também, em razão do fato de que a doutrina erudita (Professorenrecht) era concebida como a mediação indispensável do direito espontâneo, a influência da escola Histórica também gerou estudos notáveis sobre a ciência jurídica européia (F.C. v. Savigny; Stintzing-Landsberg)" (Idem, p. 375). A terceira e última tem conteúdo crítico e analítico: "A crítica da história dos acontecimentos quase não provocou mudanças na historiografia jurídica dominante, sobretudo em razão do fato de que ela muitas vezes ocultou a identificação dos 'fenômenos de longa dura-

propósito a autorizada lição de CARLOS SANTIAGO NINO: "É induvidável que os direitos humanos são uma das maiores invenções de nossa civilização".[75]

E, adiante, sua feliz comparação:

ção' na área do direito, só vendo as realidades estruturais em campos como o 'social' ou o 'econômico'. Típico: em seu esboço monumental sobre a civilização mediterrânea moderna, F. Braudel quase não levou em consideração as estruturas políticas ou jurídicas, que são entretanto de importância fundamental na estruturação global da área sócio-cultural da qual se ocupava. Em contrapartida, os juristas-historiadores (p. ex. A. Garcia-Gallo, B. Paradisi, F. Wieacker, H. Coing, H. Thieme) consolidaram-se dentro da idéia segundo a qual uma abertura de sua disciplina ao 'social', levaria a um desconhecimento dos momentos (normativos, construtivos) mais específicos do direito (valorizados, aliás, até mesmo no lado dos 'sociólogos' ver G. Gurvitch). Os anos 70 foram uma época decisiva de tranformações. Vários foram os fatores responsáveis: a chegada de novas gerações de historiadores do direito, marcadas pela contribuição marxista da 'primeira onda' da *Ecole des Annales*, mas, também, pelo anti-economicismo da 'nouvelle histoire', permitiu superar tanto o formalismo da história jurídica estabelecido quanto o economicismo de suas críticas; as correntes novas da teoria política e sociológica (principalmente, L. Althusser, N. Poulantzas, a Escola crítica de Frankfurt, M. Foucault, P. Bourdieu) forneceram os modelos teóricos mais equilibrados e mais produtivos para a explicação das relações entre o direito (como instituição, como discurso, e como ideologia) e os outros níveis da prática social; a 'crise do Estado' (cf. R. Ruffilli, 1979) e o progresso da antropologia política e jurídica produziram uma maior consciência da historicidade dos paradigmas políticos e jurídicos da tradição 'estatal' e 'positivista', e abriram à história do direito os caminhos de uma concepção pluridimensional (e não chrono — ou etnocêntrica) do poder e do direito (B. Clavero, 1985b; J. Perez Royo, 1980; J. Chevallier & D. Loschak, 1982); as teorias do discurso revelaram os mecanismos mais sutis de condicionamento recíproco texto-contexto e dos níveis mais profundos de enraizamento e de significação social dos discursos jurídicos" (*Idem*, pp. 375-376).

75 NINO, Carlos Santiago. *Ética y derechos humanos*: un ensayo de fundamentación. Barcelona: Editorial Ariel S.A, 1989, p. 1.

"... são, em certo sentido, 'artificiais' (os direitos humanos) ou seja, são como o avião, o computador, produtos do engenho humano, por mais que, como aqueles artefatos, eles dependam de certos fatos 'naturais'; em terceiro lugar, que, ao contrário do que geralmente se pensa, a circunstância de que os direitos humanos consistam em instrumentos criados pelo homem não é incompatível com sua transcendência para a vida social."[76]

Tais judiciosas reflexões nos levam ao modelo de ética pública (certamente suficientemente amplo para abrigar também o campo tributário, especialmente quanto à sua rica principiologia) preconizado por GREGORIO PECES-BARBA *no festejado livro "Ética, Poder y Derecho, reflexiones ante el fin de siglo", in verbis, que traduzo:*

"Não se pretende fazer uma história profética, nem sonhar com uma utopia do futuro, ou tampouco desejar nostalgicamente a volta a uma utopia do passado, mas simplesmente refletir a partir da esperança do que possa vir, em face da insatisfação pelo que temos hoje. Se voltarmos a vista para trás, para aquilo que poderíamos chamar de a utopia do ponto de partida, da Idade de Ouro como descrita por Cervantes no Capítulo XI da primeira parte do Quixote, ou do estado da natureza do Rousseau do Discurso sobre a Origem e os fundamentos da desigualdade entre os homens, sairíamos da modernidade e estaríamos fora da história de um tempo que nunca existiu. Desprezaríamos o homem de nosso tempo.

Mas se nos sentirmos satisfeitos com o que temos, seríamos guardiães (notários) adoradores da realidade, integrando

---

76 Idem.

a utopia na sociedade atual, como os fisiocratas que defendiam o direito natural dos que de fato eram proprietários. Estaríamos sacralizando o homem do êxito, o que tivesse alcançado um status de bem-estar."[77]

É nesse preciso contexto que a moderna principiologia tributária deverá desempenhar fundamental papel, como instrumento de transformação da visão "genérica" (diferente da "geral", pois ali se adota uma abstração não se considerando cada situação particular — ou pessoal, enquanto que no último vocábulo, embora aplicável a lei — ou a regra — a todos em geral, ela se relativiza nas situações peculiares de cada contribuinte (cidadão), desde que apresente peculiaridades relevantes para o Direito (princípio do Estado democrático de Direito Tributário).

Nessa linha de raciocínio, já não basta o velho adágio JURA NOVIT CURIA, a partir do novo paradigma (ESTADO DEMOCRÁTICO DE DIREITO + DIREITOS HUMANOS = ESTADO DEMOCRÁTICO DOS DIREITOS HUMANOS).

Em recente e monumental obra, o tema acima foi submetido a profundo debate e reflexão, a partir do repto de renomado jurista, que serviu de epígrafe para a abertura do conclave. A epígrafe, tomada do livro de MICHEL VILLEY, Philosophie du droit, Tomo 2: Les Moyens du Droit[78], reeditada na Biblioteca Dalloz em 2004, está assim redigida: "Confondre le droit avec le fait est priver le droit de sa fonction" ("Confundir o direito com o fato é privar o direito de sua função"). Do Prefácio do livro de JEAN-FRANÇOIS VAN DROOGHENBROECK a cargo de JACQUES VAN COMPERNOL-

---

77 MARTÍNEZ, Gregorio Peces-Barba. Ética, poder y derecho: reflexiones ante el fin de siglo. Madrid: Centro de Estudios Constitucionales, 1995, p. 13.
78 VILLEY, Michel. Philosophie du droit. Paris: Précis Dalloz, 1984. T II: Les moyens du droit.

LE, intitulado "Cassation et Juridiction Iura Dicit Curia", destaco o eixo do paradigma antigo (JURA NOVIT CURIA X JURA DICIT CURIA), ou seja, a concepção antiga, estática (o juiz conhece o direito) e a nova (o juiz diz o direito):

"Muitos princípios diretores do processo vêm diretamente, sob forma de máximas, da tradição fixada pelos romanistas medievais. Assim como, notadamente, no princípio da jurisdição e no célebre adágio 'da mihi factum, dabo tibi jus', ou, ainda, 'jura novit curia'. Se essas fórmulas — que ilustram tão bem os cursos de direito quanto as mais sábias obras — são evocadoras, elas dissimulam no entanto tanto ambigüidades como dúvidas. É verdade que se possa estabelecer uma distinção clara entre fato e direito? Pode-se afirmar, como freqüentemente se escreve, que 'o fato é domínio exclusivo das partes, enquanto que o direito o é do juiz?'"[79]

O antigo paradigma, na visão do autor, com o qual nos afinamos em face de inúmeras manifestações contidas em obras recentes, se encontra superado, no caso específico da União Européia (objeto de análise nesse livro) em face da

---

79 No original: "Plusieurs principes directeurs du procès civil viennent, directement, sous forme de maximes, de la tradition fixée par les romanistes médiévaux. Ainsi en est-il, notamment, du principe de la juridiction et du célèbre adage 'da mihi factum, dabo tibi jus' ou encore 'jura novit curia'. Si ces formules — qui illustrent aussi bien les cours de droit que les ouvrages les plus savants — sont évocatrices, elles dissimulent cependant autant d'ambiguïtés que d'interrogations. Est-il vrai que l'on puisse opérer une distinction nette entre le fait et le droit? Peut-on affirmer, comme on l'écrit souvent, que 'le fait est le domaine exclusif des parties, le droit celui du juge'?'" (VAN COMPERNOLLE, Jacques. Preface. In: VAN DROOGHENBROECK, Jean-François. Cassation et juridiction: iura dicit curia. Paris: L.G.D.J., Bruxelas: Bruylart, 2004).

supremacia do devido processo legal (garantias fundamentais do procès équitable) com base no art. 6º da Convenção Européia dos Direitos Humanos, de porte supranacional:

"Deve-se, igualmente, levar em conta a incidência fundamental, até mesmo a impregnância que exerce, sobre a função de julgar, a doutrina das garantias fundamentais do processo equânime que, graças à emergência de uma ordem jurídica (i.e. o artigo 6º da Convenção Européia dos Direitos Humanos) supranacional, conheceu uma considerável ascensão ao longo dessas últimas décadas."[80]

A categoria "homem" no plano jurídico vem sofrendo profundas modificações, especialmente diante da substituição do paradigma positivista burguês (Estado Nacional). No epicentro do modelo implantado a partir do Código de Napoleão, essa metamorfose se apresenta com especial dinâmica. Como bem explica — didaticamente e no clássico estilo cartesiano francês — JÉRÔME BONNARD em face das leis sobre bioética de julho de 1994, de seu país: "Tradicionalmente, nosso Código Civil considerava o ser humano como uma pessoa jurídica abstrata, quer dizer, um sujeito de direitos e de obrigações. A pessoa jurídica é então oposta às coisas, estas consideradas como objeto de direito."[81]

---

80 "Il échet également de tenir compte de l'incidence fondamentale, voire la prégnance, qu'exerce, sur la fonction de juger, la doctrine des garanties fondamentales du procès équitable qui, à la faveur de l'émergence d'un ordre juridique (i.e. l'article 6 de la Convention européenne de sauvegarde des droits de l'homme et des libertés fondamentales) et judiciaire (la Cour européenne des droit de l'homme) supra-national, a connu un essor considérable au cours de ces dernières décennies" (VAN DROOGHENBROECK, Jean-François. Cassation et juridiction: iura dicit curia. Paris: L.G.D.J., Bruxelas: Bruylart, 2004, p. 12).
81 BONNARD, Jérôme. Introduction au droit. Paris: Elipses Édition

Tal como venho enfatizando ao longo dos últimos anos, não apenas as novas tecnologias ligadas à genética humana e técnicas cada vez mais audaciosas de reprodução, mas também os profundos efeitos da globalização como um todo (o que abrange também o campo jurídico e seus sistemas judiciais), tornam antiquadas as fórmulas meramente abstratas que se limitavam à veiculação dos direitos e obrigações a uma "pessoa" (indivíduo, mero titular dessa relação). O Direito se liberta da prisão do imaginário jurídico, de tal modo que agora, na contemporaneidade, o homem é, mais que sujeito de direito, o centro de todo o sistema. Passa também a ser considerado em sua verdadeira realidade (na precisa definição de MIRA Y LOPEZ), "o homem e sua circunstância". Afloram, no renovado cenário jurídico da atualidade, os direitos da personalidade com os sistemas protetivos correspondentes.

Sob o ângulo da antropologia do Direito, certeira a abertura que ALAIN SUPIOT apresenta no seu magnífico Homo Juridicus (Ensaio sobre a função antropológica do direito):

"O homem é um animal metafísico. Ser biológico, ele vem ao mundo de início através de seus órgãos sensitivos. No entanto, sua vida se descortina não apenas dentro do universo das coisas, mas também no universo dos signos. Este universo se estende para além da linguagem, pois toda vez que ele materializa uma idéia, torna-a presente no espírito aquilo que está fisicamente ausente. É o caso de todas as coisas nas quais inscreveu um sentido, notadamente quanto aos objetos fabricados que, dos mais modestos (uma

---

Marketing S.A, 2004, p. 205. No original: "Traditionnellement, notre Code civil considérait l'être humain comme une personne juridique abstraite, c'est-à-dire un sujet de droits et d'obligations. La personne juridique est alors opposée aux choses considérées comme objets de droits."

pedra talhada ou um lenço de assoar) aos mais sagrados (A Gioconda, o Pantheon) incorporam o que presidiu sua fabricação e se desintegram assim das coisas naturais. É também o caso das marcas (normas de vestuário, maquiagem, tatuagem, etc.) ou de disciplinas (gestos, ritos, danças, etc.) que fazem do próprio corpo humano um signo. A vida dos sentidos se mistura dentro do ser humano como um sentido da vida, aquilo que é capaz se sacrificar, dando assim à própria morte um sentido. Dar-se um significado de si próprio e do mundo é vital para não soçobrar no sem-sentido, ou seja, para se tornar e continuar sendo um ser dotado de razão."[82]

Transportando tais reflexões para o campo da tributação, o resultado não pode ser diverso. O contribuinte, como ser jurídico e cidadão (integrante da sociedade onde vive e convive) não pode ser considerado como mera abstração (identifi-

---

82 No original: "L'homme est un animal métaphysique. Être biologique, il est d'abord au monde par ses organes des sens. Cependant sa vie se déploie non seulement dans l'univers des choses, mais aussi dans un univers de signes. Cet univers s'étend, au-delà du langage, à tout ce qui matérialise une idée et rend ainsi présent à l'esprit ce qui est physiquement absent. C'est le cas de toutes les choses dans lesquelles est inscrit un sens et notamment des objets fabriqués qui, des plus humbles (une pierre taillée, un mouchoir) aux plus sacrés (La Joconde, le Panthéon), incorporent l'idée qui a présidé à leur fabrication et se distinguent ainsi du monde des choses naturelles. C'est aussi le cas des marques (normes vestimentaires, maquillage, tatouages, etc.) ou des disciplines (gestes, rituels, danses, etc.) qui font du corps humain lui-même un signe. La vie des sens se mêle dans l'être humain à un sens de la vie, auquel il est capable de se sacrifier, donnant ainsi à sa mort elle-même un sens. Attacher une signification à soi-même et au monde est vital pour ne pas sombrer dans le non-sens, c'est-à-dire pour devenir et rester un être de raison" (SUPIOT, Alain. Homo juridicus. Essai sur la fonction anthropologique du droit. Paris: Editions du Seuil, 2005, p. 7).

cado por um código — no caso brasileiro, o número de seu CPF) e não como um ser humano carregado de desejos, sentimentos e também de direitos e obrigações.

Tal corresponderia à visão desconsertante e carbonária (carregada de santa ira racional) de JUAN RAMON CAPELLA, de "Os Cidadãos Servos", como bem explicitado no livro que leva o título acima:

"Os cidadãos-servos são os sujeitos dos direitos sem poder. Da delegação no Estado e no mercado. Da privatização individualista.

Os cidadãos se dobraram em servos ao ter dissolvido seu poder, ao confiar só ao Estado a tutela de seus 'direitos', ao tolerar uma democratização falsa e insuficiente que não impede o poder político modelar a 'vontade estatal', que facilita o crescimento, supra-estatal e extra-estatal, desse poder privado.

E os seres humanos ficaram dotados de 'cidadania' ante o Estado quando não é já o Estado um soberano: quando cristaliza outro poder, superior e distinto, supra-estatal e internacional, essencialmente antidemocrático, que persegue, violentamente, seus fins particulares.

Não é volta atrás — ao feudalismo, como às vezes se diz. É, no momento pior, o súbito enceguecimento das relações sociais, que perderam seus centros de vinculação institucional. No momento, pior: quando a espécie tem estabelecido problemas imediatos que ameaçam a longo prazo a sobrevivência das gerações.

Os seres humanos têm, nos direitos da cidadania, uma fonte de legitimidade mas não uma fonte de poder. A comunidade tradicional e filha da necessidade se dissolveu. A humanidade tolerou um envilecimento exterminista de si mesma como espécie. As piores abominações reapareceram —

sem embargo, os seres humanos trataram em troca de pôr fim, mediante a cidadania, às guerras de religião, à peste, à Inquisição, aos males do passado. É possível reinventar livremente um universo de comunidades voluntárias? Comunidades: isto é, vínculos sociais, laços entre as pessoas, livremente postos e queridos. Comunidades não meramente de 'cidadãos', senão de pessoas. De cooperantes voluntários que construam bens públicos sem delegar esse cuidado a funcionários profissionais. Todo o contrário dos cidadãos servos, cooperantes com intencionalidade 'comunitária': de serviço a qualquer, publicamente. Que dêem projeção pública e geral ao que hoje é sua semente: o associacionismo voluntário privado desinteressado."[83]

É nesse campo que os princípios, sobretudo os fundamentais, que servem de suporte para a ordem e o ordenamento jurídico como um todo, se prestam, dentre outros, a uma das mais nobres funções: sintonizar o sistema jurídico em vigor com a vida de cada pessoa, individualmente considerada e também no segmento social em que esteja inserida (a função social da pessoa humana).[84]

---

83 CAPELLA, Juan Ramón. Os cidadãos servos. Porto Alegre: Sergio Antonio Fabris Editor, 1998, pp. 147-148.

84 Na linha que venho de longa data sustentando, seguem algumas passagens da duplamente premiada tese de doutorado defendida por CLAUDIA SCIOTTI-LAM perante a Universidade Robert Schuman, em Strasbourg, em 10.07.2002, texto atualizado em 01.09.2003. A primeira delas toca o problema da ideologia dos direitos do homem: "Convém rever, brevemente, sobre a ideologia dos direitos do homem para melhor *enfocar a noção dos direitos do homem. R. Cassim definiu a ciência dos direitos do homem como um 'ramo particular das ciências sociais que tem por objeto estudar as relações entre os homens em função da dignidade humana, determinando os direitos e as faculdades cujo conjunto é necessário ao pleno desenvolvimento de cada ser humano'"* (SCIOTTI-LAM, Claudia. L'applicabilité des traités internationaux relatifs aux droits de l'homme en droit interne. Bruxelles: Bruylant,

2004, p. 2. No original: "Il convient de revenir brièvement sur l'idéologie des droits de l'homme pour mieux cerner la notion des droits de l'homme. R. Cassin définit la science des droits de l'homme comme une 'branche particulière des sciences sociales qui a pour objet d'étudier les rapports entre les hommes en fonction de la dignité humaine, en déterminant les droits et les facultés dont l'ensemble est nécessaire à l'épanouissement de chaque être humain'."). E no que nos interessa mais de perto, quanto à teoria principiológica: "Os direitos do homem têm por primeira caraterística a de ser ao mesmo tempo princípios e direitos. Eles são princípios ou ideais aos quais a sociedade aspira, porque eles correpondem a valores morais" (Idem, p. 3. No original: "Les droits de l'homme ont pour première caractéristique d'être à la fois des principes et des droits. Ils sont des principes ou des idéaux auxquels la société aspire car ils correspondent à des valeurs morales"). "Ora, em razão de sua característica fundamental, a consagração jurídica dos direitos do homem implica a atribuição de um estatuto particular" (Idem. No original: "Or, en raison de leur caractère fondamental, la consécration juridique des droits de lhomme implique l'attribuition d'um statut particulier."). E adiante: "uma segunda característica dos direitos do homem repousa sobre esta característica fundamental. Os direitos do homem são percebidos como sendo fundadores da ordem jurídica" (Idem. No original: "Une seconde caractéristique des droits de l'homme repose sur ce caractère fondamental. Les droits de l'homme sont perçus comme étant fondateurs de l'ordre juridique").

No particular, convido o leitor à leitura da 3ª Parte de nosso "Direito Constitucional das Liberdades Públicas", pp. 349-369, especialmente (NOGUEIRA, Alberto. *Direito constitucional das liberdades públicas*. Rio de Janeiro: Renovar, 2003.). Nesse diapasão, complementa: "De uma certa maneira, estes direitos são fundamentais porque eles se referem ao homem que é o fundamento de todo o direito, e de outra parte, porque as conseqüências de seu reconhecimento ultrapassa ou deveriam ultrapassar toda a ordem jurídica, formando a ordem jurídica primordial que precede dos enunciados (fontes) do poder que ergue a natureza humana" (Idem, p. 4). No respeitante à relação dos direitos em face dos sistemas jurídicos internos (nacionais), abono essa passagem de entendimento pacífico no campo interno ou internacional (sistema de cooperação e ao mesmo tempo de garantia de cumprimento pelas duas ordens): "o objetivo dos tratados relativos aos direitos do homem é o de assegurar aos particulares (os indivíduos) sob a jurisdição

O homem, nessa visão, não é apenas, como proclamado na antiguidade clássica, "a medida de todas as coisas", mas autor e ator da vida em sociedade.

A principiologia, notadamente em sede supra e constitucional, é o instrumento indispensável e da maior valia para conferir ao sistema jurídico positivo (direito vigente) a fina sintonia entre o cidadão (contribuinte) e o Estado (democrático de direito), considerado como instrumento de realização do bem comum (função social da tributação).[85]

---

dos Estados-partes, uma verdadeira garantia destes direitos, pelo que se exige sua aplicabilidade pelas jurisdições internas" (Idem, p. 31). Sobre o tema, recomendo o texto de meu livro Jurisdição das Liberdades Públicas, pp. 314-477. Em suma, e esse é talvez a conclusão da tese mais importante, em sede de proteção dos direitos do homem, o juiz não está vinculado ao direito interno, se este se revela inadequado ou mesmo contrário aos Tratados Internacionais (NOGUEIRA, Alberto. *Jurisdição das liberdades públicas*. Rio de Janeiro: Renovar, 2003, p. 608). É o juiz no exercício da jurisdição dos direitos do homem, livre para a norma interna ou externa que entenda adequada ao caso concreto. "Livre" — bem entendido — no dever de cumprir essa ampla e integrada jurisdição.

85 Um dia, escrevi estas palavras sobre o mundo hoje globalizado:
"É preciso reconstruir a cidade devastada pela inundação de produtos mundializados. O mercado é uma construção do homem e faz parte da cidade, sendo assim também um espaço humano.

O mercado global há de atuar como uma dentre muitas opções: a feira livre, a loja, o mercado público, o supermercado, o hipermercado e o global.

É o homem que escolhe o mercado, e não o contrário, o que significa dizer que os produtos devem corresponder às suas necessidades reais, sob pena de degradar valores e culturas tradicionais incorporados à cidade.

A democracia não pode ficar apartada do espaço mercadológico criado pelo homem.

3.3.7 Os novos paradigmas do Direito. Uma Constituição para a União Européia?

Com a superação do paradigma da lei, que cede lugar à supremacia da Constituição e aos princípios supraconstitucionais de dignidade ainda maior (Direitos Humanos que concebemos na tríplice convergência das liberdades públicas, dos direitos fundamentais e dos direitos do homem ou civil rights), surgem novos paradigmas do Direito de vocação universal. É a partir desses novos paradigmas que será estruturado o Direito da globalização. No caso da União Européia, a discussão tem girado em torno de uma Constituição abrangente dos países dela integrantes.

A evolução da norma jurídica e dos correspondentes paradigmas é fenômeno presente em toda a experiência do homem: costumes, decisões, acordos, leis, Códigos, Constituições (nacionais). E, para a frente, qual o novo paradigma?

A discussão desse relevante tema leva, no contexto do presente estudo, a reflexões a respeito de outra questão fundamental, a da tributação, também inserida no espaço globalizado.

Eis, pois, o balanço da construção comunitária, convencida esta, na exata expressão de THIBAUT DE BERRANGER, da necessidade econômica vital do Mercado Comum, que tem assegurado 40 anos de paz e o acompanhamento político indispensável das reformas econômicas (BERRANGER, Thibaut de. Op. cit., p. 4.) Nessa linha, e aludindo esse autor ao título de sua obra, examina as chances de um modelo adequado de uma hipotética "Constituição Européia", entendida esta como uma espécie de produto das Constituições da Europa, na medida em que, devendo as empresas comunitárias chegar um dia a realizar a sua vocação federal inicial nos "Estados Unidos da Europa". Nessa visão, isto não seria possível sob o signo de nenhuma das Constituições Nacionais no seu atual estado (Idem, p. 5.)

No plano dos direitos fundamentais, a União Européia vem conquistando importantes progressos, como anota DIEGO LÓPEZ GARRIDO em obra especializada; "em princípio, todos os Estados da CEE têm em comum o controle jurisdicional da legalidade dos atos do poder executivo, não se podendo afirmar o mesmo em relação ao controle do legislador, no que diz respeito aos direitos fundamentais" (GARRIDO, Diego López. Libertades Economicas y Derechos Fundamentales en el sistema comunitario europeu. Madrid: Tecnos, 1986, p. 156. No original: "En principio, todos los Estados de la CEE tienen en común el control jurisdiccional de la legalidad de los actos del poder ejecutivo. Pero no se puede decir lo mismo respecto del control del legislador, en lo que concierne al respeto de los derechos fundamentales"), o que leva a tese do fortalecimento do Tribunal de Justiça de Luxemburgo de modo equilibrado. Em outras palavras, a idéia é de que os direitos fundamentais reconhecidos de forma generalizada nos ordenamentos nacionais, formam parte do Direito Comunitário através de sua introdução nos princípios gerais daquele, que exclui o recurso direto aos direitos fundamentais nacionais, para permitir fazê-lo através da mediação dos princípios gerais do Direito Comunitário (via indireta) (Idem, pp. 156-157. No original: "Estas divergencias, en cuanto a la protección de los derechos fundamentales en el interior de cada uno de los Estados miembros de la CEE, ofrecen argumento favorable a entender acertada la tesis del Tribunal de Justicia de Luxemburgo. Como explicábamos anteriormente, el Tribunal de Justicia ha venido reafirmando que el Derecho nacional, comprendidos los derechos fundamentales consagrados por el Derecho constitucional nacional, no puede, en ningún caso, pretender primar sobre el Derecho comunitario en cuanto ordenamiento jurídico autónomo. No obstante, siempre según el TJCE, los derechos fundamentales reconocidos de forma generalizada en los ordenamientos nacionales forman parte del Derecho comunitario a través de su introducción en los principios generales del Derecho comunitario. Eso quiere decir que la autonomía del Derecho comunitario excluye recurrir directamente a los derechos fundamentales nacionales. El procedimiento es indirecto, y opera a través de la mediación de los principios generales del Derecho comunitario. Es en la medida en que los derechos fundamentales nacionales se insertan en los principios generales del Derecho comunitario, que esos derechos fundamentales son protegidos en el ámbito de la CEE.")

Certamente que para a consecução desse desiderato, o "Juiz Comunitário" exercerá uma função e um papel da maior importância equivalente ao de uma Corte Constitucional Européia.

4. Tributação

Os tributos, ao longo do tempo, vêm cumprindo os mais variados papéis e funções, notadamente no campo político, econômico e social. A literatura especializada tem ressaltado a importância e o peso do fenômeno impositivo na estruturação dos regimes e da organização da sociedade.

Não se pode, a nosso entender, falar em Estado Democrático de Direito sem trazer ao debate a temática tributária (como se pode ver, em minúcias, da trilogia que precedeu o presente estudo, a saber: **O Devido Processo Legal Tributário, Os Limites da Legalidade Tributária no**

Estado Democrático de Direito e a Reconstrução dos Direitos Humanos da Tributação).

Nesse último trabalho, procuramos examinar em profundidade as razões pelas quais não foram postas em prática os princípios contidos nos artigos 13 e 14 da Declaração dos Direitos do Homem e do Cidadão, proclamada em 26 de agosto de 1789, pela Revolução Francesa. Agora voltamos ao mesmo tema tributário, mas com a preocupação de contextualizá-lo com a nova matriz mundial, com especial mirada para a globalização e as regionalizações.

É o nosso entendimento que surge, nesse exato momento, como nova e rara oportunidade para a reconstrução dos grandes valores identificados na Revolução Francesa de 1789 também no campo da tributação. As reflexões que seguem apontam nessa direção, na busca de caminhos e objetivos à luz de enfoques prospectivos para que os tributos contribuam, em suas funções instrumentais, para a concretização de uma sociedade mais justa, inserida no Estado Democrático de Direito.

Essa parte do presente trabalho vem a ser, com perspectiva e intenções específicas, uma continuação das investigações levadas a efeito através da mencionada trilogia.

PARTE I
4.1 O ressurgimento da tributação

Delineada, embora vagamente, a paisagem medieval, vejamos agora alguns aspectos mais específicos, diretamente voltados para o fenômeno da tributação. Como entender, por exemplo, a afirmação de SOARES MARTÍNEZ, no contexto em que a fez, da "Respublica Christiana" de que "O imposto tinha carácter excepcional na cidade antiga, até às épocas da decadência. E tinha-o na sociedade medieval" (MARTÍNEZ, Soares. Filosofia do direito. 2. ed. Coimbra: Almedina, 1995, p. 27). Socorremo-nos dos preciosos subsídios de MAURICE DUVERGER para uma possível resposta: "No começo da Idade Média as receitas dos domínios reais constituíam o essencial dos recursos públicos. O rei vivia dos frutos e produtos que tirava de seus bens, tal qual um particular. Entretanto é necessário distinguir entre as receitas dominiais propriamente ditas e as redevances (contribuições) feudais" (DUVERGER, Maurice. Institutions financières. 2. ed. Paris: Presses Universitaires de France, 1957, pp. 85-86. No original: "Au début du Moyen Age les revenus des domaines royaux constituaient l'essentiel des ressources publiques. Le roi vivait des fruits et produits qu'il tirait de ses biens, tout comme un particulier. Il faut distinguer cependant entre les revenus domaniaux proprement dits et les redevances féodales.") No último caso, os camponeses eram obrigados a utilizar o moinho senhorial, o forno e mais instalações pertencentes ao domínio feudal. Além disso, estavam sujeitos ao sistema de corvéia, que os obrigavam à prestação dos mais diversos serviços de construção civil, de estradas, trabalhos domésticos, etc. (A partir do século XVI a situação se modifica radicalmente, como esclarece JACQUES ELLUL: "Constituem a parte mais importante das receitas. Estes impostos são diversificados, mas os termos para designá-los carecem de precisão: 'aides' pode designar o conjunto dos impostos, termo equivalente à 'fouage', que designa tanto a talha como todos os impostos. Gabela designava todos os impostos indiretos, e após o século XVI somente o imposto do sal" (ELLUL, Jacques. *Op. cit.* V. 4: XVI-XVIII siècle, p. 51. No original: "Ils constituent la part la plus importante des ressources. Ces impôts sont diversifiés, mais les termes pour les désigner manquent de précision: 'aides' peut désigner l'ensemble des impôts, terme équivalente à 'fouage', qui désigne tantôt la taille, tantôt tous les impôts. Gabelle désignait tous les impôts indirects, puis au XVI siècle seulement l'impôt du sel.")

No século XVII, segundo o citado autor, "a talha remanesce como imposto de base, com suas características antigas, imposto de repartição, solidário, bastante flexível, suscetível de servir de base para outros impostos ... No conjunto, ela é mal repartida, de maneira empírica e incoerente. Mas ninguém no século XVII questiona ainda a igualdade diante do imposto. Há enormes privilégios: não somente os clérigos e os nobres, mas os marítimos inscritos, os oficiais militares plebeus, os estudantes da Universidade, os oficiais civis, etc. De fato, a talha acaba por recair sobre os mais pobres e sobre os camponeses" (Ibid, p. 187. No original: "La taille reste l'impôt de base, avec ses caractères anciens, impôt de répartition, solidaire, très souple, susceptible de servir de base à d'autres impositions "..." Dans l'ensemble, elle est mal répartie, de façon empirique et incohérente. Mais personne au XVII siècle ne demande encore l'égalité devant l'impôt. Il y a d'énormes privilèges: non seulement les clercs et les nobles, mais les inscrits maritimes, les officiers militaires roturiers, les étudiants de l'Université, les officiers civils, etc. En fait, la taille finit par retomber sur les plus pauvres et sur les paysans.")

A síntese que esse autor nos traça a propósito da evolução do sistema romano para o moderno é exemplar: "A idéia romana do imposto tinha-se dissolvido ao mesmo tempo que a idéia romana de Estado: as duas reaparecem juntas, enquanto desaparece a concepção feudal de um poder ligado à propriedade e distribuído entre os senhores. As circunstâncias deste renascimento do poder tributário representaram um certo papel no desenvolvimento das instituições democráticas modernas" (DUVERGER, Maurice. Institutions financières, *op. cit.* p. 86. No original: "L'idée romaine d'impôt s'était dissoute en même temps que l'idée romaine d'Etat: les deux réapparaissent ensemble, pendant que disparaît la conception féodale d'un pouvoir lié à la propriété et dispersé entre les seigneurs. Les circonstances de cette renaissance du pouvoir fiscal ont joué un certain rôle dans le développement des institutions démocratiques modernes.") Ainda segundo DUVERGER, foi do sistema dos "auxílios feudais" que surgiu o moderno imposto, e por isso é que foram "motivos fiscais que desempenharam o mais importante papel nas convocações do que se chamava na França os Estados Gerais e, na Inglaterra, o Parlamento" (Ibid, p. 87. No original: "Ce sont des motifs fiscaux qui ont ainsi joué le plus grand rôle dans les convocations de ce qu'on appelait en France les Etats généraux et en Grande-Bretagne le Parlement.")

Hoje é mais que consabido que, os diversos "pactos", inclusive o mais conhecido deles, senão o mais importante, o da Magna Charta Libertatis (Daí a observação de JOSÉ FERNANDO CEDEÑO DE BARROS, em brilhante dissertação de Mestrado defendida perante a Universidade de São Paulo: "A prática do consentimento ao imposto, embora possa ser encontrada em documentos mais antigos, sem dúvida, afirma-se na Carta Magna, em que pese a convocação dos nobres para sua redação ter tido sua origem, exclusivamente, nas necessidades pessoais de João-sem-Terra" (BARROS, José Fernando Cedeño de. Aplicação dos princípios constitucionais do processo no direito tributário. São Paulo: Saraiva, 1996, p. 4), jurada na Inglaterra em 1215 pelo rei JOÃO SEM TERRA, não protegia a sociedade civil como um todo, mas essencialmente o baronato e seu patrimônio contra régias exigências unilaterais.

É claro que os fundamentos das liberdades conquistadas pelo nobres são os mesmos que mais tarde os burgueses levantariam em seu favor, na formação do Estado Burguês, e que hoje são estendidos, em maior ou menor intensidade, aos demais membros da comunidade para a realização de uma sociedade democrática de direito na qual a proteção dos direitos guarde, senão uma igualdade perfeita, pelos menos um mínimo de "equilíbrio" (igualdade de oportunidade e de participação nos frutos da sociedade).

Mais uma vez a história se repete com o surgimento de uma nova forma (modelo) de "Estado", onde se começa a perceber a perda de poder e de prestígio da burguesia tradicional (ligada ao Estado-nação). Deixando de lado essas considerações periféricas (que reputamos importantes para a compreensão do tema central do presente trabalho), vejamos como ficou a questão tributária nesse mesmo contexto. Servimo-nos da preciosa exposição de P. M. GAUDEMET e de J. MOLINIER (GAUDEMET, P. M., MOLINIER, J. Finances publiques. 5. ed. Paris: Montchrestien, 1992. V. 2: fiscalité), que analisaram o sistema de 1789 e sua evolução.

Quanto ao sistema de 1789:

"A Revolução Francesa estabeleceu um sistema de impostos diretos que devia assegurar o essencial dos recursos públicos. Tratava-se, no início, de um verdadeiro sistema logicamente concebido. Entretanto, bem depressa, este sistema, que constituiu a ossatura da fiscalidade francesa no século XIX, foi objeto de reformas fragmentárias que não tardaram a desfigurá-lo e a arrastá-lo a seu declínio" (Ibid., p. 271. No original: "La Révolution française établit un système d'impôts directs qui devait assurer l'essentiel des ressources publiques. Il s'agissait, au départ, d'un véritable système logiquement conçu. Mais, très vite, ce système, qui constitua l'ossature de la fiscalité française au XIXe siècle, fut l'objet de réformes fragmentaires qui ne tardèrent pas à le défigurer et à entraîner son déclin.")

O sistema do Antigo Regime se caracterizava, segundo esses autores, pelos privilégios, complexidade e inquisição fiscal, não sendo esta última compatível com o princípio da liberdade proclamado pela Revolução.

O sistema por esta adotado se baseia, ao contrário, na tributação sobre os rendimentos da terra, segundo a teoria consagrada pelos fisiocratas. Todavia, não adotaram a regra do imposto único, preconizada por essa doutrina, em face do conhecido adágio "imposto único, imposto iníquo". E assim, no seu lugar instituíram os chamados "quatro velhos", impostos diretos criados pelas assembléias revolucionárias e que foram cobrados ao longo do século XIX sobre: imóveis, rendas mobiliárias, patentes (indústria e comércio, em substituição às contribuições devidas às extintas corporações de ofícios) e portas e janelas.

Este sistema atendia "à burguesia detentora do poder político, que procurava recursos suficientes para o Tesouro. O sistema fiscal dos quatro velhos é um sistema fiscal essencialmente burguês e suas características marcam a fiscalidade direta francesa do século XIX em seus grandes traços" (Ibid., pp. 278-279. No original: "la bourgeoisie détentrice du pouvoir politique, tout en procurant des ressources suffisantes au Trésor. Le système fiscal des quatre vieilles est un système fiscal essentiellement bourgeois et ses caractères marquent la fiscalité directe française du XIXe siècle de quelques grands traits.")

E adiante, a respeito da natureza desse tipo de sistema impositivo: "O imposto ignora o contribuinte para se ligar à matéria tributável. Ele tem uma característica essencialmente individualista, o que corresponde à ideologia burguesa da época" (Ibid. p. 279. No original: "L'impôt ignore le contribuable pour ne s'attacher qu'à la matière imposable. Il a un caractère essentiellement individualiste, ce qui correspond à l'idéologie bourgeoise de l'époque.")

Por fim, completando a análise desse quadro tão diferente do postulado contido nos artigos 13 e 14 da Declaração de 1789: "A última característica da fiscalidade direta no século XIX é a de não admitir senão impostos proporcionais. Ainda aqui, esta técnica salvaguarda os interesses da burguesia afortunada, pois os ricos não são submetidos a uma taxa de imposição superior àquela que atinge os pobres" (Ibid., p. 279. No original: "Le dernier caractère de la fiscalité directe au XIXe siècle est de ne comporter que des impôts proportionnels. Là encore, cette technique sauvegarde les intérêts de la bourgeoisie fortunée, puisque les riches ne sont pas soumis à un taux d'imposition supérieur à celui qui frappe les pauvres.")

Quanto aos impostos indiretos, que eram detestados como um símbolo do Antigo Regime, foram suprimidos na primeira fase da Revolução por razões econômicas (por serem considerados contrários à liberdade das transações). Mas numa segunda fase foram sendo progressivamente restabelecidos, atendendo-se, ainda aqui, também a um interesse mais relevante da burguesia, o de universalizar por igual a tributação (todos pagando a mesma quantia pelos produtos adquiridos, sem distinção da capacidade contributiva) e — com uma vantagem adicional torná-la invisível aos olhos da população (tributo embutido no preço da mercadoria).

A Constituição brasileira de 1988, ao dispor sobre as limitações do poder de tributar, com extrema sensibilidade política, estatuiu: "A lei determinará medidas para que os consumidores sejam esclarecidos acerca dos impostos que incidam sobre mercadorias e serviços" (BRASIL. [Constituição Federal 1988]. Constituição da República Federativa do Brasil, de 5 de outubro de 1988. Art. 150, parágrafo 5º) (art. 150, § 5º), preceito que, decorridos mais de 11 anos de sua promulgação, aguarda seu atendimento. Trata-se de um caso paradigmático de "sabotagem" contra a democracia, no campo tributário, pelo legislador ordinário.

Assim se desenvolveu, sobretudo na área da tributação, o frustrado projeto solenemente incrustado no seio da Declaração revolucionária de 26 de agosto de 1789.

E com ele, em maior ou menor medida, o ideário de um regime social libertário de toda a sociedade, pautado na eterna e sublime divisa "Liberdade, Igualdade, Fraternidade" ..." (NOGUEIRA, Alberto. Globalização, regionalizações e tributação: a nova matriz mundial. Rio de Janeiro: Renovar, 2000, pp. 211-222).

CAPÍTULO 5

SISTEMAS TRIBUTÁRIOS E PRINCIPIOLOGIA

1. Sistemas

No direito, inclusive no tributário, a categoria "sistema" vem recebendo — merecidamente — inúmeras e seguidas análises. A maioria dos estudos realizados sob o tema vinha se centrando nas suas estruturas e com foco voltado para a técnica. Sob os paradigmas do Estado Nacional (prefiro o qualificativo "burguês" despojado de qualquer carga pejorativa), a idéia de "sistema" serviu de base para as codificações tributárias modernas (com essa designação ou sob o de Lei Geral Tributária e outras de idêntico conteúdo e estrutura), a exemplo da Alemanha[86] e do Brasil[87]. As grandes e profundas transformações que atingiram a sociedade, sobretudo a partir da 2ª Grande Guerra Mundial, cada vez mais deixaram claro que

---

86 Há tradução do Código Alemão para o português (CÓDIGO Tributário Alemão. Rio de Janeiro: Forense; São Paulo: Instituto Brasileiro de Direito Tributário, 1978).

87 BRASIL. Código Tributário Nacional. Lei nº 5.172, de 25.10.1966.

apenas a técnica (e ciência) fiscal não mais atendiam às novas necessidades. Agora, sobretudo para viabilizar a concretização do Estado Democrático de Direito, torna-se dramaticamente indispensável o recurso à linguagem principiológica para, ao lado de técnica, dotar os sistemas tributários de conteúdo compatível com a realidade desse regime.[88] Sob o paradigma do modelo dogmático-formal positivista e de corte individualista, tais "sistemas" foram formatados e continuam tendo aplicação, com modelo inadequado para a nova realidade do Estado Democrático de Direito Tributário. No fundo, trata-se de uma dessas transfigurações destinadas a abortar a entrada em cena de nova realidade, como bem observado por GEORGES GURVITCH nos seus *Ensaios de Sociologia*, no distante ano de 1938, antes da 2ª Grande Guerra Mundial em boa hora reeditada sob o sugestivo título "A Magia e o Direito", a propósito da adoção da escritura pública como instrumento de afirmação do *individualismo* jurídico e conseqüente reserva de domínio sobre o conjunto do sistema: "Enfim, a última forma da empresa mágica posta a serviço da eficácia dos contratos é aquela da escritura. A escritura não é considerada na sociedade pouco evoluída como uma simples reunião de sinais convencionais que somente têm valor de mero meio de comunicação."[89]

---

88   Cf. art. 1º da CF/88, *in verbis*: "Art.1º A República Federativa do Brasil, formada pela união indissolúvel dos Estados e Municípios e do Distrito Federal, constitui-se em Estado democrático de direito e tem como fundamentos: I — a soberania; II — a cidadania; III — a dignidade da pessoa humana; IV — os valores sociais do trabalho e da livre iniciativa; V — o pluralismo político. Parágrafo único. Todo o poder emana do povo, que o exerce por meio de representantes eleitos ou diretamente, nos termos desta Constituição" (BRASIL. [Constituição Federal 1988]. *Constituição da República Federativa do Brasil, de 5 de outubro de 1988.*

89   No original: "Enfin, la dernière forme d'emprise magique mise au

E, mais adiante, arremata com a contundente e precisa conclusão:

"Todas as manifestações do Direito individual, o direito de propriedade mobiliária, a obrigação *ex delicto* decorrente do empréstimo, o direito contratual enfim, são pois, de acordo com Huvelin, sancionados por ritos mágicos e penetrados em seu próprio espírito pela Magia que fez entrar a atividade individual no direito e que representa ela própria um desvio do poder coletivo do sagrado em proveito do Direito individual."[90]

Sinto-me autorizado a levantar a questão: não é isso que hoje ocorre, *mutatis mutandis*, com a figura arrolada (ou glorificada, na expressão de Amílcar de Araújo Falcão) do *fato gerador* da obrigação tributária?

Só que agora, no novo contexto, a "escritura" é substituída pela "lei", porém para idêntico efeito: alijar o contribuinte do título de senhor da tributação e ser reduzido à condição de "servo", impotente diante da fórmula "lei é lei". Ocorrido o fato gerador (não importa se aplicável à sua situação "civil" de indivíduo) só lhe resta se submeter.[91]

---

service de l'efficacité des contrats est celle de l'écriture. L'écriture n'est pas considerée dans la société peu évoluée comme une simple réunion de signes conventionnels qui n'ont de valeur que comme moyen de communication" (GURVITCH, George. *La magie et le droit*. Paris: Dallloz, 2004, p. 70).

90 *Idem*. No original: "Toutes les manifestations du Droit individuel, le droit de propriété mobiliére, de l'obligation *ex delicto* découlant du prêt, le droit contractuel enfin, sont donc, d'après Huvelin, sanctionnés par les rites magiques et pénétrés dans leur esprit même par la Magie qui a fait entrer l'activité individuelle dans le droit et qui représente elle-même un détournement du pouvoir collectif du sacré au profit du Droit individuel."

91 Nossa crítica ao mundo da tributação atual, despreocupado com os

Sob tal perspectiva, os sistemas tributários da nova era pós-positivista são examinados, identificados e aplicados com base nos respectivos *modelos* e *níveis*. Quanto aos modelos, a *suma divisio* dos sistemas os classifica (na teoria e também na prática) em *autoritários* ou *democráticos*. Os *níveis* variam conforme a estrutura do ordenamento

---

valores da pessoa humana, vem de longe e é conhecida do leitor especializado (em especial, vejam-se os livros *Reconstrução dos Direitos Humanos da tributação* e *Globalização, regionalizações e tributação*: a nova matriz mundial). E já que agora estamos a tratar da teoria dos princípios constitucionais tributários, é importante aportar abordagens semelhantes, como, dentre outras, a de SERGE-CHRISTOPHE KOLM, no seu opulento "Teorias Modernas da Justiça", em tópico específico relativo aos "princípios", nessa passagem: "Assinalemos, de início, os seguintes fatos sobre a ética social dos tempos modernos: 1. Os Direitos do Homem e do Cidadão constituem o mais básico princípio legal das nações livres. Sua declaração costuma vir na abertura da Constituição desses países; é seu texto oficial básico mais importante e legalmente prevalece sobre todos os outros. Esses direitos são considerados 'inalienáveis' por essa declaração; em particular, não podem ser negociados por qualquer outro benefício. Essa propriedade implica que tais direitos têm *prioridade* sobre todas as outras considerações. De modo específico, porém, o 'direito de propriedade' é modernamente entendido como *não excludente da tributação redistributiva democraticamente escolhida* (portanto, a intenção original do artigo 17 da Declaração de 1789 é esquecida). 2. A Declaração de 1789 afirma que esses direitos humanos e civis devem ser iguais para todos (artigo 1), e que devem ser coerentes ao máximo com os direitos iguais para outros indivíduos (artigo 4). Essa estrutura 'igual e máxima' das liberdades básicas havia sido proposta por Rousseau ('O cidadão não deve ser limitado em sua liberdade, a não ser quando isso seja necessário para uma igual liberdade dos outros'), e é sugerida por Kant e repetida por J. S. Mill e muitos outros.
3. A não-discriminação está incluída nesses direitos" (KOLM, Serge-Christophe. *Teorias modernas da justiça*. São Paulo: 2000, pp. 214-215).

jurídico de cada país. A despeito das peculiaridades existentes, podem ser assim qualificados, segundo a hierarquia ou supremacia de um em relação aos outros: *Supra, constitucional* e *infra* (leis tributárias e suas articulações inferiores) que no caso brasileiro tomam o nome de *normas complementares*[92]. Convém observar que, no Estado Democrático de Direito, não é concebível, e muito menos aceitável, a idéia de um sistema apartado da Constituição, considerada esta em todas as suas vertentes: formal, instrumental, material, garantística e finalística (assegurada a justiça fiscal).

O *sistema*, assim entendido, se acopla à Constituição para fazê-la efetiva na dinâmica do funcionamento da tributação (plano legislativo, administrativo, judiciário), cuja finalidade é atender à cidadania tributária. Todo esse conjunto articulado deve estar contido na Constituição Tributária, síntese e essência do sistema.

O Sistema Tributário assinalado, no caso brasileiro, se estrutura nos seguintes níveis (segmentos): a) Constituição Federal, b) Constituições Estaduais, c) Código Tributário Nacional (CTN), d) Código Tributário dos Estados e do Distrito Federal, e) Códigos Municipais e f) Leis em geral (de todas as esferas políticas, tributárias principalmente, mas sem excluir

---

92 "Art. 100: São normas complementares das leis, dos tratados e das convenções internacionais e dos decretos: I — os atos normativos expedidos pelas autoridades administrativas; II — as decisões dos órgãos singulares ou coletivos de jurisdição administrativa, a que a lei atribua eficácia normativa; III — as práticas reiteradamente observadas pelas autoridades administrativas; IV — os convênios que entre si celebrem a União, os Estados, o Distrito Federal e os Municípios. Parágrafo único. A observância das normas referidas neste artigo exclui a imposição de penalidades, a cobrança de juros de mora e a atualização do valor monetário da base de cálculo do tributo" (BRASIL. *Código Tributário Nacional*. Lei nº 5.172, de 25 de outubro de 1966).

as dos demais ramos jurídicos e a "legislação miúda" de natureza administrativa).

2. Principiologia

1. A principiologia (conjunto dos princípios ordenados como ciência) pode ser examinada também sob o enfoque de sistema. Assim considerada, neste se destacam três aspectos: 1) *estrutura*, 2) *conteúdo* e 3) *níveis*.

2. Outra díade de relevo é a contida na inter-relação *normatividade* e *principiologia*, que freqüentemente aparece no mundo jurídico junto com preceitos e regras.

3. A principiologia apresenta importantíssima dupla função, qual seja, a de servir de suporte para a elaboração doutrinária e também para a concretização do direito. Dizendo de outro modo, é o instrumento por excelência da teoria e de sua aplicação a cada caso concreto (doutrina e jurisprudência).

CAPÍTULO 6

O SISTEMA TRIBUTÁRIO BRASILEIRO EM FACE DOS PRINCÍPIOS CONSTITUCIONAIS

1. *O contexto brasileiro*

Há um paradoxo no Sistema Tributário Brasileiro textualizado na Constituição de 1988, a ser superado. A existência de um corpo sistêmico híbrido formado pelo regime autoritário de 1964 (produto do sistema instaurado com a Emenda Constitucional nº 18, de 1º/12/1965, base do *atual* e *antigo* Código Tributário Nacional[93], que no conjunto foi nela encar-

---

93 Sobre o tema, discorri em um trabalho publicado em 1995:
"A situação dos tributos no Brasil no período anterior a 1965
Antes da reforma tributária introduzida pela Emenda Constitucional nº 18, de 1º de dezembro de 1965 (a propósito, salienta Ricardo Lobo TORRES: 'O sistema tributário nacional brasileiro alcançou razoável grau de razoabilidade com a reforma introduzida pela EC 18/65 e pelo CTN. Antes o sistema era caótico, com incidências meramente formais, desvinculadas dos fatos econômicos. Com a CF/88 perdeu o sistema tributário nacional, em parte, a sua racionabilidade econômica e o seu ajustamento ao princípio da capacidade contributiva, retornando as superposições de incidências (ex: IR + adicional IR; ICMS +

IVVCLG), situação que se agravou com a EC 3/93, que criou o IPMF' [TORRES, R. L., 1993, p. 295]), ou seja, no regime da Constituição de 1946, o sistema impositivo tinha-se completamente deteriorado. Milhares de exações se confundiam, diferenciando-se, na maior parte das vezes, apenas pela denominação formal, e eram instituídas como o meio mais fácil para resolver problemas de Caixa das entidades estatais.

A Comissão de Reforma do Ministério da Fazenda, organizada no âmbito da Fundação Getúlio Vargas e contratada pelo Governo Federal para assessorá-lo no diagnóstico e elaboração dos instrumentos necessários à modernização do sistema tributário, bem descreve o quadro caótico imperante àquela época (para uma visão completa desse quadro, veja-se o volume 35 da FUNDAÇÃO GETÚLIO VARGAS. Comissão de Reforma do Ministério da Fazenda, 1967, que, com as 34 publicações anteriores, constituem uma minibiblioteca de inestimável valor científico e técnico para o estudo da tributação no Brasil e compreensão de nossa realidade nesse campo).

Ou, nas palavras de Tarcísio NEVIANI: 'somente com o Código Tributário Nacional promulgado em 1965' (sic), 'foi levado a efeito a primeira tentativa de um sistema tributário orgânico, enquanto, antes disso, o Brasil contava com um conglomerado mais ou menos desconexo, improvisado e confuso de leis tributárias, feitas mais ao sabor dos interesses políticos do que em observância de um plano econômico orgânico' [NEVIANI, T., 1983, p. 75]).

O ponto fundamental para extirpar a proliferação de tributos sem base racional e econômica foi a eliminação do chamado 'campo residual', existente na estrutura vigente até 31 de dezembro de 1966, 'cujas fronteiras eram imprecisamente demarcadas e, por isso, flutuantes' (nesse mesmo capítulo (XXII), explica-se por que a Reforma e o atual CTN optaram pela conceituação de figuras tributárias: Igualmente de maneira difusa, o 'campo residual' e 'concorrente' tangenciado pelo domínio das 'taxas', não caracterizadas, mas apenas mencionadas na Constituição. Na linguagem corrente, a palavra 'taxa', é sinônimo de 'imposto'. Esta confusão tende a permanecer e até a alargar-se no uso comum, entre outras, pela seguinte razão de ordem cultural: em francês e inglês, idiomas de que se tem traduzido para o português maior número de obras sobre economia e finanças, os vocábulos 'taxes' e 'tax' correspondem precisamente a 'imposto' em português. Basta citar as ilustrações seguintes: 'taxe sur le chiffre d'affaires = imposto sobre o movimento econômico; taxe sur la valeur ajoutée = imposto sobre o valor acrescido; income tax = imposto de renda; excise tax = imposto de consumo. Apenas uma fração mínima, talvez inferior a 1 centésimo por cento, dos que usam a língua portuguesa no Brasil, conhece a diferença conceitual entre 'taxa' e 'imposto'. Nem sempre os corpos legislativos, especialmente em nível municipal, estarão capacitados, tampouco disporão de assessoramento idôneo, para, na elaboração das leis tributárias, distinguir entre 'taxa' e 'imposto". E, arrematando: 'Os especialistas em legislação geralmente desadoram a inclusão nos textos legais de conceitos doutrinários e, sobretudo, de definições. Nada obstante, a Comissão incumbida de elaborar o Anteprojeto de Emenda Constitucional nº 18, *sem negar a impropriedade da inclusão de conceitos doutrinários no texto da lei*, formulou e inseriu no projeto original várias definições, destacando-se dentre elas, pelas repercussões pragmáticas que poderiam ter na elaboração, aplicação e interpretação das leis tributárias, as duas seguintes: imposto e taxa' [FUNDAÇÃO GETÚLIO VARGAS. Comissão de Reforma do Ministério da Fazenda, p. 139-140]).

Definidas com precisão as espécies de tributo — impostos, taxas e contribuição de melhoria — inseriu-se no texto do Código Tributário Nacional (inicialmente Sistema Tributário Nacional e adotando a atual denominação com o Ato Complementar nº 36, de 13 de março de 1967, art. 7º), impunha-se ainda resolver o 'campo residual'.

A técnica adotada, como se sabe, foi a da aplicação do princípio do *numerus clausus* (eis como o Relatório Final da Comissão de Reforma do Ministério da Fazenda expõe a opção pelo *numerus clausus* quanto aos impostos: 'Acreditam os autores principais dos Projetos (original e revisto) da Emenda Constitucional nº 18 que os quatro grupos de impostos constituintes de um novo Sistema Tributário Nacional esgotam, por assim dizer, todos os fatos econômicos passíveis de tributação. Graças a essa 'universalidade', o 'campo residual' deixaria de existir. Mas, para não dar lugar a qualquer resquício de dúvida ou sofisma a respeito, a Emenda Constitucional nº 18 trazia, taxativamente, a sentença de morte do chamado campo *residual* ou *concorrente* (p. 144). E, após transcrever o art. 5º: 'Estando em vigor tal norma, por mais imaginoso que fosse o legislador, não poderia conceber tributo algum fora dos quatro referidos grupos, ou com desrespeito às competências e limitações nela previstas' (*idem*).

A Constituição de 1967 viria neutralizar, em parte, esse 'dispositivo de segurança tributária', permitindo quanto à União a exploração do campo residual (art. 18, § 5º e 21, § 1º do texto de 1969 e art. 19, § 6º do texto de 1967). A propósito, a arguta observação de Geraldo ATALIBA: 'Na verdade, o que parecia ser um rol exaustivo de tributos, a própria Constituição se encarrega de transformar no rol exemplificativo' (SOUSA, R. G. de; ATALIBA, G.; CARVALHO, P. de B., 1975, p. 60).

J. Motta MAIA, um dos primeiros comentadores do CTN, assim se manifestou sobre o tema: 'O preceito atual é expresso e não deixa margem a qualquer dúbia interpretação: nenhum tributo poderá ser criado além dos referidos no *Sistema*, proibição que também se aplica à União' (MAIA, J. M., 1969, p. 43).

Nessa linha, o Parecer (nº 4.834, de 1954), aprovado pela Comissão de Constituição e Justiça da Câmara dos Deputados, ao Projeto Rubens Gomes de Souza — Osvaldo Aranha, relativamente ao art. 21 do respectivo texto, correspondente ao 5º do CTN: 'Tudo isso deveria ser pacífico porque resulta de pressupostos aceitos pelo legislador constituinte. De nada valeria a discriminação de rendas na Constituição — chave da autonomia dos Estados e Municípios, assim como da concórdia dentro da estrutura federativa — se fosse permissível aos legisladores ordinários e aos juízes o discricionarismo por rebeldia aos conceitos financeiros adotados pelo constituinte. Esta separou rigidamente entre impostos para a União; outros para os Estados, e ainda outros diferentes para os Municípios, estabelecendo que o restante, não previsto, se fosse criado, seria repartido pelos três âmbitos de gôverno, na forma do art. 21 da Carta Política' (BRASIL. Câmara dos Deputados, 1954).

Assim também o saudoso mestre Aliomar BALEEIRO: 'O CTN, no mesmo modo que o art. 18 da Constituição, inclui na categoria 'tributo' apenas os impostos, as taxas e a contribuição de melhoria, e conceitua somente essas espécies de gravames tributários' (BALEEIRO, A., 1983, p. 64).

Como se sabe, o *numerus clausus* na matéria de 'tributos' foi rompido antes mesmo de entrar em vigor o CTN (1º de janeiro de 1967), pelo Decreto-lei nº 27, de 14 de novembro de 1966, dotado de força institucional. Há, porém, quem sustente que o art. 5º do CTN, mesmo antes do DL 27/66, não excluía as contribuições parafiscais e o empréstimo compulsório, a eles não se referindo, uma vez que não eram previstos na Constituição de 1946 e mesmo na EC nº 18/65 (ROSA JR. L. E. F. da, 1990, p. 147).

O fato é que, com ou sem a instituição desse edito, o campo da parafiscalidade sempre se apresentou como uma *vexata quaestio*, parecendo claro, à vista das explicações contidas no referido Relatório Final, que as exações dessa natureza não integravam o campo reservado aos 'tributos' [COELHO, S. C. N., 1991]). O art. 5º do CTN clausurou as espécies de tributo e o 17, por seu turno, o rol de impostos. Antes mesmo de entrar em vigor o Código, editou-se o Decreto-lei nº 27, de 14 de novembro de 1966, abrindo a cláusula tipológica de seu art. 5º.

Pouco mais tarde, a Constituição de 1967 viria a restabelecer o campo da residualidade, no tocante aos impostos, em favor da União Federal, tornando 'perempto o princípio do *numerus clausus*', nas palavras de Geraldo ATALIBA (SOUSA, R. G. de; ATALIBA, G.; CARVALHO, P. de B., *op. cit.*, 1975, p. 17). Rubens Gomes de SOUSA, a respeito dessa alteração, observou:

'Eu aduzo apenas a título de lembrete que o art. 17 do Código Tributário Nacional reproduz o art. 5º da Emenda nº 18, de 1965, e que o seu objetivo era assegurar a solidez da estrutura do sistema tributário, abolir o chamado campo residual, dispondo, como dispunha categoricamente, que os impostos componentes do sistema tributário nacional eram exclusivamente os previstos na referida emenda. Essa disposição, como o Prof. Geraldo Ataliba recordou, foi superada pela Constituição de 67, ao restabelecer o campo residual. (*idem*, pp. 170-71. Ensina Alberto Pinheiro XAVIER, sobre 'O princípio do *numerus clausus*: a) *Tipologia taxativa*: O princípio da seleção impõe a construção dos tributos por tipos, mas nada nos diz acerca dos caracteres de que se deve revestir essa tipologia. Ora, dentre as várias modalidades, a taxativa e delimitativa — a tipologia tributária é inegavelmente taxativa. A regra *nullum tributum sine lege*, alude, deste modo, não só à origem normativa dos tributos, como também ao princípio do *numerus clausus* em matéria de impostos. De harmonia com o princípio da seleção delimita com rigor o campo livre de tributo, por isso tal princípio é uma verdadeira *Magna Carta* do contribuinte' (XAVIER, A. P., 1978, p. 86). Registre-se que, mesmo em Portugal, o princípio do *numerus clausus* é adotado na área particular da tributação pessoal (Constituição da República, artigo 107º, 1), conforme lição de J. J. Gomes CANOTILHO e Vital MOREIRA [CANOTILLO, J. J. G.; MOREIRA, V., 1993, p. 462]).

tado e, também, pelo novo texto (em especial, arts. 145 a 162 da Constituição de 1988). São duas cabeças em um mesmo corpo jusbiológico. A primeira delas de matriz e raízes autoritárias (decorrência do regime militar então imposto) e tecni-

No texto constitucional de 1967, a competência residual (art. 18, § 5º e 21, § 1º, redação dada pela Emenda nº 01/69) abriu a cláusula engendrada pela Reforma que se inspirou na doutrina alemã, reelaboradora da teoria romana do *numerus clausus*, pertinente aos direitos reais de garantia, para adaptá-la ao direito tributário, como técnica de limitar o poder de tributar, e, daí em diante, fissurou-se cada vez mais a armadura do sistema, retornando o velho hábito de proliferação de tributos, sob os mais habilidosos disfarces.

No sistema da Constituição de 1988, no que se refere a impostos, a residualidade da União ficou um pouco mais restrita, exigindo-se para o seu exercício lei complementar, diversamente da anterior, que se contentava com lei ordinária e mesmo decreto-lei (CF/88, art. 154, I).

O panorama, todavia, em matéria de "contribuições", persiste flexível, expondo o contribuinte a sobressaltos e perplexidades diante da incessante criação de novas exações, cuja constitucionalidade tem sido, nos últimos anos, objeto de milhares de impugnações junto ao Poder Judiciário, gerando, ademais, o fenômeno que, segundo perspicaz observação de Jean CARBONNIER, se costuma designar pela expressão "sutileza da legislação fiscal" (em seu admirável "Flexible Droit", afirma o consagrado sociólogo francês: 'La loi fiscale étant devenue bien plus subtile, il nous faut plus de conseillers fiscaux. Eh oui! Mais maintenant que vous avez tant de conseillers fiscaux, la loi fiscale est à l'aise pour se faire encore plus subtile' (Jean CARBONNIER, *Flexible droit*, 1992, p. 8) De qualquer modo, registre-se que a França, apesar de não ter um sistema tributário formalmente constitucionalizado, como sucede no Brasil, segue técnica diversa, adotando um Código Geral de Impostos e outro de Processo Fiscal (inexistentes aqui), cujo texto original (de ambos) foi promulgado por decreto de 6 de abril de 1950. Os textos atuais (com o desmembramento em dois, o de impostos e o de processo) foram aprovados pelos decretos nºs 92.836, de 27/08/1992 e 92.837, da mesma data (publicados no J. O. de 29, seguinte), já prevista nova edição (atualização) para o segundo semestre de 1995))" (NOGUEIRA, Alberto. *O devido processo legal tributário*. Rio de Janeiro: Renovar, 1995, pp. 49-53).

camente modelado para sustentar o projeto brasileiro de desenvolvimento acelerado (concebido e gerenciado pela técnico-burocracia do chamado "milagre brasileiro"). Nesse modelo, não teve assento a democracia (regime político incompatível com a ditadura militar que assumiu o poder absoluto sem qualquer limite), palavra sequer mencionada na Constituição de 1967/1969. Na de 1988, diversamente, adota-se expressamente o modelo mais avançado de regime político, o do Estado Democrático de Direito[94]. Afora isso, um programa completo para implementação de uma verdadeira democracia material e efetiva[95]. Como resolver essa contradição *in terminis*? A resposta é simples, embora extremamente difícil de implementação. Quando em um mesmo corpo duas cabeças comandam todo o conjunto em direções opostas, uma das duas terá de ser neutralizada. Assim o caso do sistema constitucional brasileiro[96], que vem funcionando "para trás", retrospecti-

---

94 Cf. art. 1º da Constituição de 1988, *in verbis*: Art.1º A República Federativa do Brasil, formada pela união indissolúvel dos Estados e Municípios e do Distrito Federal, constitui-se em Estado democrático de direito e tem como fundamentos: I — a soberania; II — a cidadania; III — a dignidade da pessoa humana; IV — os valores sociais do trabalho e da livre iniciativa; V — o pluralismo político. Parágrafo único. Todo o poder emana do povo, que o exerce por meio de representantes eleitos ou diretamente, nos termos desta Constituição. (BRASIL. [Constituição Federal 1988]. Constituição da República Federativa do Brasil, de 5 de outubro de 1988).

95 Cf. art. 3º da Constituição de 1988, *in verbis*: Constituem objetivos fundamentais da República Federativa do Brasil: I — construir uma sociedade livre, justa e solidária; II — garantir o desenvolvimento nacional; III — erradicar a pobreza e a marginalização e reduzir as desigualdades sociais e regionais; IV — promover o bem de todos, sem preconceitos de origem, raça, sexo, cor, idade e quaisquer outras formas de discriminação (BRASIL. [Constituição Federal 1988]. Constituição da República Federativa do Brasil, de 5 de outubro de 1988).

96 Até o presente momento, a cabeça neutralizada é a *democrática*,

vamente, segundo a orientação do superado regime autoritário militar. Nesse penoso confronto, os princípios, expressa ou implicitamente adotados na Carta de 1988, representam o melhor instrumento para reverter a atual anomalia que vem dominando e sufocando há mais de quarenta anos a área tributária.

2. A "tríade" principiológica

Autênticos e fundamentais princípios, dentre a rica constelação que ilumina a paisagem constitucional brasileira, se destacam dentro desse núcleo (por evidente, todos os princípios se articulam, independentemente de seu grau de importância relativa), o federativo e o representativo.

2.1. O princípio federativo

Não como uma coexistência de esferas de poder político formado pela união indissolúvel dos Estados e Municípios e do Distrito Federal (primeira parte do art. 1º da Constituição) como um fim em si mesmo, mas para atender ao cidadão (célula da sociedade), mas, todas elas, isso sim, comprometidas com a implementação do Estado Democrático de Direito.

A fórmula *3 contra 1*, atualmente em prática, há de ser o oposto, passando a ser *3 a favor de 1* (na qual o algarismo 1 se

---

de porte constitucional superior. A outra, referente ao sistema de 1964 (EC nº 18/65) continua operando todo o conjunto, vez que não foi eliminado o chamado "entulho autoritário", expressão cunhada em 1992 pelo então Senador Fernando Henrique Cardoso. Acresce que após 1988 e até hoje, não cessa de aumentar não apenas o antigo "entulho", mercê de interpretações retrospectivas ampliativas, mas com o novo entulho, um e outro espúrios em face do maltratado Estado Democrático de Direito.

refere às entidades federadas tributantes, e o algarismo 3 ao contribuinte (ou seja, em defesa do interesse do cidadão/contribuinte).

Tal a grandeza do superprincípio federativo, em contraste com a lamentável perversão de aplicá-lo contra a cidadania.[97]

---

[97] Em palestra proferida no Seminário Nacional "O Sistema Tributário Brasileiro e os Desafios do Século XXI", realizado no Hotel Glória, Rio de Janeiro, em 17.05.2000 (limiar do 3º milênio), assim abordei a instigante e problemática temática, sob o título "Administração tributária e exclusão social":

"A pesquisa que deu origem a "A Reconstrução dos Direitos Humanos da Tributação" partiu da análise da Revolução Francesa e, sobretudo, da Declaração de 26 de agosto de 1789, a Declaração dos Direitos do Homem e do Cidadão. Nessa declaração, nós encontramos — no que nos interessa ao tema — dois artigos importantíssimos: os artigos números 13 e 14.

O artigo nº 13 determina que todos estão obrigados a concorrer para com as despesas do Estado. Portanto, trata do princípio da universalização dos tributos, suprimindo de vez o abominável sistema do *Ancien Régime*, em que o Primeiro Estado — o alto clero — e o Segundo Estado — a aristocracia e a nobreza — não se submetiam ao regime da tributação, primeiro porque seria uma iniquidade. A tributação significava algo vil, de vila, de cidade, portanto, coisa de peão, de trabalhador, além do que o clero passava vinte e quatro horas por dia rezando, para intervir junto ao Divino e obter um lugar confortável entre os justos, no Reino Eterno. Seria, portanto, algo inteiramente impensável exigir do alto clero o pagamento de tributos. E a nobreza já concorria com a espada, com o "sangue azul", na defesa do rei, para garantir-lhe a vida. Então, naquele regime, a conta realmente era paga apenas pelos artífices, e pelos agricultores.

Foi a própria burguesia, que já se estruturava, que derrubou o velho regime.

O artigo nº 14 dispunha que todo cidadão tinha o direito de, por si, pessoalmente ou através de seu representante, exigir uma prestação de contas a respeito da aplicação dos tributos vertidos para o erário. Certamente que a evolução dessa fenomenal Revolução Francesa — que agora se retrata num novo cenário — não foi às últimas conseqüências, porque o programa da burguesia não incluía igualdade material, na invés realidade. Então, aplicou-se uma igualdade formal que fortaleceu aquela burguesia clássica, tradicional, a burguesia da cidade. Todo esse processo resultou nos castelos se abrindo para a estruturação do Estado Nacional e, assim, surgiram a cidade, a feira, o mercado, o comércio nacional, a liberdade do comércio, da expressão, da concorrência. O capitalismo em toda a sua exuberância e força.

Mas essa burguesia nacional, em termos econômicos, não existe mais. Evidentemente, continua o produtor rural, continua o artesão, continua o profissional liberal, o cientista, o artista, mas não como os segmentos, as categorias, as classes que empolgam o sistema, detendo, portanto, o controle da vida social. Estamos falando da realidade de hoje, e de um momento em que os Estados se alargam.

Entramos agora na globalização moderna — porque houve muitas outras — e nas regionalizações. Estamos com vinte e sete grupos regionais, alguns funcionando, outros não. E, aqui, temos o nosso MERCOSUL.

A burguesia, agora, caiu de *status*. Ela tem que "carregar o piano", e no lugar dela surge agora um outro segmento: um modelo empresarial cujo perfil não é ainda muito nítido, mas que já aparece em termos de uma qualificação, um nome, algo de identificação, como o PPII — planetário, permanente, instantâneo e imaterial —, e como *global player* — jogador global.

Essa empresa que tem condições de estar em qualquer ponto do globo, a qualquer momento, em qualquer segmento, tem condições de competir.

Quando nós assistimos ao ataque do chamado capital especulativo, volátil, à primeira vista imaginamos tratar-se de um conluio. Eles se reúnem, como nós estamos aqui, em uma conspiração, e decidem: "vamos atacar o Brasil". Esse mercado dos invisíveis, dos planetários, hoje movimenta, por dia, uma cifra superior ao PIB anual da Alemanha.

Sobre o jogador global, podemos dizer que ele detém a informação total, atual e completa. Para trás, ele tem o conhecimento histórico, e, para a frente, uma visão prospectiva, dominando completamente a informação precisa para cada empreendimento.

Aqui no Brasil, por exemplo, o setor automotivo — isso não é segredo nenhum — transferiu inteiramente toda a tributação para o consumidor. E não adianta muito o Governador Olívio Dutra recusar uma empresa automotiva, porque ela vai para a Bahia, e se não for para a Bahia, vai para outro lugar, ou então, imediatamente vai para outro país. Como disse, eles navegam absolutos. Não há fronteiras, pois todas as fronteiras foram derrubadas. Claro que o Estado Nacional ainda existe, mas ele não é mais a estrutura sequer legal da nossa época, tal como acabamos de presenciar, no caso do General PINOCHET.

Assim, a Revolução Francesa serviu de modelo para a estruturação do capitalismo industrial e, mais tarde, nas suas outras evoluções ou revoluções, esse modelo ficou muito restrito, exauriu-se no sentido de que a burguesia ou o Estado Burguês, completando seu projeto, agora não tem condições de avançar como integrante de um Estado Nacional.

Contudo, se aqueles preceitos e pensamentos — a grande utopia da Revolução Francesa — tivessem seguido um modelo realmente democrático, incorporando os demais segmentos, provavelmente o mundo e a sociedade hoje seriam diferentes.

Nesse cenário, agora, pergunto: o que vai acontecer?

Em um breve resumo, temos que o desemprego médio na Europa, por exemplo, hoje, está em torno de 20%. Mas a previsão é de que, em não mais do que dez anos, esse índice deve chegar a 80%, na reformatação das novas tecnologias.

Então, essa nossa história poderia agora regredir: voltamos a um modelo de separação, de exclusão, uma nova casta. Agora, há apenas aqueles "planetários" e a nova ralé. De um lado, os senhores da terra, de outro lado, os novos servos da "gleba planetária".

Vamos admitir que haja uma saída. Essa saída passa por muitos caminhos, mas a tributação é um caminho dos mais promissores, como poderia ter sido utilizado na Revolução Francesa, se houvesse avançado no paradigma democrático. Essa idéia já foi sugerida pelo americano James TOBIN, prêmio Nobel de Economia, e o nosso próprio Presidente da República, freqüentemente, em fóruns internacionais, faz referências à tributação como instrumento para impedir o movimento dos capitais volúveis ou voláteis — a taxa chamada "Taxa Tobin".

Por outro lado, nós temos, fora da globalização como um todo, um outro movimento de regionalização, o alargamento dos Estados tradicionais. É a possibilidade de integrações econômicas para permitir um jogo em pé de igualdade com os "global players". Essa é a discussão do momento.

Do nosso lado, temos o MERCOSUL, que na realidade não começa com o Tratado de Assunção, mas com a criação da ALALC — Associação Latino-Americana de Livre Comércio —, e depois, com a ALADI — Associação Latino-Americana de Desenvolvimento e Integração.

Aqui, surge a necessidade da libertação do chamado Primeiro Mundo, da economia principal, do centro, na teoria criada ou desenvolvida pela antiga CEPAL, ainda existente, tendo à frente CELSO FURTADO, CARLOS LESSA, MARIA DA CONCEIÇÃO TAVARES e, mesmo, o nosso Presidente FERNANDO HENRIQUE CARDOSO, citado no livro "A Teoria da Dominação Periférica", desde o chileno-argentino RAUL PREBISCH. Chegamos, então, na parte da tributação no âmbito regional.

Esse processo de libertação é fundamental, considerando que no caso do Brasil — os dados são públicos —, de cada R$ 3,00 devidos, R$ 1,00 é arrecadado e R$ 2,00 são sonegados. Isso ocorre porque, no atual sistema, aquele que se submeter à tributação vai ser destruído. Mesmo sob esse aspecto da lógica e da racionalidade, esse sistema tende a excluir, porque elimina o setor produtivo e estimula a fraude.

A tributação não é isso em um Estado Democrático. O tributo se insere no Direito de Terceira ou de Quarta Geração, ou seja, é um direito de todos e um dever de todos, para preservar-se o que se tem, para manter uma sociedade possível e o Estado é apenas um instrumento para cobrança desse tributo, sendo o cidadão o verdadeiro titular. Em um Estado Democrático de Direito, o cidadão tem o direito de exigir que todos cumpram a obrigação, mas uma obrigação compatível com as possibilidades e com critérios de Justiça.

Sob esse outro aspecto, visto como um Direito de Terceira ou Quarta Geração, o tributo aparece como instrumento que sempre conseguiu realizar grandes projetos, inclusive no período do Estado Burguês, na Idade Média e no Império Romano. Isso, desde que ele possa ser exercido de uma maneira adequada, para equilibrar o sistema, que do contrário poderia ser mais iníquo do que o já existente. Vejamos que, hoje, o trabalhador, sobretudo o trabalhador assalariado é submetido a regime semelhante ao da corvéia medieval. Mais da metade de seus ganhos mensais é entregue ao fisco.

E em um regime de tanto desequilíbrio, de tanta sonegação, usa-se a Lei Penal, e se transforma o que seria uma honorável obrigação, um honorável dever cívico — como diziam os franceses na época da Revolução —, realmente, em uma pena, em um calvário, e em uma injustiça gritante.

E assim, essa nossa perspectiva passa pela cidadania, pela participação ativa que visa a utilizar o tributo para neutralizar uma exclusão social que, no caso brasileiro, é histórica — todos sabemos disso — e que, ao

2.2. O princípio republicano

A importância e o alcance desse princípio fundamental e fundamentante nem sempre têm sido reconhecidos em sua plena extensão e profundidade e, por isso, não vêm recebendo o merecido destaque no conjunto do sistema. Com efeito, na maior parte das vezes em que tal princípio é invocado, a referência se faz de modo vago e superficial apenas como uma forma de Estado (CF, arts. 1º e 18), ficando na penumbra ou até no esquecimento o *regime político*, a *cidadania* em seus aspectos e funções democráticas (CF, arts. 1º e 3º). Mais do que a mera união das esferas políticas autônomas revestidas de poder (perspectiva *ex parte principis*), sua estruturação tem a finalidade de melhor atender ao cidadão através de tríplice atuação dessas esferas políticas e administrativas (perspectiva *ex parte populo*).

Ali, sob o enfoque público estatal, o foco do poder consiste em assegurar a integridade do país (soberania) e a realização dos objetivos constitucionalmente fixados[98].

---

invés de ir sendo eliminada, agrava-se, ao contrário, com a devida vênia, do que disse o nosso Presidente da República. S. Excelência, ao analisar o descalabro das contas e a situação de miséria do povo, afirmou que "não partilhava do pensamento de que as coisas tivessem ido de mal a pior e sim de mal para menos mal".

Mas, apesar dessa estrutura iníqua e histórica, que herdamos do passado e continuamos cultuando, aprofundando, até inconscientemente, o fato é que, não se sabe como, o Brasil ainda é a 8ª economia do mundo.

Essa é a questão da exclusão social e não se trata apenas de uma visão liberal, liberalista ou mesmo humanitária. Trata-se de apostar se nós ficaremos na "gleba" ou se, finalmente, conheceremos um pouquinho da cidadania (NOGUEIRA, Alberto. Palestra proferida no Seminário Nacional "O Sistema Tributário Brasileiro e os Desafios do Século XXI", no Hotel Glória, em 17.05.00).

98 Cf. art. 3º da Constituição de 1988, *in verbis*: Constituem objetivos fundamentais da República Federativa do Brasil: I — construir uma

Já aqui, na segunda perspectiva, o foco se concentra no interesse de todo e qualquer cidadão, o que leva, em última análise, à concretização, na sociedade como um todo, do Estado Democrático de Direito.

2.3. A cidadania democrática

Eis aí a essência do regime sob o superior ângulo federal, a *res publica*, ou seja, o conjunto dos bens, direitos, deveres e valores que a todos atinge, formando a verdadeira *sociedade civil* a qual se vincula o Estado (e não o contrário) como instituição e também seu instrumento.

3. Os direitos fundamentais

O Sistema Tributário Brasileiro não pode ser entendido apenas como uma estrutura normativa destinada a definir competência, instituição e cobrança de tributos, bem como as relações jurídicas entre o Fisco e o Contribuinte (direitos e deveres). Embora tal caracterização seja necessária e relevante, sem inserir o sistema no superior espaço dos Direitos Fundamentais (núcleo do Estado Democrático de Direito), sua existência e funcionamento estariam limitados à frigidez de um relacionamento *credor* X *devedor*[99].

---

sociedade livre, justa e solidária; II — garantir o desenvolvimento nacional; III — erradicar a pobreza e a marginalização e reduzir as desigualdades sociais e regionais; IV — promover o bem de todos, sem preconceitos de origem, raça, sexo, cor, idade e quaisquer outras formas de discriminação (BRASIL. [Constituição Federal 1988]. Constituição da República Federativa do Brasil, de 5 de outubro de 1988).

99 Sobre o modelo da *dupla relação*, consulte-se "A Reconstrução dos Direitos Humanos da Tributação", pp. 87-193 e 405-425 (NOGUEIRA, Alberto. *A reconstrução dos direitos humanos da tributação*. Rio de Janeiro: Renovar, 1997).

Decorrência desse nobre modelo humanizado é a concretização na forma e na substância da Constituição Tributária, formada pelo rico conjunto de *princípios, regras* e *normas*. Destacam-se, no aspecto dinâmico do funcionamento do sistema como seus principais instrumentos de concretização, as *garantias* e o *controle*. A essa altura, não se compreende como não se procurou ajustar o regime da tributação à modernidade regulatória, como se vem fazendo em ampla área da atividade pública e social.[100]

---

100 No campo especificamente econômico, a questão, segundo especialista da área, ROBERT BOYER, está assim posta: "A maior parte das teorias econômicas contemporâneas se concentram nos problemas que *uma economia de mercado* encontra. Seja vangloriando-lhe suas insubstituíveis virtudes, como o faz a Escola de Chicago, a exemplo de Milton Friedman. Seja propondo a correção de suas falhas segundo os preceitos de um neokeimanismo do qual Joseph Stiglitz seria um eminente representante" (BOYER, Robert. *Théorie de la régulation*, T. 1. Les Fondamentaux. Paris: La Découverte, 2004, p. 3. No original: "La plupart des théories économiques contemporaines se concentrent sur les problèmes que rencontre *une économie de marché*. Soit que l'on en vante les irremplaçables vertus, comme le fait l'École de Chicago, à l'instar de Milton Friedman. Soit que l'on propose d'en corriger les failles selon les préceptes d'un néokeynésianisme dont Joseph Stiglitz serait un éminent représentant.") Sem entrar no mérito, ou mesmo no debate da temática regulatória, é mais do que evidente (trata-se de fato notório) que o "mercado tributário" está mais do que desregulado: funciona contra a lógica de seus protagonistas: *contribuinte, fisco* e *sociedade* na medida em que o sistema se torna inaceitável para o contribuinte cumpridor de seus deveres, *insuficiente* para o Estado (que, no limite da curva de Lafer, não consegue recursos suficientes para atender à população (a sociedade dos contribuintes e dos não contribuintes sonegadores ou indigentes).

A exortação desse autor parece procedente, ao propugnar um "retorno à economia política" sob a visão que apresenta de *"Thomas Hobbes a Adam Smith*, assim explicitada: "Para Thomas Hobbes, *a violência de todos contra todos* é a conseqüência direta da competição entre os indivíduos. Somente a delegação da autoridade (poder) a um sobe-

No contraponto, os Poderes do Estado (perspectiva *ex parte principis*). Nesse plano, a Constituição Tributária é o limite horizontal e vertical a que está sujeito o poder público. Também aqui as *garantias* e o *controle* são os instrumentos conferidos ao Fisco para cumprir suas funções tributárias. É preciso deixar bem claro que os poderes do Estado não são um fim em si mesmo, mas decorrem da própria cidadania. Sua natureza é *democrática*[101] e só podem ser legitimamente exercidos nos limites e no interesse do *contribuinte* (titular do poder tributário e destinatário do correspondente exercício).

---

rano permite pacificar tal sociedade. Assim, a emergência de um *Estado* para garantir a ordem seria a primeira das condições de uma sociedade e, por via de conseqüência, de uma economia composta de indivíduos livres para perseguir seus interesses. A resposta de Adam Smith é bem diferente, já que ele invoca uma *propensão natural* do homem para trocar e permutar. A partir do momento em que se aprofunda a divisão do trabalho, e que, portanto, esteja garantida uma ordem monetária, o *mercado* tem a propriedade de permitir o enriquecimento de uma nação, a despeito de que cada um não cesse de buscar seus próprios interesses" (No original: "Pour Thomas Hobbes, la *violence de tous contre tous* est la conséquence directe de la compétition entre individus. Seule la délégation de l'autorité à un souverain permet de pacifier une telle société. Ainsi, l'émergence d'un *État* garantissant l'ordre serait la première des conditions d'une société et, par voie de conséquence, d'une économie composée d'individus libres de poursuivre leurs intérêts. La réponse d'Adam Smith est bien diferente puisqu'il invoque une *propension naturelle* de l'homme *à échanger* et à troquer. Dès lors que s'approfondit la division du travail, et pour autant que soit garanti un ordre monétaire, le *marché* a pour propriété de permettre l'enrichissement d'une nation alors même que chacun ne cesse de poursuivre son propre intérêt" (*Idem*, p. 10).

101 Art. 1º, parágrafo único da CF: "Todo o poder emana do povo, que o exerce por meio de representantes eleitos ou diretamente, nos termos desta Constituição" (BRASIL. [Constituição Federal 1988]. Constituição da República Federativa do Brasil, de 5 de outubro de 1988).

Em suma, é nesse endereço que se localiza a supremacia do princípio do Estado Democrático de Direito (do contribuinte).

CAPÍTULO 7

PRINCÍPIOS CONSTITUCIONAIS TRIBUTÁRIOS COMUNS

1. Principiologia constitucional tributária

A literatura sobre esse tema é vasta e de grande qualidade. Não obstante, na maior parte ela foi elaborada com base no modelo positivista (à Kelsen) tomando como referência a existência de princípios existentes em diversos sistemas jurídicos[102]. Aqui será seguido critério diverso, não se tomando como referência principal os *textos constitucionais positivos*, mas sim uma abordagem principiológica de caráter teórico em busca de uma doutrina apta a explicar o mesmo fenômeno no atual cenário de um mundo *também tributariamente globali-*

---

[102] Como ilustração, o clássico "Princípios Comuns de Direito Constitucional" de VICTOR UCKMAR, cuja 1ª edição brasileira data de 1976, ou seja, trinta anos (UCKMAR, Victor. *Princípios comuns de direito constitucional tributário*. São Paulo: Ed Revista dos Tribunais, 1976) que, embora se afastando do estudo do Direito Constitucional a partir de seu aspecto unitário (p. 1 da Introdução), adotou um tratamento orgânico (conferindo dimensão específica para o direito tributário de porte constitucional, identificou a existência dos "princípios comuns" nos *textos* de cada um dos sistemas jurídicos examinados.

zado. Em outras palavras, a idéia é a de adotar como base não o método comparativo em relação à topografia constitucional tributária de cada sistema jurídico nacional, mas sobretudo a *matriz mundial*[103].

O suporte teórico para tal empreitada repousa em três bases, a saber: a) *base histórica*, b) *base normativa* e c) *base integrativa*. O método, já se percebe, tem por escopo o exame do tema sob o foco dinâmico (ao longo do tempo, os princípios jurídicos assumem funções e conteúdos diversos), de modo que podem servir de referência para se compreender em cada época, lugar e circunstância, sua aplicação teórica e prática. Em suma, o foco da "constituição material" centrado na nova realidade do mundo globalizado, tendo como núcleo central o Estado Democrático de Direito [na perspectiva *local* — a cidade ou a aldeia, *nacional* — o Estado (ordem jurídica interna) — a região (blocos de Estados Nacionais formando uma instituição comunitária), sistemas inter-regionais (organizações globais de esfera supranacional) e planetária (ordem global euxariente)].

Seguindo esse caminho, três níveis de abordagem serão tocados. O primeiro deles de maior abrangência e, assim, mais geral: *Principiologia Constitucional*. O segundo, *Principiologia Constitucional Tributária*, apesar de ter um nome aparentemente mais genérico (no qualificativo "comum"), bem considerado deve ser identificado como de menor abrangência — e daí mais específico — justamente por resultar na redução do número de princípios. Finalmente, o terceiro: *O Contexto Brasileiro*, por definição ainda mais específico.

Algumas palavras sobre eles, apenas as necessárias (mas não suficientes), para delimitar os respectivos eixos. Quanto

---

103 Algo parecido, procurei fazer no livro intitulado Globalização, Regionalizações e Tributação: A Nova Matriz Mundial (NOGUEIRA, A. *Globalização, regionalizações e tributação*: a nova matriz mundial. Rio de Janeiro: Renovar, 2000).

ao primeiro. Não se trata de algo "automatizado" e separado do restante do sistema jurídico, em que pese ostentar órbita própria no plano por ela ocupado, pois pertence à *constelação* denominada *principiologia*, vista esta última como o estudo dos princípios como ciência e sistemas.

Assim articulada, desdobra-se em três segmentos. O constitucional (sem o qualificativo "comum"), o constitucional (com o "comum") e, independentemente do plano ser ou não *supra*, *infra* ou constitucional, cuida pura e simplesmente da "principiologia tributária" (abrindo espaço para uma teoria específica mais geral por não se atrelar apenas ao campo constitucional). Quanto ao *segundo*. O aspecto "comum", nele, decorre de 4 fontes distintas, como segue: 1º, a ordem interna (sistema nacional); 2º, a ordem externa (sistema global); 3º, a ordem internacional (sistema do direito internacional público tradicional ou clássico); 4º, ordem comunitária (sistema dos blocos regionais).

Finalmente, chega-se ao terceiro nível de abordagem, correspondente ao *Contexto Brasileiro*. Embora dotado de especificidade própria (o sistema tributário nacional), por óbvio, somente poderia ser considerado como "auto-suficiente" (no sentido da *teoria da soberania* do Estado Nacional).

Podem ser objetivamente identificadas duas esferas de interesse tributário (e certamente para a compreensão dos princípios constitucionais tributários "comuns" (a separação por completo de um sistema levaria a seu isolamento em relação aos demais), um *interno* e outro *externo*. No caso brasileiro, o *interno* apresenta-se configurado em 3 pilares: a) o poder federativo; b) o poder republicano (com o correspondente princípio) republicano e c) o poder do Estado Democrático de Direito.

Na órbita *externa*, as ordens comunitária, internacional e global.

CAPÍTULO 8

GARANTIAS E INSTRUMENTOS DE CONTROLE DOS PRINCÍPIOS TRIBUTÁRIOS

A principiologia e os sistemas normativos por melhor que venham a ser construídos não bastam por si mesmos para a justa e desejada concretização do Estado Democrático de Direito no campo da tributação. Para que esse objetivo seja atingido, em maior ou menor grau de intensidade, é necessária a existência de garantias e dos instrumentos adequados. Afora isso, também a de um sistema de controle dos próprios princípios para que não se degenere sua aplicação em anomia do poder de tributar, ou mesmo de indesejados (para o sistema) desequilíbrios em prejuízo do próprio Estado Democrático de Direito[104].

No tópico, o mecanismo dos "pesos e contrapesos" no controle do poder também pode servir de modelo para a nova era principiológica que emerge da contemporaneidade tribu-

---

104 Essa preocupação é plenamente justificável, pois a história ensina que os melhores sistemas jurídicos e políticos podem ser levados ao seu oposto, tal como, para não ir tão longe no passado, a trágica experiência alemã com a substituição da desprotegida democracia de Weimar pelo nazismo.

tária. As observações a seguir, em 3 *grupos* temáticos, são feitas à guisa de despertar análise e discussão (daí o seu delineado caráter esquemático), com o propósito de questionamentos prospectivos.

1. As garantias e os instrumentos

Embora de natureza distinta, as garantias e os instrumentos, ostentam inegável simbiose. E é através deles que essas categorias se tornam praticáveis. Garantias isoladamente instituídas caem no vazio se ausentes os instrumentos adequados para sua realização.

A recíproca, no caso, é verdadeira. Instrumentos, por mais eficientes e adequados que sejam, se tornam meras abstrações da criação jurídica, se inexistem as garantias pertinentes à sua real e efetiva utilização.

É com base nessa preciosa díade que o sistema (na espécie em exame, o tributário) faz conectar seu conteúdo abstrato (moldado na tríplice integração entre normas, regras e princípios) com a realidade concreta.

Inobstante, a análise pontual desses dois institutos exige (ou pelo menos sugere) sejam eles destacados. Faço-o, aqui, sem descer em desdobramentos ou pormenores, apenas com propósito de classificação.

1.1. As garantias (espécies)

Podem ser identificadas como:
a) Judiciais (as de maior importância no plano da prática e de acesso do sistema tanto do contribuinte como do fisco),
b) Administrativas (idem),
c) Políticas (no espaço da cidadania tributária) e
d) Instrumentais (sobretudo no complexo espaço da vida política).

1.2. Os *instrumentos*

Não obstante sua variedade e maior ou menor número, conforme o modelo adotado em cada ordenamento jurídico, podem, quanto à sua natureza, ser classificados em duas espécies:

a) instrumentos *de defesa* (de regra pertinentes ao contribuinte — pessoa privada, física ou jurídica, mas também, em situações excepcionais, para atender a conflitos entre entidades públicas, sobretudo em sistemas federativos como o brasileiro) e b) *de controle*.

A primeira modalidade (defesa) dispensa comentários por auto-explicável quanto à sua função. Já a segunda, entretanto, merece breve referência, pois repousa em dois planos facilmente identificáveis.

O primeiro desses dois planos corresponde ao *processo* constitucional, político e judicial.

O segundo diz respeito à administração tributária, envolvendo três dimensões, a saber:

1ª, o controle *da* administração. Nela, a Administração é submetida a controles, no caso brasileiro, sobretudo pelo Judiciário e pelos Tribunais de Contas, que até o momento não têm atuado no particular.

2ª, o controle *pela* administração (vertical, horizontal e externo), conforme se trate de cadeia hierárquica, interna em relação a cada órgão de igual nível, e "apartado" da administração ativa (área de fiscalização), como sucede com os tribunais administrativos;

3ª, o controle *sobre* a administração, que se afina, sobretudo, com a *política da cidadania* (como sucede, para ilustrar, com os diversos mecanismos criados por estatutos do contribuinte)[105].

---

105 Veja-se, quanto ao tema, o Apêndice 1.

2. A principiologia (geral e tributária) como sistema de controle dos diversos princípios isoladamente considerados

As explicações precedentes levam à enumeração dos dois primeiros grupos antes referidos, (1º — garantias e instrumentos de controle dos princípios tributários, 2º — administração tributária), como segue:

1º — As garantias e instrumentos
1. Garantias (espécies) judiciais, administrativas, políticas e institucionais.
2. Instrumentos de defesa e de controle.
3. O processo constitucional, político e judicial.

2º — Administração tributária
1. O controle *da* administração.
2. O controle *pela* administração.
3. O controle *sobre* a administração.

Resta tratar do 3º e último, o qual corresponde à *principiologia (geral e especificamente tributária) como sistema de controle dos princípios tributários isoladamente considerados*.

O conjunto das leis, normas, regras e princípios forma um sistema dentro do ordenamento jurídico. E é com base na hermenêutica principiológica que o intérprete e também o aplicador podem dele extrair o direito para concretizá-los em cada caso concreto (linguagem principiológica decodificadora do direito correspondente). Sumariamente esquematizado nesses quatro itens:

1. O tradicional controle vertical das normas (viés hierárquico) ao nível de confronto "lei x preceito constitucional".
2. Lei x princípio constitucional, nível diverso do anterior, pois nele não existe propriamente "confronto" entre as duas categorias em causa, mas lógica de reconhecimento da validade da lei, em face do caso concreto, ou de sua inaplicação ao mesmo (prevalência do princípio constitucional).
3. Concretização dos princípios, técnica apropriada para enriquecer o direito na sua dimensão de justiça (busca do "direito justo").

4. Inversão do paradigma hermenêutico do velho direito legislado (correspondente ao modelo do Estado Nacional), de tal sorte que o padrão por ele adotado "as leis" (direito legislado) no lugar dos princípios[106] *passa a ser o oposto ("os princípios no lugar das leis")*.
Mas uma observação importante deve ser aqui feita. Não se trata de substituir os princípios por leis, ou "enfraquecê-los", ou mesmo "neutralizá-los", como se procurou fazer no superado modelo dogmático formal positivista. O que se sugere, no superior modelo normativo quadrimensional, é a filtragem do sistema, de modo que, livre das travas de antanho, possa funcionar nos padrões da modernidade jurídica em conformidade com a matriz do Estado Democrático de Direito.[107]

---

106 O hábito da imitação, leva também na conduta das pessoas, interpretando atos de ontem, a situações bizarras, como esta que infelicitado advogado/funcionário português, em livro que narra sua luta contra a OAB lusitana e processos judiciais envolvendo habilitação profissional para o exercício da advocacia e do serviço público, sob invocação dos direitos humanos, atribuída a Voltaire, a propósito de "... uma réplica actualista da famosa tirada de Voltaire alusiva a banqueiro suíço: 'Se vires um agente (do hard core do aparelho) do Estado Português a atirar-se duma janela, segue-o. Há seguramente fundos a ganhar!'" (MATOS, Carlos Correia. Ele não pode falar. O cidadão europeu amordaçado pelo sistema judicial. Porto: Vida Econômica, 2002, p. 21).

107 Após muita hesitação em fazer ou não fazer, optei por trazer a esta nota a extensa, precisa e, como a percebi, desalentadora (não no sentido francês de mero "eu sinto muito" — je suis desolé —, mas de sofrido lamento, que é a exposição de JEAN CARBONNIER sobre o pós-modernismo: "É desconcertante que uma doutrina seja definida por sua posição no tempo, mais ainda num tempo não determinado. Foi o que irrompeu nos anos 70/80, ou se inclinar a pensar que a modernidade que ela rechaça nos limbos (superficialmente) é aquela do início de nosso século, o de Weber e de Durkheim. Mas a história tem sido moderna antes de tudo; e ao ler os escritos da escola, se constata que há muitos que põem em questão a Declaração de 1789, mais generica-

mente as Luzes (Iluminismo) do século XVIII, o que pode fazer o pós-modernismo parecer um movimento mais de reacionarismo que progressista. Seguindo o processo habitual, tudo começou na filosofia, como atestam os nomes que se ligaram à pós-modernidade, Jean Baudrillard, Jacques Derrida, Michel Foucault, Jürgen Habermas — Habermas, sobretudo, o moralista, que substitui à moral imperativos da comunicação e da discussão. Da filosofia, a doutrina passou para o Direito e se misturou com a Sociologia. A sociologia que disso resulta conservou alguma coisa de Gurvitch, mas a levou ao paroxismo. O Direito é desconstruído, fragmentado, triturado. Emergindo de múltiplas caras de vídeo — de diversas procedências, ele é necessariamente complexo, e mesmo caótico, no sentido onde as ciências físicas e biológicas sustentam a teoria do caos como um meio de atingir à verdade. Mais literariamente, dir-se-á que o direito pós-moderno recebeu um toque de barroco. Sua estética não poderia ser a rigidez. A fluidez lhe convém mais. E um Direito que atua pela persuasão de um modelo, não por um comando sem contestação, mas por regulação, não apenas por regra. Este espírito de sinuosidade prevalece sobre a concepção de sociedade. O Direito se faz cumprir por uma infinidade de práticas individuais, um certo individualismo está na ponta. A pós-modernidade rompeu com a magia do social, talvez entre nós, do social durkheiniano, especialmente. Mas uma sociologia do direito que faz a economia da sociedade é ainda uma sociologia? E um direito sem a sociedade, é ainda direito? Na verdade, não foi tanto da sociedade, quanto do Estado que o pós-modernismo resolveu tomar distância. Ao Estado, ele prefere, como instância de regulação flexível, as comunidades solícitas (calorosas), os pequenos grupos mais próximos. É justamente ali que encontram seus sucessos mais tangíveis. Pois não é mais do que justo ligar a sua influência ao entusiasmo atual — mesmo alguns legisladores cederam — pelos meios alternativos de regulação de conflitos, pela justiça informal, pela mediação. Uma sociologia que teve resultado: seu surgimento merecer ser saudado." No original: "Il est déconcertant qu'une doctrine se définisse par sa position dans le temps, encore plus dans un temps qui n'est pas daté. Celle-ci ayant fait irruption dans les années 70-80, ou inclinerait à penser que la modernité qu'elle refoule dans les limbes est celle des débuts de notre siècle, celle de Weber et de Durkheim. Mais l'histoire a été modeme plus tôt; et à lire les écrits de l'école, on constate qu'il en est beaucoup qui mettent en question la Déclaration des droits de 1789, plus généralement les Lumières du

XVIIIe siècle, ce qui peut faire apparaître le postmodernisme comme un mouvement de réaction non moins que de progrès. Suivant le processus habituel, tout a commencé en philosophie, ainsi que l'attestent les noms que (sans consultation préalable) on accroche à la postmodernité, Jean Baudrillard, Jacques Derrida, Michel Foucault, Jürgen Habermas — Habermas surtout, le moraliste, qui substitue à la morale des impératifs celle de la communication et de la discussion. De la philosophie la doctrine est passée dans le droit, en s'y mêlant à la sociologie. La sociologie qui en résulte a gardé quelque chose du pluralisme de Gurvitch, mais en le portant à son paroxysme. Le droit est déconstruit, fragmenté, concassé. Emergeant de multiples tessons de provenances diverses, il est nécessairement complexe, et même chaotique, au sens ou les sciences physiques et biologiques font maintenant de la théorie du chaos un moyen d'atteindre à la vérité. Plus littérairement, on dira que le droit postmoderne a reçu une touche de baroque. Son esthétique ne saurait être la rigidité. Le flou lui convient davantage. C'est un droit qui agit par la persuasion d'un modele, non par commandement sans réplique; par régulation, non point par règle.

Cet esprit de sinuosité, d'éparpillement déteint sur la concepción de la société. Le droit s'accomplissant par une infinité de pratiques individuelles, un certain individualisme est au bout. La postmodernité a rompu la magie du social — peut-être, chez nous, du social durkheimien, spécialement. Mais une sociologie du droit qui fait l'économie de la société est-ce encore une sociologie? et un droit sans la société, est-ce encore du droit? A la vérité, ce n'est pas tant de la société que de l'Etat que le postmodernisme a entendu prendre ses distances. A l'Etat il préfère, comme lieux de régulation douce, les communautés chaleureuses, les petits groupes de proximité. C'est même là qu'il a rencontré ses succès les plus tangibles. Car il n'est que juste de rapporter à son influence l'enthousiasme actuel — auquel même des législateurs ont cédé — pour les modes alternatifs de résolution des disputes, pour la justice informelle, pour la médiation. Une sociologie qui a eu des résultats: l'événement mérite d'être salué" (CARBONNIER, Jean. Sociologie juridique. 2. ed. Paris: PUF, 2004, pp. 145-146.).

CAPÍTULO 9

OS PRINCÍPIOS TRIBUTÁRIOS NA ERA DA GLOBALIZAÇÃO E DAS REGIONALIZAÇÕES

Neste capítulo procura-se conectar a teoria dos princípios constitucionais com o contexto mais amplo do mundo globalizado e dos blocos regionais. Três aspectos se destacam numa dupla mirada "para dentro" e "para fora" (tendo como ponto comum ou de ligação a existência e aplicação dos princípios tributários no âmbito interno (Estado Nacional) e externo (sistemas planetário e comunitários). Vejamo-los destacadamente.[108]

---

[108] Sob a perspectiva do direito internacional clássico (que, com o adjetivo, mesmo na visão dos autores "tradicionais" divide — ou mesmo cede — seu espaço para duas novas gerações de "Direito das gentes", o Comunitário ou Regional — de Blocos — e o Global ou Planetário), e especificametne no campo tributário, vem a talho a autorizada lição de SOARES MARTÍNEZ, Professor da Faculdade de Direito de Lisboa e da Universidade Católica:
"O Direito Fiscal e o Direito Internacional
O Direito Fiscal insere-se na ordem jurídica interna dos Estados. Mas isso não significa que entre o Direito Fiscal e o Direito Internacional se não notem ligações. Elas resultam de haver normas internacionais

1. 1º aspecto. Princípios Tributários na *perspectiva sistêmica*.

No tópico, assume especial função o tema multidimensionalidade e da interação dos princípios tributários. Não vai ser possível, como desejaria, discorrer detidamente sobre esses temas, extremamente complexos. O autor opta pela simples esquematização e, dentro do possível, por algum comentário em nota de rodapé.

1.1. A *multidimensionalidade*:[109]

---

que têm por objecto os fenómenos tributários e de haver normas fiscais que têm em vista situações originadas na coexistência de diversas ordens jurídicas nacionais. O conjunto destas últimas normas foi designado por Manlio Udina, e, depois dele, por muitos outros autores, pela expressão 'Direito Tributário Internacional'. É o caso não apenas das normas tributárias derivadas de tratados internacionais de comércio, de navegação, e de outros, assim como de convenções internacionais tendentes a evitar a dupla tributação e as evasões fiscais, mas também das normas estabelecidas por iniciativa de um só Estado, sem dependência de acordos internacionais, mas visando situações tributárias resultantes da concorrência de soberanias fiscais. Não obstante as particularidades, as singularidades, do Direito Comunitário originado no Tratado de Roma, de 1957, e cujas normas, desde 1982, são aplicáveis a Portugal, em consequência do seu ingresso nas Comunidades europeias, esse mesmo Direito não deixa de situar-se no plano do Direito Internacional, sem prejuízo da hipótese de, por via de uma federalização, acabar por situar-se ao nível do Direito Interno" (MARTÍNEZ, Soares. Direito fiscal. Coimbra: Almedina, 2000, p. 68).

109 Seguem, por pertinentes, três passagens destacadas do livro de MARTIN KHOR, La Globalización desde el sur (Globalization and the south, título original). (KHOR, Martin. La Globalización desde el sur. Barcelona, Icaria Editorial S.A, 2001). Antes de transcrevê-los, duas informações se fazem necessárias à compreensão de seu contexto e origem. Na primeira, o livro é também apresentado como integrante da ONG Instituto Del Tercer Mundo (IT e M, com sede em Montevidéo—Uruguai, que representa na América Latina a Rede do Terceiro Mundo (Third world Network), que se define como "um

grupo independente de organizações e indivíduos que expressa nos foros globais pontos de vista da sociedade civil do Sul". A segunda se refere ao trabalho do autor, assim descrito por seu prefaciador, Roberto Bissio (Secretário da referida Rede para a América Latina): "Martin Khor teve um papel de protagonista na articulação de um movimento mundial contra a proposta dos países ricos de um Acordo Multilateral de Investimentos (AMI) que dera maiores direitos ao capital global sem as correspondentes obrigações e também na oposição às sucessivas tentativas de converter a organização Mundial de Comércio (OMC) numa espécie de 'Constituição Global', acima mesmo das Nações Unidas (BISSIO, Roberto. Prólogo. In: KHOR, Martin. La Globalización desde el sur... p. 9). Cumprida a apresentação do autor e da sua obra, seguem as anunciadas transcrições. A primeira trata da Globalização da formulação de políticas: "Talvez a característica mais importante e específica da situação atual seja a 'globalização' das políticas nacionais e os mecanismos de determinação das mesmas. As políticas nacionais — inclusive nos âmbitos econômico, social, cultural e tecnológico — que até pouco tempo integravam a jurisdição dos governos e povos de cada país, passaram a ser controlados cada vez mais por organismos financeiros internacionais ou pelas grandes empresas privadas e atores econômico-financeiros. Isto provocou uma debilitação da soberania nacional e reduziu o leque de opções dos governos e dos povos na hora de estabelecer políticas econômicas, sociais e culturais" (KHOR, Martin. Op. cit., p. 18). A segunda aprofunda a questão ali focalizada: "Não obstante, um aspecto mais importante é que, ultimamente, as instituições mundiais se vêm convertendo nas principais responsáveis na formulação de uma gama cada vez maior de políticas que, tradicionalmente, pertenciam à jurisdição dos governos nacionais. Ditos governos devem hoje aplicar políticas que estejam de acordo com as decisões e normas desses organismos internacionais, dentre os quais se destacam por seu protagonismo o Banco Mundial, o Fundo Monetário Nacional (FMI) e a Organização Mundial do Comércio (OMC)" (Idem, p. 19). E, em seguida, a ressalva com aspecto de reforço: "Existem outros foros internacionais influentes, em particular a Organização das Nações Unidas (ONU), junto com suas agências, tratados, convenções e conferências mundiais. Não obstante, nos últimos anos, a ONU perdeu grande parte de sua influência em assuntos econômicos e sociais, em razão do aumento do poder do Banco Mundial, do FMI e do GATT/OMC" (Idem, p. 19). Finalmente, a

- Dimensão política.
- Dimensão social.
- Dimensão econômica.
- Dimensão integracionista: intra e extra.
- Dimensão internacionalista.
- Dimensão da cidadania.
- Dimensão da técnica.

2. 2º aspecto, decorrência do primeiro (no que diz respeito à interação)

No qual, dentre outros itens relevantes, merecem registro cinco deles, a saber:

2.1. Como se dá a interação dos Princípios Tributários

1º — A estruturação e fortalecimento dos princípios comuns.
2º — O surgimento de princípios comunitários.
3º — A migração de princípios.
4º — A principiologia tributária global e das regionalizações.
5º — A função garantística dos princípios tributários nos espaços regionais e globais.

2.2. A "acoplagem" dos princípios

A "acoplagem" dos sistemas na perspectiva desse tipo de interação se realiza também a partir dos princípios.

---

terceira referência do autor, posta no fim de seu substancioso livro, no capítulo dedicado às conclusões e propostas, a soar como um grito de alerta e de preocupação com o futuro da irreversível nova onda globalizante: "O estudo adverte contra os fundamentalismos, sejam de Estado ou de mercado. Uma vez que ambos podem fracassar, o importante é reconhecer se a falha está em um ou no outro, para se poder corrigi-la" (Idem, p. 102).

Têm-se então três fórmulas básicas de "acoplagem" sobre a "interação dos sistemas tributários (princípios)":
- A interação dos sistemas tributários (princípios).[110]

---

110 Abro uma nota específica para a monumental obra de MARC FALLON a propósito de seu "Direito Material Geral da União Européia" (FALLON, Marc. *Droit matériel général de l'Union européenne*. 2. ed. Louvain-la-Neuve: Bruylant, 2002). Bem que gostaria de analisar a fundo as 904 páginas (formato grande) do precioso livro. Meu tempo/espaço editor/autor/leitor recomenda rapidez e breves incursões no rico texto, em poucas breves linhas, como segue: em primeiro lugar, o objeto das regras materiais, que, para o autor (estou de acordo), confirmam uma tendência de que os tratados europeus bem traduzem um projeto global, notadamente quanto à teoria da economia de mercado (mercado comum), direitos fundamentais (o cidadão europeu comunitário) e relações humanistas "para dentro" e "para fora" (pp. 5-6), como um bem-sucedido e original projeto (sobre o mesmo, veja-se meu livro *Globalização, regionalizações e tributação*: a nova matriz mundial, pp. 11-211). Nesse modelo (projeto), "o direito material se apresenta como um conjunto estruturado suscetível de configurar uma ordem jurídica verdadeira" (digo eu: "para valer"). "O título da primeira parte do Tratado da CE (Comunidade Européia) — 'Os princípios' — não tem uma fórmula de estilo" (p. 11). Nessa lógica principiológica: "Uma tal 'Comunidade de direito' pode nascer graças à emergência de conceitos fundamentais destinados a proteger o particular. Consagrando uma parte a estes 'Fundamentos', que são as liberdades de circulação, o tratado da CE traçou o caminho que leva aos princípios gerais do direito comunitário. Tirados da leitura dos Tratados, ou em razão de sua interpretação, eles se impõem ao Estado, assim como às instituições e aos particulares, tecendo a teia que dá corpo ao direito comunitário enquanto sistema" (p. 11). Há, não obstante, não um, nem dois direitos, e sim um *duplo direito*: o das comunidades e o da União (p. 16). Acrescento: em ambos, o direito nacional, que se acopla "para dentro" e "para fora" (sistema do "duplo circuito"). Para além disso, a partir de Maastricht, passa o sistema a ser reforçado com a Carta Européia dos Direitos Fundamentais (p. 25). Daí emergem, claramente definidos, os direitos (fundamentais) da pessoa (p. 43), os meios de sua proteção (p. 49), inclusive no plano substantivo (p. 49) e mesmo (aponto como importante e inovador direito) — o de uma boa administração (pp.

a) Sistema nacional X sistemas regionais.
b) Sistema regional X sistemas inter-regionais.
c) Sistema nacional X sistema global.

3. 3º aspecto

Finalmente, chega-se ao terceiro e último dos aspectos, que tem como ponto de inflexão operativa três tipos de *bases*, como segue.
— Os princípios tributários como pilares das estruturas normativas.
a) Bases normativas (lógica da base principiológica).
b) Bases interpretativas (lógica da hermenêutica).
c) Bases aplicativas (lógica da eficácia e da efetividade).

57-59). Enfim, a nova situação política e social de um cidadão, centrado no mundo comunitário, social e economicamente (p. 465). É a nota objetiva de uma política voltada para a sociedade pós-industrial (já agora baseada na solidariedade dos valores comunitários), na rota do rompimento dos conflitos da industrialização sem limites.

CAPÍTULO 10

PRINCÍPIOS TRIBUTÁRIOS, JUSTIÇA E CIDADANIA NO REORDENAMENTO MUNDIAL. O CONTRIBUINTE DO 3º MILÊNIO

Observação geral e introdutória sobre este capítulo.

Nesse capítulo os princípios tributários são considerados em face da Justiça (item I) e da cidadania (item II).

Além disso, merecem transposição temática para o espaço da Justiça tributária, em complemento ao item I, acima, na perspectiva do Reordenamento Mundial (item III).

Por fim, o foco dos princípios tributários é lançado para uma nova concepção do tributo, adequada para o contribuinte do 3º milênio (item IV).

1. Princípios Tributários e Justiça

Além de outras funções importantes como, por exemplo, as referentes à interpretação e aplicação do direito às situações e casos concretos, a principiologia (ciência dos princípios) agora é chamada a cumprir a mais importante de todas elas, que é a concretização da justiça tributária em todos os planos de cada sistema jurídico[111]. Nesse contexto, três aspectos fundamentais podem ser destacados, como segue:

---

[111] Eis o imortal texto dos *praecepta* de Ulpiano, constante da compilação de Justiniano — o monumental *Corpus Juris Civilis*, inserido no *Digestum*, dos *Pandectas* (*Pandectarrum*), no célebre verbete nº 10, do *Liber primus*, junto com a não menos célebre definição de *Justiça*: *"Justitia est constans et pepetua voluntas jus suum cuique tribuendi"* ("A Justiça é a constante e perpétua vontade de dar a cada um o que é seu"). Bem a propósito, também das relações entre as tribos (coletividades) e dentro delas, assim como e principalmente quanto aos deveres (obrigações) de arcar com encargos (de guerra, sociais, econômicas e de tantas outras espécies, principalmente a mais importante de todas — a de pagar tributos). Sobre os *praecepta* de Ulpiano no contexto de sua proclamação, assim se posiciona o sociólogo do direito JEAN CARBONNIER: "Traços de certa primitiva indiferenciação" (observo: está se referindo ao alcance do direito naquele tempo) "que persistiram por mais ou menos tempo nas sociedades históricas. Quando Aulus Gelius (*Noites Áticas*, IV, 12, 20) relata que na Roma dos primeiros tempos republicanos, os cavaleiros que cuidavam mal de seus cavalos (possivelmente também os camponeses que cultivavam mal os seus campos) eram acusados de negligência pelo censor, não se parece (hoje) compreender que a boa administração doméstica fosse considerada dentro do campo jurídico. Quando Ulpiano (*Digestum*, 1. 1. 10. 1), citando os três *juris praecepta* (preceitos de direito), *viver honestamente, não lesar ninguém* (não prejudicar) e *dar a cada um o que é seu*, ele testemunha inconscientemente uma época mais recuada que a sua, onde a honestidade de vida, uma moral, estava englobada no direito. É notório que o Velho Testamento e o Talmud, sobre prescrições que nos parecem propriamente jurídicas, as misturem com outras (sobre culto, luto, alimentos, etc.) que nós consideramos, todavia, estranhas ao direito. Da mesma forma no direito muçulmano ou o direito chinês anterior à revolução" (No original: "Des traces de cette indifférenciation primitive ont persisté plus ou moins longtemps dans les sociétés historiques. Quand Aulus-Gelle (*Nuits attiques*, IV, 12, 20) relate que, dans la Rome des premiers temps républicains, les chevaliers qui soignaient mal leurs chevaux (possiblement aussi les paysans qui cultivaient mal leurs champs) étaient notés d'*impolitia* par le censeur, il ne paraît plus comprendre que la bonne administration domestique ait pu jadis être

1.1. A principiologia como paradigma avançado de justiça

Nessa visão, não basta que a tributação se realize apenas com observância das normas e procedimentos legais. É preciso que, além de respeitar tais balizas (pois se assim não fosse, a tributação desbordaria para a arbitrariedade), mas que também atenda ao paradigma da Justiça. Já não se cuida tão-somente de verificar se o Fisco agiu dentro da lei em face do contribuinte. Agora é preciso examinar se a substância da tri-

---

ainsi juridicisée. Quand Ulpien (Dig. 1, 1, 10, 1), citant les trois *juris precepta*, place *honeste vivere* avant *alterum non laedere* et *suum cuique tribuere*, il témoigne inconsciemment pour une époque plus reculée que la sienne, où l'honnêteté de vie, une morale, était englobée dans le droit. Il est notoire que l'Ancien Testament et le Talmud, à des prescriptions qui nous semblent proprement juridiques, en mélangeant d'autres (sur le culte, le deuil, les aliments, etc.) que nous estimons maintenant étrangères au droit. Et pareillement le droit musulman, ou le droit chinois d'avant sa Révolution." CARBONNIER, Jean. *Op. cit.*, p. 310.) Após a famosa definição de Justiça, a eterna tríade tributária, de plasticidade infinita, que aflora para os sistemas tributários contemporâneos como preciosa chave de libertação (dos grilhões formais do positivismo dogmático): E, em seguida, os imorredouros preceitos, a saber: *"Juris praecepta sunt heac: honeste vivere, alterum non laedere, suum quique tribuere"* (os preceitos do Direito são: "viver honestamente, não prejudicar ninguém e dar a cada um o que é seu"). Além da definição de Justiça e da indicação de seus instrumentos de realização (preceitos) o notável jurista romano e da humanidade ainda resume, também em sintética oração, essa sóbria e exauriente definição de "ciência do direito" (jurisprudência), com a autoridade de ter sido, na teoria e na prática, talvez o maior dentre todos os jurisconsultos de sua época e de todos os tempos. *"Jurisprudentia est divinarum atque humanarum rerum notitia: justi atque injusti scientia"* (a jurisprudência é a notícia (informação, conhecimento, arte de compreender) do divino e do humano (teoria e prática). A ciência do justo e do injusto" (*in* JUSTINIANO (compilador). *Corpus juris civilis.* 6. ed. Paris: Academicum Parisiense, Lutetiae Pariense, 1856, p. 230).

butação foi ou não atendida pelo paradigma do Estado Democrático de Direito Tributário, que pressupõe acima de qualquer *agir formal* do legislador e do fisco, concretizar os princípios constitucionais tributários (e também gerais)[112]. Em suma, não se trata apenas, como no passado, de realizar a justiça conforme a lei secamente posta e assim aplicada a qualquer situação, ainda que, no caso concreto, ofenda a dignidade humana.

Liberta-se o homem/contribuinte (a pessoa que se ignorava como tal, no paradigma *legal*, para nela identificar a abstrata figura do *contribuinte*[113], transmutado, numa etapa ainda

---

112 Como previsto, no caso brasileiro, no art. 1º da CF/88, princípios fundamentais, e 3º, objetivos fundamentais da República, *in verbis*: Art. 1º, parágrafo único da CF: "Todo o poder emana do povo, que o exerce por meio de representantes eleitos ou diretamente, nos termos desta Constituição." "Art. 3º. Constituem objetivos fundamentais da República Federativa do Brasil: I — construir uma sociedade livre, justa e solidária; II — garantir o desenvolvimento nacional; III — erradicar a pobreza e a marginalização e reduzir as desigualdades sociais e regionais; IV — promover o bem de todos, sem preconceitos de origem, raça, sexo, cor, idade e quaisquer outras formas de discriminação" (BRASIL. [Constituição Federal 1988]. Constituição da República Federativa do Brasil, de 5 de outubro de 1988).

113 Sob o título "Relações Fisco X Contribuinte", produzido na Semana dos Estudos Tributários, um dos mais notáveis e combativos tributaristas brasileiros e Diretor — Presidente da ABDF, o mineiro CONDORCET REZENDE discorreu sobre o nosso "pandemônio fiscal", aperfeiçoando citação nossa, como segue: "Uma palavra sobre o respeito aos direitos do contribuinte de acordo com os princípios fundamentais consagrados no texto constitucional, mais especificamente o da 'dignidade humana'. Neste passo, vale transcrever palavras do ilustre Desembargador Federal professor dr. **Alberto Nogueira** (*Os Limites da Legalidade Tributária no Estado Democrático de Direito*, ed. Renovar, 1996, pág. 2): '**O tributo, freqüentemente, tem sido apresentado como instrumento de realização da justiça social, enfatizando-se a importância do contribuinte. Inobstante, não tem sido a tônica, nesses trabalhos, o exame da 'condição' ou da 'qualidade' do con-**

mais *impessoal* (não humana) de um código numerado, denominado CPF.

A tributação não pode ser instrumento de submissão do homem, mas de sua plena libertação, pois que sua única razão de ser, na contemporaneidade trimilenar, é o respeito e o atendimento ao homem, verdadeiro titular e destinatário dessa fundamental e indispensável atividade.

É por tais motivos que a principiologia é chamada para compor, com as instituições verdadeiramente democráticas, o cenário de uma nova era da cidadania tributária, na busca constante de um paradigma avançado de justiça em face do contribuinte.

---

tribuinte, como se esse fosse uma figura unissignificativa, e não uma pessoa, ou uma unidade empresarial. Em suma, um 'contribuinte' impessoalmente considerado, sem rosto, sem identidade, sem nome e não um contribuinte uti singuli, considerado como ser humano e social — enfim, um determinado cidadão para que o legislador respeite, efetivamente, o superprincípio da 'personalização do tributo'. Irretocáveis essas palavras que podem, em linguajar mais modesto e fiscalista, ser resumidas numa frase: '**não somos apenas um número no CPF ou no CGC**'" (REZENDE, Condorcet. **Semana de estudos tributários. Separata. Rio de Janeiro: Renovar, mar., 1999. Biblioteca UCRG-RJ).**

Em trabalho mais recente (dezembro de 2004, atualizado em maio de 2005), já agora com o "pandemônio tributário" adotado como rótulo, o respeitado jurista o encerra com o apavorante e procedente alerta: "A prosseguirmos nas práticas que têm hoje prevalecido em matéria tributária, é provável que, em breve, alcancemos mais um estágio nesse retrocesso, passando do atual 'pandemônio', para o 'manicômio' tributário, como, aliás, o próprio Becker já antecipara na 1ª edição de sua 'Teoria Geral do Direito Tributário', de 1963. Mas, como bem observado pelo E. Desembargador Federal **Alberto Nogueira**, em recente palestra realizada na Associação Brasileira de Direito Financeiro, os internos nos manicômios de certa forma se entendem quanto às regras de conduta, enquanto o clima fiscal que vivemos hoje no Brasil é de puro surrealismo" (texto inédito, generosamente cedido pelo autor).

1.2. O paradigma da justiça tributária

No tópico precedente, cuidou-se da principiologia tributária como paradigma da justiça tributária. Neste, do próprio paradigma em si mesmo considerado.

O paradigma burguês (Estado Nacional), como tantas vezes referido ao longo deste estudo (lei do Parlamento com sua legitimidade focada na fonte jurígena exclusivamente infraconstitucional)[114]. O modelo levava por definição ao esquema "lei, fisco, contribuinte" e em decorrência, à relação de confronto, com os inevitáveis conflitos, à arena Fisco X Contribuinte (subtítulo do livro indicado na nota anterior).

O novo paradigma se forma em modelo diverso, protagonizado por três atores, na fórmula "contribuinte X contribuinte X sociedade", diante da qual o Fisco (ou seja, o poder tributante) passa a ser o instrumento da concretização, em termos instrumentais ou administrativos, da tríplice estruturação composta de duas relações, como melhor se explica no rodapé.[115]

---

114 Sobre o tema específico, remeto o leitor ao 2º livro de nossa 1ª trilogia, Os Limites da Legalidade Tributária no Estado Democrático de Direito (NOGUEIRA, A. *Os limites da legalidade tributária no estado democrático de direito:* fisco X contribuinte na arena jurídica: ataque e defesa. 2. ed. rev. ampl. Rio de Janeiro: Renovar, 1999).

115 Não há um confronto "direto" entre o tributo e contribuinte (como sustentado na sua teoria da rejeição social de IVES GANDRA DA SILVA MARTINS), mas uma relação tríplice, a saber: 1) Contribuinte X Fisco (onde se questiona a obrigação, em cada situação concreta, de *determinado contribuinte* prestar contas ao *fisco* (instrumento de representação dos interesses legais e jurídicos de *todos* os contribuintes); 2) Fisco X Conjunto dos contribuintes (dever de exigir não apenas de determinado contribuinte (nº 1), mas de todos os demais, o cumprimento das obrigações tributárias (com o que nivela a posição passiva (legal) e ativa (direito subjetivo público de natureza *civilística*

1.3. O paradigma da justiça social

Com esse tópico, completa-se, no esquema simplificado proposto o item dedicado à conexão entre os princípios tributários e a Justiça. Tudo que atrás se disse pode ser aplicado ao aspecto social. Em outras palavras, o conjunto de todos os contribuintes redunda no campo social, parte integrante — e essencial — do conceito de Estado Democrático de Direito como instrumento de realização da justiça social, em especial no tocante aos direitos sociais, cuja implementação depende, quanto aos meios materiais, da tributação, que se volta, no particular, para os direitos sociais (democracia social), tal como estatuído na CF/88[116]. *É a tributação a exercer sua fundamental função de viabilizar, concretizando-a, a justiça social, sobretudo na dimensão material.*

Aqui o "avanço" se torna visível com o *salto* do formal (que não perde sua tradicional função) para o material (paradigma avançado da justiça tributária acoplado ao espaço social

---

(direito do contribuinte ante o comportamento do Fisco perante os demais contribuintes); 3) direito de todos os contribuintes de exigir do Estado prestação de contas (responsabilidade na instituição, cobrança e gestão das receitas tributárias no interesse do cidadão/contribuinte (teoria da responsabilidade tributária do Fisco).

116 O parâmetro a ser seguido, no sistema brasileiro, é claro, estando bem explicitado no art. 6º da CF/88: "São direitos sociais a educação, a saúde, o trabalho, a moradia, o lazer, a segurança, a previdência social, a proteção à maternidade e à infância, a assistência aos desamparados, na forma desta Constituição" (BRASIL. [Constituição Federal 1988]. Constituição da República Federativa do Brasil, de 5 de outubro de 1988. Art. 6º). Para melhor exame dos fundamentos, remeto o leitor ao livro "A Reconstrução dos Direitos Humanos da Tributação" (NOGUEIRA, A. *A reconstrução dos direitos humanos da tributação*. Rio de Janeiro: Renovar, 1997, pp. 393-425, Capítulo II, O Tributo e a superação da crise, e Capítulo III, Os caminhos da reconstrução).

(justiça·social apoiada na tributação). É nesse contexto que o presente estudo passa a considerar a conexão principiológica X cidadania.

2. Princípios tributários e cidadania

2.1. A conexão principiológica versus cidadania (tributária)

A principiologia tributária não se exaure no enriquecimento da justiça social. É também ferramenta indispensável, seja no plano teórico (valorização do sentimento de *contribuir*), como no prático (a realização de uma "cidade digna de nela se viver", e não apenas um lugar onde o contribuinte *habita* e por isso paga impostos), na medida em que os frutos de sua contribuição servem de base para a edificação de uma cidade de qualidade (aqui o foco se identifica fundamentalmente no espírito — entenda-se: princípio — republicano).

2.2. O alargamento da cidadania tributária

Nessa direção, são assentadas as vigorosas e reforçadas linhas de alargamento da cidadania tributária[117].

---

117 O *paralelo das liberdades individuais (o "eu") com a "dos outros" (onde termina a minha liberdade) e a de todos (liberdades públicas ou coletivas) no campo da tributação, não é diverso no restante da convivência humana. Daí a pertinência de trazer a esta nota a exposição que fiz em obra especializada sobre a liberdade (no ângulo público e jurisdicional)*:

O *"eu", o "outro", o "nós" e o "vós" — a sociabilidade da liberdade*.

No *ambiente social, viu-se no "eu", no "outro", no "nós", no "vós". A liberdade dos "daqui", dos "dali" e dos "acolá".*

A *"minha" liberdade, a liberdade "dos outros" (o "comum" não é necessariamente "de todos")*.

Apropriada e possuída em toda parte e por todos, viu-se pronomizada no jogo social como "a minha liberdade" e a "dos outros". No espaço comum, não pertence necessariamente a todos.

A liberdade no espaço social

No espaço social, a liberdade se desdobrou, estendendo-se do "individual" para o "comum" e também para o "público". Liberdade "privada", de cada um, liberdade de alguns, e de todos.

A "res publica" e a liberdade: a decomposição da liberdade

Tornou-se "res publica", mas não diluiu na totalidade, multiplicando-se em infinitas unidades e conjuntos. Assumindo forma e substância assim complexas, tornou-se criatura e criador, gerando sem cessar novas liberdades, ficando outras no passado, extintas no desenrolar das incessantes reformatações sociais.

Nessa composição e recomposição, alternando momentos estáticos e dinâmicos, incorporou-se às pessoas a liberdade como espírito e energia.

Necropsia e anatomia da liberdade (estática e dinâmica). O tecido da liberdade e suas células

Pode agora ser anatomicamente estudada e examinada, no seu tecido e células: massa, nervos, músculos, ossos, energia, força motriz.

Os "corpos" da liberdade

Multifacetada e interpenetrante, a liberdade se revela em sua plenitude e magnificência: a) no físico, no mental, no intelectual, no econômico e social e noutras inumeráveis e surpreendentes formas; b) e ainda como suporte e matriz nos aspectos políticos, ideológicos e institucionais; c) também se transubstancia a liberdade em cultura: é estátua, é música, é hino, espelha-se em cores e na poesia. É alimento dos filósofos, é bandeira revolucionária. Está nos campos de batalha, nas escolas, nos teatros e nos corações dos homens e das mulheres. É também ilusão e fantasia; d) agora se reflete em ideologias e sistemas de todo tipo. A liberdade é invocada como programa e até imolada. E assim tantas vezes ressurgiu após sua necropsia; e) enfim, foi erigida em "estatuto", o estatuto da liberdade, no qual é meticulosamente "regulada" (como vêm fazendo com grandeza e consciência os franceses pós-revolucionários de nossa época). O regime jurídico da liberdade a disciplina segundo os valores que ela mesma proclama e reclama. É a liberdade transubstanciada em cidadania.

As dimensões transindividuais da liberdade

Centram-se em várias categorias ou pólos (endereços) de convivência social: 1) na pessoa, que emerge de cada indivíduo; 2) mas também está entranhada no "humano", onde não importa, ou importa pouco, a contingência apenas jurídica. É a pessoa "social", o "vivente", do presente, do passado ou do futuro. É o "ser existencial". 3) Alberga em seu seio também a "pessoa natural" ou jurídica, ou seja, o ser humano espelhado no mundo do Direito, onde se projeta subjetiva e objetivamente; 4) inclui em seu vasto campo o "indivíduo", agora considerado integrante da "biologia" e da "antropologia" social, eis que, nessa categoria, introjeta-se como unidade, mantendo-se íntegra, sem se dividir; 5) compõe essa transindividualidade a pessoa política: "um homem, um voto", na expressão máxima da moderna representação democrática, sendo certo que nela não se exaure, pois o voto é apenas uma das inúmeras formas de atuação e expressão política; 6) nesse entorno, surgem constelações de "entidades" enquistadas sob a forma de sociedades e associações, que se modificam ou se recombinam em ambientes mutantes e articulados: famílias, fratrias, tribos, hordas, aldeias, cidades, feudos, nações, estados, blocos, impérios, comunidades; 7) no contraponto da liberdade, o "mercado" em suas múltiplas formatações; 8) mais recentemente, a reformatação do chamado Estado Nacional (ou Estado Burguês) no complexo e obscuro contexto das Regionalizações e da Globalização; 9) nessa "estrada de Damasco", a antiga pergunta se faz necessário fazer: "Quo vadis Dominus?"

Um, alguns, vários, todos, ninguém
Das galáxias ao solo terrestre que o homem habita, a liberdade, em sua dimensão coletiva ou pública, orbita em torno de um só (o indivíduo no todo social), de alguns (agrupados por algum nexo ou ponto de afinidade), de vários (diversidade de grupos com interesses agrupados), de todos (integrantes de uma dada sociedade ou de várias sociedades), ou de ninguém (a liberdade se dissolve na totalidade). Nessa visão, caberia pensar ou fazer: 1) uma "geografia da liberdade", mapeada e definida nesses espaços, ambientes e culturas; 2) também assim uma "engenharia", uma matemática, a história e a arte da liberdade em face do homem, no plano individual como no coletivo. Ou sua distribuição, separação e cálculo, a permitir a quantificação e a qualificação da liberdade: tantas unidades, tantos graus, peso tal... 3) mas não se fica por aí. Por que não definir seu "status" e alcance: máxima, média, mínima, local, interna, comunitária, planetária, e ainda o prazo de validade, como sucede com os remédios e determinados documentos ...? 4) em suma, para "cada homem, uma liberdade": à maneira de um documento

2.3. A construção das "democracias tributárias"

Agora é o momento histórico de se construir as "democracias tributárias". Não apenas construir, mas classificar suas diversas modalidades, em especial no peso que cada sistema possa merecer, na escala entre o *formal* e o *material*[118].

2.4. O horizonte principiológico dos direitos humanos da tributação

Neste tópico, o horizonte da principiologia corresponde aos direitos humanos da tributação.

No tema, ressaltam como dados de estruturação três bases essenciais, a saber: *normativas*, *integrativas* e dos *princípios*. Na primeira, a modelação da estrutura normativa legal adequada (nos planos *infra*, *constitucional* e *supra*). Na segunda, a articulação entre os sistemas local, nacional, regional e planetário[119]. E por fim, na terceira, o manejo da rica, diver-

---

de identidade, a "carteira da liberdade" (já se fez isso no sentido oposto, a "matrícula do escravo", à época desse regime, ou com a "carta de alforria"); 5) entre o "privado" e o "coletivo", sugere-se uma anatomia para a liberdade e, uma vez dissecada em todos os seus aspectos e dimensões, definir-se o que deve ser "retido" (a parte não distribuída da liberdade), dividido (segundo critérios objetivos, justos e aceitos), partilhado (a parte efetivamente distribuída) ou socializado (parte definida como de utilização de todos os indivíduos ou pessoas); 6) finalmente, a disciplina da democracia em face da liberdade: o poder de todos decidirem sobre os critérios de fruição da liberdade. Ou seja, o devido processo legal da liberdade" (NOGUEIRA, Alberto. *Jurisdição das liberdades públicas*. Rio de Janeiro: Renovar, 2003, pp. 196-205).

118 Ver "Os Limites da Legalidade Tributária no Estado Democrático de Direito", pp. 31-54, para exame específico do tema (NOGUEIRA, A. Os limites da legalidade tributária... pp. 31-54.).

119 Consulte-se nosso "Direito Constitucional das Liberdades Públicas", pp. 425-436, para uma visão comparativa da evolução do tema ao

sificada e quase inesgotável coleção dos princípios tributários, cada um deles isolada ou em combinação com outros, a oferecer a melhor solução para a vida tributária (hermenêutica principiológica aplicada).

Como se vê dessas breves e singelas referências, a *cidadania* tem na contemporaneidade o melhor fermento (e oportunidade) para o seu pleno desenvolvimento no campo da tributação democrática, social e republicana.

3. A justiça tributária no reordenamento mundial

No privilegiado mirante do terceiro milênio, tem-se mais uma preciosa oportunidade de examinar a história antiga, moderna e contemporânea como precisos registros da função que o tributo desempenhou nos diversos ordenamentos.

Os dados históricos e da atualidade são suficientes para — em face da nova matriz mundial[120] — *realizar a urgente tarefa de um reordenamento mundial a partir do conceito de justiça tributária.*

Os três tópicos que seguem objetivam tocar no assunto, embora de forma epidérmica (explicando o adjetivo: com o exame da "pele", ou seja, da aparência "externa", mas não "superficialmente"), ou seja, sem aprofundamento de conteúdo ou de extensão das inúmeras possibilidades que os modelos históricos e da atualidade exigiriam.

---

longo das diversas etapas da experiência jurídica (NOGUEIRA, A. Direito constitucional das liberdades públicas. Rio de Janeiro: Renovar, 2003).
120 Ver NOGUEIRA, A. Globalização, regionalizações e tributação: a nova matriz mundial. Rio de Janeiro: Renovar, 2000.

3.1. Os ordenamentos antigos, novos (modernos) e os novos ordenamentos[121]

---

[121] *Não existe, de rigor, destacadamente, um Direito de ontem, de hoje e do amanhã. O Direito (como ciência e também sistema, jurídico ou legal) é ou não é para cada momento. Como nas chamadas "ciências exatas", que só o são no quadro referencial específico (o chamado "estado da técnica"), ele — o Direito — se insere nas vestes do "tempo cultural". Isso também, é claro, se aplica ao campo tributário, que se apresenta na dupla configuração sistêmica sob a perspectiva estática (o Direito Tributário de cada momento ou época) e dinâmica, desde o "antes" no exato momento (v.g. do "fato gerador") e no "após".*

Nessa linha e em dimensão genérica, a precisa lição de JEAN-LOUIS BERGEL: "Assim, não se pode compreender o direito atual sem o cotejar com o direito anterior, nem prever o direito futuro sem extrapolação do direito atual. Tampouco se saberia tratar de situações jurídicas sem lhes apreender as fontes e lhes prever as conseqüências futuras, devendo a regra de direito reger ao mesmo tempo o passado, o presente e o futuro delas. As relações entre o tempo e o direito concernem, pois, a um só tempo, ao estudo do direito no tempo (...) e ao lugar do tempo no direito." BERGEL, Jean-Louis. Teoria geral do direito. São Paulo: Martins Fontes, 2001, pp. 135). E, em complemento, a mesma lógica em relação ao Direito no espaço: "O fenômeno jurídico se desenvolve no espaço, numa determinada superfície da Terra e mesmo, na época atual, na extensão do ar e no meio extraterrestre. Mas ele necessita sobretudo ser localizado no espaço num determinado lugar. Mas, se ele traz à baila elementos sediados em lugares diferentes, deve levar em conta a distância que os separa. Ora, o mundo é dividido em Estados soberanos e independentes, de modo que as relações jurídicas podem desenrolar-se no interior de um mesmo Estado ou se atar de um país ao outro. Como cada Estado dispõe de uma ordem jurídica que lhe é própria, que é aplicada em seu território e difere daquela dos outros países, a localização das situações jurídicas tem o efeito de submetê-las ao direito aplicável no local onde se desenvolvem.

No plano geral, na escala 'macrojurídica' a disparidade dos sistemas jurídicos impõe situar o *direito no espaço* (...) e resolver os problemas ligados à confrontação dos diferentes sistemas jurídicos. Mas, no plano 'microjurídico', quando nos concentramos em situações jurídicas específicas, a localização delas, a proximidade ou o afastamento de seus elementos constitutivos ou os deslocamentos que elas comportam geram conseqüências que o direito positivo deve domesticar. Cada sistema de direito deve, por conseguinte, reger os problemas ligados ao espaço nas relações jurídicas; temos de abortar suas manifestações, ainda que o lugar do *espaço no direito* (...) não pareça muito ter sido estudado até então" (*Idem*, p. 165). Não posso deixar de fora a propósito desse específico tema, essa passagem de meu livro "Direito Constitucional das Liberdades Públicas":

"Em outros trabalhos, configurei uma nova categoria de Direito, de características reforçadas em relação às existentes (direitos individuais, sociais, econômicos, culturais e tantos outros que se formaram no passado antigo, medievo e moderno) **(Enfim, chega-se ao "fundamental"**. Depois de tantos Direitos (relações sociais, políticas, econômicas, etc.), agora um Direito simplesmente do homem e não apenas para o homem. Para um exame mais detido dessa configuração, remeto o leitor mais especialmente interessado ao tópico intitulado "Direitos humanos, tributação e democracia num mundo globalizado", constante de minha *Viagem ao Direito do Terceiro Milênio*, pp. 363-388.). Nessa linha, passa-se a referi-la no enfoque específico deste estudo, como segue:

As 3 vertentes se integram formando um "direito reforçado" de largo espectro.

É na confluência integrativa das categorias "liberdades públicas", "direitos fundamentais" e "direitos do homem" que surge a nova esfera que confere à **ordem jurídica** (onde quer que se revele) o caráter de uma nova concepção de Direito denominada Direitos Humanos (ou simplesmente Direito Humano). (Consulte-se o livro *Viagem ao Direito do Terceiro Milênio*. É o direito do terceiro milênio, a respeito do qual fiz algumas considerações no livro "Jurisdição das Liberdades Públicas", o primeiro desta nova trilogia (pp. 452-471), já com o pensamento fixado neste.)

As dimensões de um novo Direito, o Direito do Homem.

Esse novo Direito abrange quatro dimensões ao mesmo tempo: abstrata (normativa), concreta (material), social (individual, grupal e coletiva simultaneamente) e universal (validade em qualquer ordem jurídica, seja de que escala for).

A Estrutura do Novo Direito

Sua estrutura apresenta quatro dimensões, uma a mais que a fórmula dos tridimensionalistas tradicionais (como a objetiva e específica de MIGUEL REALE), a saber: **homem** (1ª dimensão, centrada em si

No campo dos Direitos Humanos, em outro livro tivemos oportunidade de expor essa temática[122]. Conforme ali analisa-

mesma, mas que absorve as outras três), **fato** (2ª), **valor** (3ª) e **norma** (4ª) = Direito do Homem (ou das Liberdades Públicas). Ou, graficamente, como no esquema abaixo (Explicação necessária: ao modelo desenhado por PABLO LOPEZ BLANCO, que pode ser consultado em sua obra *La Ontologia Jurídica de Miguel Reale* (BLANCO, Pablo Lopez. *La ontologia jurídica de Miguel Reale*. São Paulo: Saraiva, Ed. da Universidade de São Palo, 1975, p.75) que ora apresento traduzido, acrescentei, à maneira de "inseminação" jurídica, no centro, a referida 4ª dimensão, a do HOMEM. Para exame específico do tema básico, que tomei para o desenvolvimento da minha visão "tridimensionalista" (tri + 1), consulte-se, além do trabalho acima referido, o próprio MIGUEL REALE, em duas versões, uma de 1968 (REALE, Miguel. *Teoria tridimensional do direito*. São Paulo: Saraiva, 1968) e outra de 1994, correspondente à 5ª edição, revista e reestruturada, com o subtítulo bem apropriado, "Situação Atual" estampado na capa (REALE, Miguel. *Teoria tridimensional do direito*. 5. ed. rev. e aum. São Paulo: Saraiva, 1994).):

(NOGUEIRA, A. *Direito constitucional das liberdades* públicas. Rio de Janeiro: Renovar, 2003, pp. 363-365).

122 "**1. O Direito Antigo**
Na Jurisdição das Liberdades Públicas, primeiro livro desta nova trilogia, como "direitos antigos" foram ali considerados, no conjunto, os da Antigüidade clássica, os "tradicionais" de qualquer época e os "individuais" formados e reconhecidos até a Revolução Francesa, com ênfase para os forjados na "Revolução Inglesa". Na perspectiva deste 2º

trabalho, o que se pretende pôr em destaque, não é propriamente essa série de direitos (no plural), mas a natureza unitária, perene e exauriente desse fenômeno, tal como se entendia como Direito (no singular).

Com a desagregação do mundo antigo clássico (grego-romano), esse Direito desapareceu, dele permanecendo apenas sua filosofia, cultura, história e ciência (técnica jurídica e arte de aplicação ou jurisprudência).

Inobstante tenha "desaparecido", de maneira alguma isso significa que tenha ficado um "vácuo jurídico" na sociedade. Bem ao contrário, foi a transmutação de um mundo juridicamente integrado (no Direito) no fragmentado "mosaico" medieval em direito "localizado" (em cada feudo, e, mais tarde, em cada "reino" ou "principado") que se viabilizou a continuidade da "ordem jurídica antiga" no claustro de cada baronato (também em direito exauriente, a nível local, de cada feudo = o mundo encastelado).

2. O Direito Moderno

Dos escombros do Império Romano, o Direito Antigo transita pelo medievo (uma ordem integrada em cada feudo) e aflora no mundo Moderno (não ainda a modernidade), com o surgimento do Estado Nacional.

3. A Modernidade

É a expressão do pós-moderno, ou seja, do modelo emergido do Estado Nacional ou burguês.

Agora o Direito se torna instrumento indispensável (tal como no Mundo antigo grego-romano), para a realização do grande projeto da globalização. É nessa circunstância histórica de uma dupla e formidável onda formada pela atual globalização no impacto de um novo iluminismo, que o Direito Antigo retorna, já agora, para assegurar uma ordem humanística abrangente. O modelo desta pode ser expresso na divisa: unidade, centralidade e diversidade. O Direito é um só (concepção antiga), centrado unicamente no Homem, com toda sua diversidade. Numa primeira etapa, surgiram os direitos modernos. Na subseqüente, os novos direitos.

4. Liberdades Públicas e Justiça Social

É nessa instigante epopéia do direito que o homem intenta construir sua verdadeira morada democrática, no ápice de sua construção jurídica. O reino da verdadeira e palpável liberdade.

Nessa visão realista, as Liberdades Públicas superam os estágios anteriores, como segue:

do, não apenas no campo do ordenamento comum (a ordem jurídica vigente em cada uma das estudadas etapas), mas também no específico corpo das relações Fisco X Contribuinte, como parte integrante do ordenamento geral.

Brevitatis causa, reporto-me àquela análise, que agora traz seu específico foco para o ambiente tributário, com ênfase para os princípios tributários, aqui lembrados como ferramentas de implementação do que significou, nos ordenamentos

4.1. A passagem

Na "passagem" do portal individual, centrado no eu para o social (os desdobramentos da liberdade). É justamente nessa transmutação que o eu (individualista burguês, o "umbigo do universo") se torna social, o "eu" é mais do que o indivíduo, mas não individualista: aceita o "outro eu", ou seja, os outros, dos quais sempre dependerá para seu pleno desenvolvimento, e para os quais também é — ele e os outros — socialmente indispensável.

Entra-se por essa natural via no reino de uma Liberdade que é de um, de vários, e de todos, ao mesmo tempo individual, coletiva e pública.

4.2. Os espaços sociais

Assim posta a questão de um Direito da Liberdade, resta apenas (sem que isso signifique pouca coisa a fazer), com um diagnóstico do quadro jurídico e social, a definição dos "espaços sociais" segundo critérios de justiça.

4.3. Um direito justo

Nesse campo, o justo jurídico (a medida do direito) se ajusta ao jurídico justo (a técnica de divisão do direito, ou, simplesmente, a justiça). Noutro giro: igualmente formal e igualmente material.

4.4. O outro eu

Tal como na transposição do eu individual para o eu social, também a passagem do portal da justiça transita do individual (desdobrando-se sem se suprirem) para o social.

4.5. Os valores e suas pilastras

No terreno firme dos valores, tais passagens se realizam em completa harmonia, sincronizadamente. A fórmula é simples: democracia, igualdade e justiça como pressupostos (pilares básicos da justiça social)" (NOGUEIRA, Alberto. *Direito constitucional das liberdades públicas*. Rio de Janeiro: Renovar, 2003, pp. 387-414).

antigos, novos ordenamentos (modernos) e os da contemporaneidade (para além do figurino modelado no Estado Nacional ou burguês). Trata-se simplesmente do Estado Democrático de Direito Tributário.

3.2. A justiça local, nacional, regional (blocos) e mundial

Não há como conceber, em cada sistema e respectivo ordenamento, uma tributação desconectada da Justiça, considerada esta também como um sistema (e parte do ordenamento) cuja principal função é assegurar a efetividade da tributação, conforme o modelo imperante em cada época.

O que agora surge como novidade é a multiplicidade de sistemas judiciários em diversas escalas[123].

O modelo que a contemporaneidade global/regional apresenta é semelhante à fase pré-Estado Nacional, na qual predominava uma jurisdição diversificada com base em dois parâmetros: o geográfico (local e regional) e o pessoal (privilégio de foro conforme o *status* da pessoa ou da corporação[124].

Nessa nova configuração, agora o sistema da justiça tributária (no sentido amplo, ou seja, econômico/fiscal) também, como naquela época, engloba diversos endereços jurisdicionais[125] *para atender aos conflitos individuais, grupais, estatais e também regionais (blocos de Estado).*

---

123 Ver: NOGUEIRA, Alberto. Sistemas judiciais das liberdades públicas. Rio de Janeiro: Renovar, 2005.
124 Ver: NOGUEIRA, Alberto. Sistemas judiciais das liberdades públicas. Rio de Janeiro: Renovar, 2005 e
_____. Jurisdição das liberdades públicas. Rio de Janeiro: Renovar, 2003.
125 Ver: NOGUEIRA, Alberto. Jurisdição das liberdades públicas. Rio de Janeiro: Renovar, 2003.
_____. Direito constitucional das liberdades públicas. Rio de Ja-

3.3. A ordem penal tributária

Tudo o que se disse no tópico precedente, *mutatis mutandis*, aplica-se ao presente tópico. Dizendo com outras palavras, uma nova ordem penal tributária se encontra em pleno funcionamento notadamente no campo da criminalidade global, especialmente no que se refere à área tributária. Desde a lavagem de dinheiro, à sonegação, às máfias de todos os tipos até o terrorismo (a nova guerra internacional sem limites e rosto identificável), a nova ordem penal tributária toma conta do ordenamento jurídico: internacionalmente (no âmbito das estruturas nacionais), criminalizando condutas antes apenas qualificadas como ilícitos tributários (não cumprimento das obrigações tributárias). Agora, para além dos ilícitos fiscais tradicionais (contrabando, falsificação de estampilhas e sonegação fiscal), surge a figura dos crimes contra a ordem tributária. Externamente, o novo esquema tende a se estruturar, tal como já se deu com a repressão a outras condutas criminalmente tipificadas (tráfico internacional de entorpecentes, prostituição, genocídio, tráfico de crianças e de órgãos humanos, flora e fauna, para citar alguns dos cada vez mais numerosos tipos penais).

Enfim, parece visível o crescente estabelecimento de uma ordem penal tributária também na órbita mundial (e não apenas "internacional", ou seja, *entre* as nações, mas também *sobre* as nações).

4. O contribuinte do 3º milênio

Tanto quanto antes, em todos os períodos da história hu-

---

neiro: Renovar, 2003.
_____. Sistemas judiciais das liberdades pública. Rio de Janeiro: Renovar, 2005.

mana, ele é contribuinte, como sempre foi. Mas é preciso fazer as devidas distinções tipológicas. E é no item seguinte que algumas configurações se fazem necessárias:

4.1. O contribuinte do passado, do presente e do futuro

Reporto-me a uma das conferências que me coube fazer a convite dos governos do Brasil e da República de Angola, no momento em que ali, perante a Assembléia Nacional Constituinte, se discutia o modelo tributário a ser adotado (o país saía do socialismo/comunismo para o regime capitalista, tendo passado pela violenta guerra civil, uma das mais virulentas dos últimos tempos).[126]

---

[126] "Quando se fala em Teoria da Tributação, evidentemente que surgem também os sistemas, e isso varia dentro de uma perspectiva de atemporalidade e, também, de espacialidade. Essa Teoria envolve, portanto, uma tributação que é uma realidade social e mesmo pré-social.

Assim sendo, tivemos tributação na Antigüidade; tributação na Idade Média, no Regime da Feudalidade; tributação na primeira globalização marítima, portanto, uma tributação no contexto de colonialidade. E, finalmente, tivemos uma tributação formatada para o Capitalismo e que acabou resultando numa tributação típica do Estado Burguês, sendo certo que a experiência Socialista muito se afastou desses contextos, em razão da própria natureza do regime.

De qualquer sorte, independentemente desses fatores de tempo ou de espaço, é indiscutível que encontramos três elementos na tributação: quem tributa, o que se tributa e quem é tributado. Esses elementos se compõem como equação inexorável, não há como fugir dessa tríade: quem tributa, o que se tributa e quem é tributado. Um quarto fator emerge, em termos de instrumentalidade, e se questiona, então, como se tributa.

Assim sendo, ao se considerar essa teoria, mergulhamos em cada etapa histórica e se encontramos na Antigüidade a tributação legitimada, soi-disant, pela força, a exemplo do que ocorreu no Antigo Império Romano, uma tributação bastante estruturada, tecnicamente desenvolvida, mas voltada à captação de recursos para sustentar o gigantesco Império.

Com a desestruturação do Antigo Império Romano, no Período Medieval, praticamente desapareceu a tributação, ressurgindo, em termos de contratualidade, pactos orais e escritos ou mesmo decorrentes do costume consolidado.

A estrutura piramidal, de todos conhecida, em que o suserano tributava o vassalo, seja diretamente, através de bens, de recursos ou de corvéias, com o trabalho devido ao senhor, ou mesmo em termos de contribuição monetária, diretamente considerada. Evidentemente, que o Rei ocupava essa posição em um nível mais amplo, mas dividia essa questão do poder tributário com a nobreza feudal.

Podemos, também, constatar que, já na formação do Estado Moderno, refiro-me aos inícios do século XVI, a partir do pensamento de Maquiavel, paralelamente à expansão ultramarina, primeiro de Portugal, mais tarde Espanha, Holanda e Inglaterra, sobretudo, desenvolveu-se um sistema também de tributação, tipicamente expropriatório e, também, para a manutenção do poder, com o regime de monopólios.

A partir da formação do Estado Burguês e, sobretudo, com a Revolução Francesa, encontramos um paradigma que — tal como, hoje, se anunciou aqui, em relação à República de Angola, o projeto é democrático, é de estabelecimento de um Estado Democrático de Direito, que é uma expressão da ultramodernidade — na Declaração de 26 de agosto de 1789, em França, os artigos 13 e 14 bem caracterizam o Projeto fracassado dessa tentativa de democratização do tributo, na medida em que o primeiro deles determinava que todos estavam obrigados a contribuir para as despesas do Estado, ou seja, para as despesas da sociedade, e que, no artigo seguinte, cada cidadão, por si mesmo ou por seus representantes, tinha o direito de exigir a prestação de contas, o resultado da aplicação dos recursos captados.

Certamente que esse Projeto, marcado por um conjunto de segmentos, além do Terceiro Estado, dos antigos artesãos e mestres de ofícios, da burguesia incipiente, da pequena burguesia, dos pequenos produtores, dos comerciantes, dos produtores rurais, surgia a indústria, e, com a indústria, o capital financeiro, pela primeira vez utilizado como instrumento de atuação do sistema econômico, e não mais como um capital meramente mercantil da economia de trocas.

Nesse período, realmente, houve uma obra inacabada e, nesse momento, se tenta voltar às origens, de tal modo que a sociedade passe a considerar a tributação não como um instrumento cego, de transferência da riqueza do particular para o setor público, e muito menos como instrumento de manipulação do poder ou de contenção de ascensão de segmentos dominados.

Surgiu, então, uma fase que hoje se entende como exaurida: a fase do Legalismo ou do Positivismo Legalista, na medida em que os fundamentos para essa tributação foram deslocados de suas origens sociais e postos dentro de uma construção abstrata, denominada norma jurídica, e, por isso, estando previsto em lei, automaticamente a tributação se dava como legitimada. Certamente que o Parlamento burguês, dominando o centro da produção normativa, colocava na lei a norma da sua conveniência como segmento de classe.

A chamada crise do Estado, que se conecta com essa segunda onda da globalização, depois da expansão marítima, agora a expansão dos mercados, a planetização desses mercados, e a tributação ressurge, agora não mais como instrumento de tributação do Estado-Nação, e, portanto, o projeto burguês para a tributação, hoje, se encontra em franca decadência, na medida em que o próprio conceito de Estado-Nação se abre para uma outra realidade, em que se questiona a própria existência do Estado, ou de um Estado minimalista, um Estado mínimo, ou o retorno às relações privadas, à terceirização, que parece também ser uma tendência, inclusive, no campo da tributação, que era, no Período Medieval, como disse, o paradigma do sistema.

Diante desse quadro, surge também a questão dos Direitos Humanos. É um tema vastíssimo e, evidentemente, que nem ousaria tocar nele aqui, mas gostaria de afirmar que, na concepção moderna de Direitos Humanos, compreende-se um novo Direito, não mais o Direito tradicional, o Direito Privado, o Direito Civil, o Direito das Gentes, o Direito Internacional, o Direito dos Mercadores, o Direito do Comércio, o Direito Mercantil, o Direito Industrial, o Direito do Consumo e do Consumidor. O Direito do Estado agora se modifica, passando ele também a ser um dentre aqueles vários Direitos, e sobre ele agora cresce, seja pela renovação do antigo Direito Natural, seja pelo viés social, dos Direitos Sociais, seja pela composição de novos Direitos, como os Direitos de segunda, terceira e quarta gerações, além dos direitos tradicionais, os Direitos contra o Estado, os Direitos contra a Coletividade, os Direitos a um provimento, a uma assistência, a uma proteção, a uma segurança, tudo isso a questionar a função da tributalidade.

E, finalmente, os Direitos Difusos, os Direitos Coletivos, os Direitos da Ecologia, os Direitos da Herança Genética, também se transportam para a tributação e para a fiscalidade, na medida em que, historicamente, se observa que, das várias experiências ocorridas, freqüentemente, gerações e gerações futuras foram sacrificadas. Portanto, agora, se reflexiona a respeito de uma tributação legitimada, não apenas pela lei, que deve seguir sendo importante para delimitar os direitos e deveres, mas um direito do tipo coletivo, de uma sociedade inteira, e, assim sendo, um direito e um dever, na medida em que — falou-se hoje em educação tributária, em cultura tributária — por essa cultura, passa a ser a tributação algo importante para o cidadão, muito mais do que para o Estado, sendo este apenas um instrumento dessa tributação, agindo em nome da sociedade.

Nessa perspectiva, os direitos do homem são a essência de todos os direitos, nada tendo a ver com aquele aspecto assistencialista, ou pietístico, devendo ser considerado como o centro de todos os direitos, o tronco e as raízes de todos os tipos de direitos.

Feita essa breve exposição, necessariamente genérica e abstrata, eu gostaria, entrando no viés, não propriamente comparatístico, mas de uma reflexão a respeito da experiência brasileira, e, talvez, das expectativas, ou das perspectivas, da República de Angola, no momento em que, neste País, se intenta reformular o próprio modelo institucional e, também, a reestruturação do atual Sistema Tributário.

O Brasil tem uma experiência, de um lado, importantíssima, mas que, de outro lado, também apresenta aspectos que devem ser considerados numa perspectiva negativa, e, portanto, há o que se possa aproveitar e há o que se deva evitar.

Em primeiro lugar, o Sistema Tributário brasileiro é ímpar no mundo inteiro: ele é exaustivamente constitucionalizado. Somente se aproxima desse Sistema o modelo alemão. A Constituição brasileira reserva um espaço absolutamente impensável em qualquer outro país do mundo para a matéria tributária e fiscal. Por outro lado, esse Sistema, que veio se desenvolvendo a partir da Proclamação da República, porque, no Período Imperial, entre 1808 e 1889, quando se proclamou a República, o Sistema Tributário continuava sendo, *grosso modo*, o mesmo modelo colonialista, apenas introjectado para o próprio País. Anteriormente, até à chegada de D. João VI ao Brasil, com a sua Corte, em conseqüência da invasão de parte da Europa por NAPOLEÃO BONAPARTE, estabelecendo o Reino Unido de Portugal, Brasil e Algarves, a tributação era fixada na metrópole (Portugal) sem levar em conta os interesses locais. De tal sorte que a tributação, nesse período, apesar de existir um preceito no artigo 179, da Carta Constitucional Imperial outorgada por D. Pedro I, resultado de uma apropriação feita da obra do suíço radicado em França, BENJAMIN CONSTANT, que preparou para NAPOLEÃO BONAPARTE, dispondo exatamente que ninguém se escusava de contribuir para despesas do Estado, na medida de suas possibilidades, portanto, o Princípio da Capacidade Contributiva. Era o único preceito que revelava o germe de um sistema tributário a nível constitucional:

'Art. 179 — A inviolabilidade dos direitos civis e políticos dos cidadãos brasileiros, que tem por base a liberdade, a segurança individual e a propriedade, é garantida pela Constituição do Império, pela maneira seguinte:

'...'

15) Ninguém será isento de contribuir para as despesas do Estado em proporção dos seus haveres' (BRASIL. Constituição do Império 1824. Constituição Política do Império do Brasil: 25 de março de 1824).

A partir da Constituição Republicana de 1891, e da Reforma de 1926 — e, aliás, uma informação interessante, que a Carta Brasileira de 1824 foi adotada em Portugal e durou até à Proclamação da República portuguesa em 1910 — então, nas diversas outras Constituições esse sistema foi se alargando, primeiro na Constituição de 1934, graças à influência de um grande tributarista, o falecido ALIOMAR BALEEIRO — que tive a honra de tê-lo como professor — e na Constituição de 1946 esse sistema se ampliou.

Agora, chego, exatamente, ao ponto que reputo o mais importante, do ponto de vista do nosso contexto, deste Simpósio: no Brasil se fez uma Reforma Tributária muito forte, com uma Emenda à Constituição de 1946, a Emenda nº 18, de 1º de dezembro de 1965. Esse sistema foi elaborado graças a um trabalho de assessoramento jurídico e técnico preparado pela Fundação GETÚLIO VARGAS, e temos aqui, em Angola, uma Fundação muito importante, a Fundação EDUARDO DOS SANTOS, que, também, patrocina este evento. Mais uma coincidência.

Esse modelo da Reforma de 1965 foi projetado no Regime Militar, com as Constituições de 1967, embora aprovada pelo Congresso, o foi em 30 dias, portanto, apenas, simbolicamente, foi uma Constituição aprovada pelo Congresso Nacional, e uma Emenda de 1969, que não alterou substancialmente, na Parte Tributária, esse Sistema, que, por sua vez, seguiu para a Constituição de 1988, com alterações que não modificaram a sua substância.

Certamente que, do ponto de vista técnico, ele representa uma criação do 'economês', como chamamos lá, ou da técnico-burocracia-racionalista, uma obra de arte em termos técnicos; esse é o lado importante. Além disso, contém um catálogo de Direitos e Garantias e também Diretrizes para elaboração do Sistema a nível infraconstitucional. Ao lado disso, tivemos um Código, também aprovado durante o Regime Militar, que nem nasceu como Código, mas como Sistema, para evitar a tramitação própria dos Códigos, e por isso que, num tom meio de brincadeira, de blague, digo que se tratou de um 'estelionato normativo', porque, logo em seguida, surgiu um edito revolucionário determinando que, onde estava Sistema, dever-se-ia ler Código Tributário Nacional.

Esse Código contém dois artigos importantíssimos — chamo a atenção para isso — que são o 5° e o 17, estabelecendo um sistema de números clausos, que foi uma concepção elaborada pelos alemães se apropriando da teoria romana dos Numerus Clausus em matéria de direitos reais de garantia. De tal modo que isso funcionaria como um círculo fechado, em que as entidades tributantes, no caso brasileiro, com a peculiaridade de termos três níveis políticos de entidades, União, Estados, Distrito Federal e Municípios, e no outro preceito se estabelecendo o número de impostos. Mas isso não chegou propriamente a vingar, salvo em relação aos Estados e Municípios, porque a União continuou com a competência residual, de tal modo que ela podia, no sistema do regime militar, instituir outros impostos, que não os previstos no catálogo constitucional. E no sistema da Constituição atual, de 1988, continua podendo fazê-lo, só que através de um instrumento normativo mais difícil, que lá se chama Lei Complementar, que exige maioria absoluta do Congresso Nacional para a sua aprovação.

Verifico, sem querer fazer nenhum exame do Sistema de Angola, seja na Constituição de 11 de novembro de 1975, seja na Lèi Constitucional de 1992, que se segue aqui um Sistema algo parecido, embora mais limitado, com a matriz portuguesa, ou seja, o de estabelecer um mínimo de regras diretivas no texto constitucional. De qualquer sorte, está bem diferente do sistema português.

No texto da Lei Constitucional de 1992, que é idêntico ao texto original de 1975, se lê no artigo 14: 'O Sistema Fiscal visa à satisfação das necessidades econômicas, sociais e administrativas do Estado, e uma repartição justa dos rendimentos e da riqueza.'

Sobre esse preceito, eu gostaria de fazer uma reflexão. Certamente que a República de Angola é um País que tem as suas características, pois, tendo passado por uma experiência do tipo socialista, ou socializante, a própria formatação da entidade Estado, necessariamente, teria que ter uma intensidade muito forte, e que essa marca do Estado, em países de crescimento econômico mais avançado, passa por profundas e rápidas transformações. Certamente que para realidades diferentes, e esse é um questionamento a respeito do próprio Estado, o seu papel, a sua função, a sua estrutura, o que não altera a sua substância, altera apenas o tamanho, ou, em alguns casos, em razão disso, as suas funções: se mais provedor, se menos provedor, se mais impulsionador.

O Brasil, por exemplo, em matéria tributária, dentro do contexto que acabei de referir, utilizou o instrumental tributário e fiscal como alavanca para o progresso econômico, pelo menos em termos quantitativos. Para se ter uma idéia: o primeiro Volkswagen, tipo 'fusca', fabricado no Brasil, foi no final de 1959, começo de 1960, e, dez anos mais tarde, a estrutura industrial do País estava completamente modificada, via tributação, via instrumento fiscal, o que acarretou, de um lado, a estruturação de uma indústria de porte, que, mais tarde, a levaria a ocupar no ranking mundial uma oitava ou nona posição. Mas a distribuição populacional no País, que, na década de 50, em que se entendia que se tratava de um País de vocação agrícola, dizia-se, então — essa era a divisa ideológica — 'o Brasil é um país eminentemente agrícola', e que, depois, passou a ser: 'Governar é construir estradas.'

De 75%, *grosso modo*, da população do campo, e 25% da cidade, inverteu-se. Então, surgiram as megalópolis, a favelização, depois o desemprego, que não se conhecia no País, e um grande drama social. Esse é o lado negativo da nossa experiência: crescimento com miséria. E a tributação tem um papel fundamental nesse contexto.

Daí, fiz a observação do artigo 14º, da Constituição da República de Angola. É preciso, entendo eu, em primeiro lugar, definir a função desse tributo: o tributo é para o Estado, ou o tributo é para a sociedade? Certamente que é possível conciliar as duas posições, mas o peso, a preponderância, é algo que vai decidir as gerações de amanhã. No Brasil, de uns anos para cá, estamos questionando exatamente esse modelo. No mundo inteiro, como disse, o modelo do tributo, como integrante dos Direitos Humanos, é uma preocupação para o próximo milênio e está sendo, nesse momento, debatido no Tribunal de Strasburgo da União Européia.

Simbolicamente, parece suficiente, nos limites deste livro, a referência aqui adotada.

É preciso, ali em Angola, como em qualquer outro país, "desenvolvido", "sub" ou "emergente", refletir sobre a função e o papel do sistema tributário, o que nos leva ao tópico seguinte.

4.2. O contribuinte do Estado Democrático de Direito

O tema leva à concepção do tributo, no quadro do Estado Democrático de Direito, pelo que peço licença ao leitor para tratá-lo no rodapé, trazendo texto específico[127], suficiente

---

O tempo não me permite, felizmente, abusar da paciência dos Senhores, e devo, então, encerrar a minha Exposição na esperança de que, aqui em Angola, além de se encontrar o desenvolvimento com a utilização dos tributos, se encontre, também, a Justiça, e que o tributo sirva para o conforto dos angolanos, e não como um instrumento de tortura social e econômica" (NOGUEIRA, A. Viagem ao direito do terceiro milênio: justiça, globalização, direitos humanos e tributação. Rio de Janeiro: Renovar, 2001, pp. 552-561).

127 Neste tópico, busca-se estabelecer a conexão entre a moderna teoria democrática e o tributo.

"Nosso ponto de partida é essa passagem chave de JOSÉ CARLOS VIEIRA DE ANDRADE:

'A teoria democrática é simultaneamente «situacionista» e funcional (funcionalizante). Parte de uma perspectiva jurídico-política e situa-se numa posição «constituinte», procurando determinar a razão constitucional do reconhecimento dos direitos fundamentais. E afirma, desse ponto de vista, que o entendimento desses direitos só é possível relacionando-os com a função «pública» democrática que desempenham.'

Essa idéia se desenvolve mais adiante na mesma obra:

'Agora, sim, torna-se importante afinar os critérios que permitam distinguir entre a concretização jurídica da Constituição (interpretação das suas normas e integração das respectivas lacunas) e a sua concretização política (desenvolvimento dos seus princípios e normas no âmbito da liberdade de opção do legislador).'

Por fim, na superação da ultrapassada teoria burguesa de base legislativa:

'Assim, nos termos do nº 1 do artigo 18º, os preceitos relativos aos direitos, liberdades e garantias são imediatamente aplicáveis, o que pressupõe que o seu conteúdo é ou deve ser concretizado ao nível da Constituição, em última análise por intermédio de uma interpretação criadora; não necessitam da mediação legislativa e não dependem, nem podem depender, por isso, das opiniões ou opções das leis ordinárias.'

E, completando a abordagem da sua teoria democrática, arremata com precisão cirúrgica:

'As normas que prevêem os direitos, liberdades e garantias são normas preceptivas e conferem verdadeiros poderes de exigir de outrem (do Estado, pelo menos) um certo comportamento (geralmente a abstenção), ao mesmo tempo que impõem o dever correspondente. São direitos cujo conteúdo é constitucionalmente determinável e que não necessitam, por isso, para valerem como direitos, da intervenção legislativa.'

A proeminência do homem sobre as instituições, que em última análise foram por ele criadas e para servi-lo, e não tutelá-lo ou subjugá-lo, toma contornos mais nítidos com o surgimento do conceito de cidadão, na certeira análise de NELSON SALDANHA:

'Disso tudo resultou o surgimento do conceito de cidadão.

'Disse Mabbot que o cidadão de qualquer Estado ocidental moderno carrega dentro de si algo de Hobbes, de Locke e de Rousseau. Podemos dizer, arredondando a frase, que foram as experiências ligadas à implantação da mentalidade liberal (e democrática) que condicionaram o surgimento da figura do cidadão em sentido moderno. Ligado a uma dimensão política como o ateniense ou como o romano, mas não atado a uma polis absorvente nem a um status indeclinável, o cidadão em sentido moderno constitui uma metamorfose do súdito. Ele se entende como contribuinte, dentro da velha idéia inglesa de que o pagamento de impostos se vincula ao direito de representação; ele é eleitor, em face da idéia de que cada homem consciente participa da formação da vontade do corpo político; ele é integrante da opinião pública e da vontade geral.'

Tal visão encontra seu foro indiscutível em plena Revolução Francesa, quando, na autorizada interpretação de PASQUALE PASQUINO 'A Assembléia Nacional Constituinte atribui a guarda (da Constituição) à fidelidade do Corpo legislativo, do rei e dos juízes (os três poderes), à vigilância dos pais de família, às esposas e às mães, à afeição dos jovens cidadãos e à coragem de todos os franceses.'

Este tocante apelo, comenta o autor referido, 'que se pode ler no final do ato constitucional de 1791, não foi suficiente para salvar a primeira constituição escrita da Europa da tempestade revolucionária.' E, aludindo ao modelo de Kelsen de guarda da Constituição por tribunal, e não pelo Chefe de Estado:
'O tribunal constitucional, recusado há dois séculos pelos homens da Revolução, tornou-se hoje na Europa, muito graças à Kelsen, uma conquista das democracias ocidentais. Em uma linguagem patética, poder-se-ia dizer que é preciso em todo caso salvá-lo, mesmo que não seja certo que se possa salvar a teoria pura de seu inventor.'

Eis aí a base para elaboração de uma teoria democrática do tributo que explique e viabilize um autêntico Estado Democrático de Direito.

O tributo, nessa perspectiva, integra-se no conjunto da proteção das bases materiais da vida social como a verdadeira 'ordem pública', entendida esta, no autorizado magistério de JEAN RIVERO, 'no sentido preciso da palavra, quer dizer, ordem material, tal como a define o art. 97 do Código da Administração Comunal: segurança, seguridade, saúde.', nela incluída por decisão do Conselho de Estado em 18 de dezembro de 1959, um elemento ético.

Tampouco o argumento, ou a teoria, ou, ainda, princípio da chamada 'razão de Estado', cuja consagração máxima se deu com a sua apologia por FRIEDRICH MEINECKE (falecido em 1954, e que exerceu fortíssima influência no contexto dos eventos que levaram ao nazismo e à tragédia das duas últimas guerras mundiais) pode ser invocado como fundamento para a inobservância, em quaisquer circunstâncias, da ordem democrática em sua plenitude.

Na magistral síntese, que supomos hoje em dia à prova de qualquer contestação séria: 'A essência da razão de Estado supõe uma 'essência do Estado' que, neste sentido, não é nada mais que uma mistificação ahistórica da 'teoria geral do Estado'.'

Bem ao contrário da 'razão de Estado', no espaço do Estado Democrático de Direito faz-se imperiosa a concretização e efetividade dos direitos fundamentais aplicando-se a metodologia e os instrumentos adequados, de acordo com a realidade de cada sistema.

O que importa é, interpretação das superiores regras, princípios e garantias, que aparecem com maior ou menor nitidez em determinada Constituição, fazê-lo com observância da finalidade perseguida, de tal modo que se chegue a uma solução útil e compatível com o regime do Estado Democrático de Direito.

É o chamado 'efeito útil', que, segundo averba com propriedade MIREILLE DELMAS-MARTY em seu admirável trabalho aponta para sua origem, nos grandes juristas da antiga Roma, e que se imortalizaram na máxima de ULPIANO: 'Actus est interpretandus potius ut valeat quam ut pereat.'

A problemática da tributação se transpõe, na sua perspectiva de concretização e efetividade, se transmuta em direitos e deveres encartados no núcleo do Estado Democrático de Direito, explicitando-se no catálogo de princípios enunciados na Constituição para sua imediata aplicação (CF/88, art. 5°, § 1°).

Esse é o atual modelo que vem se estendendo como uma malha sobre a maior parte dos países civilizados, mesmo naqueles, como a França, em que a dimensão constitucional não atingira, como sistema, o Poder Legislativo em nível de controle judicial.

Veja-se no particular essa límpida passagem de LOÏC PHILIP de seu magnífico 'Droit Fiscal Constitutionnel':

'A legislação, mas também a prática fiscal, se encontram assim cada vez mais submetidas efetivamente ao respeito de um certo número de princípios fundamentais. Isso resulta numa nova disciplina: o direito fiscal constitucional. Esta disciplina compreende:

'— o conjunto das normas fiscais de valor constitucional;

'— a interpretação destas normas pelo juiz constitucional e sua aplicação sob o controle do juiz do tributo;

'— os procedimentos destinados a assegurar o respeito a estas pelo Parlamento, Governo e a administração.'

E, de forma mais explícita ainda:

'O princípio da hierarquia das normas significa que as leis tributárias devem respeitar os princípios contidos na Constituição e nos tratados internacionais; os decretos não podem contrariar a lei, devendo se submeter aos tratados; enfim, as circulares devem se limitar a explicitar as disposições constantes dos textos superiores sem modificar o seu teor e sem ampliar ou restringir seu alcance.'

Por último, aludindo às bases constitucionais do direito tributário, em seu país:

'Durante mais de dez anos, de 1971 a 1982, pode-se perquirir sobre o conteúdo exato do bloco de constitucionalidade e, em particular, sobre o valor jurídico da Declaração de 1789. Depois, as regras constitucionais de direito tributário foram pouco a pouco precisadas. Foi o caso tanto do princípio da legalidade tributária quanto da aplicação dos princípios de liberdade e de igualdade em matéria fiscal.'

Em suma, tendo em mira a rápida e vigorosa evolução do Direito Tributário na França, averba o citado autor: 'a jurisprudência constitucional das finanças públicas não diz respeito apenas ao direito orçamentário e fiscal, mas igualmente, com bastante freqüência, à proteção das liberdades públicas e dos direitos fundamentais.'

No plano das 'garantias constitucionais', também foi a matéria impositiva submetida a todo um conjunto de preceitos, regras, instrumentos e princípios, formando, nas palavras do argentino JUAN CARLOS LUQUI 'todo um sistema', ao mesmo tempo em que sustenta que tais garantias 'não devem ser consideradas de forma isolada ou separadas umas das outras' existindo entre elas uma grande e íntima vinculação, na medida em que 'todas elas visam a liberdade do indivíduo.'

Apesar de a jurisprudência da Corte Suprema ter abrandado sua antiga posição de considerar confiscatória a exigência de tributo acima de 33%, passou a admitir percentual maior na hipótese 'de acumulação de diversos tributos', a doutrina autoriza o controle em determinadas hipóteses.

Por todos, HÉCTOR B. VILLEGAS: 'Acreditamos que um contribuinte afetado por uma pressão insuportável de gravames deve ter ação para defender-se, podendo argumentar que a aplicação sobre ele de múltiplos gravames que afetam sua capacidade contributiva excedem essa capacidade, destruindo seu patrimônio e impedindo-o de exercer sua atividade.'

Não se admite, enfim, nos tempos atuais, que o tributo seja visto como uma espécie de máquina (ou aparelho de repressão), como salientamos em outra parte deste trabalho.

Na certeira crítica de PASCAL SALIN, é inadmissível que se transforme o Estado (em sua função impositiva) 'em uma enorme máquina de redistribuição que se converte, segundo Frederic Bastiat em: uma grande farsa na qual todo mundo se esforça em viver à expensas de todo mundo.'

No caso brasileiro, uma vez que nosso regime se constitui num Estado Democrático de Direito (CF/88, art. 1º), resulta inarredável que não se submeta o tributo e sua forma de atuação aos fins decorrentes dessa organização.

Da legalidade tradicional (na moldura do Direito Burguês), passa-se à

legalidade democrática (na moldura do Direito Democrático), daí inferindo-se duas conseqüências:
1º) participação dos contribuintes na definição do quantum a ser exigido de cada um e no controle das despesas (os Tribunais de Contas que na estrutura de nosso sistema constitucional são órgãos auxiliares do Poder Legislativo e que, em razão da crise desse Poder, está cada vez mais se autonomizando, como uma nova 'entidade burocrática', deve passar ao controle dos fiscos democráticos, ou seja, das entidades e instituições representativas da sociedade);
2º) cerrado controle da tributação, a partir de duas vertentes:
a) controle da legalidade, que, entre nós, goza de excelente experiência. A esse respeito, anotamos em trabalho anterior que a legalidade no sentido tradicional, ou seja, da conformidade com a lei (e não apenas a lei, como ato do Poder Legislativo legitimamente exercido, mas 'lei' no sentido de respeito aos preceitos constitucionais), tem sido, no Brasil, iterativamente assegurada. Toda vez em que é ofendido o catálogo de preceitos constitucionais de garantia dos direitos do contribuinte o Poder Judiciário faz prevalecer a legalidade, sem traumas ou choques, exercendo seu papel de Guarda da Constituição e, por extensão, dos direitos e garantias do contribuinte.

Há mais de 30 anos, RUBENS GOMES DE SOUSA já expunha, magistralmente, a metodologia do controle da legalidade tributária:

"'Dado que a causa da obrigação tributária é a lei, o exame de sua existência se processa em três planos sucessivos: (1º) No plano constitucional: para verificar se a lei que criou o tributo é válida em face da Constituição, ou seja, não é inconstitucional; (2º) No plano legislativo: para verificar se a lei que está sendo aplicada é exatamente a que corresponde à hipótese e, inversamente, se a hipótese que ocorreu é exatamente a prevista na lei aplicável; (3º) No plano administrativo: para verificar se a atividade administrativa do lançamento (Cap. V) foi exercida exatamente de acordo com a lei aplicável. Se o resultado do exame for afirmativo, nesses três planos, a obrigação tributária é válida porque tem causa legítima; ao contrário, se o resultado do exame for negativo em qualquer um daqueles três planos a obrigação tributária é nula por falta de causa legítima, e, em conseqüência, o tributo não é devido e não deve ser pago, ou, se já foi pago, deve ser restituído.'

A lição acima é perfeito produto da genialidade e fina percepção do mais importante estruturador do Direito Tributário Brasileiro.

De 1960 para cá — é de se convir — a evolução do direito como a evolução da própria vida social se fez sentir em ritmo impressionante. Esquema semelhante é dado por ROQUE ANTONIO CARRAZA: ... 'concordando com PIETRO VIRGA, quando leciona que a tributação encontra três limites; a saber: I — a reserva de lei: o tributo só pode ser criado por meio de lei. É princípio fundamental que nenhuma exação pode ser exigida sem a autorização do Poder Legislativo (no taxation without representation); II — a disciplina de lei: não basta que uma lei preveja a exigência de um tributo, mas, pelo contrário, deve determinar seus elementos fundamentais, vinculando a atuação da Fazenda Pública e circunscrevendo, ao máximo, o âmbito da discricionariedade do agente administrativo; III — os direitos que a Constituição garante: a tributação, ainda que se prefaça com supedâneo na lei, não pode contrastar com os direitos constitucionalmente assegurados.'

A metodologia de aferição da legalidade tributária preconizada pelo grande mestre Rubens Gomes de Sousa, a nosso ver, continua válida. Torna-se necessário, todavia, preencher seu conteúdo com valores legais contemporâneos para adequá-la aos novos parâmetros e valores constitucionais.

Não basta, agora, no Estado Democrático de Direito, a mera adequação do ato administrativo ou da lei (strictu sensu) à literalidade dos preceitos constitucionais.

Os direitos fundamentais, no nosso sistema atual, tal como prescritos na Constituição, se tornam imperativos e têm aplicação imediata (art. 5°, parágrafo 1°) e não excluem outros decorrentes do regime e dos princípios por ela adotados (idem, parágrafo 2°).

Temos então que, em decorrência, a lei tributária (e com maior razão a exigência tributária, seja a referente a tributo, seja a relativa às chamadas obrigações acessórias) deve respeitar não apenas os preceitos constitucionais (no sentido meramente normativo, ou seja, de regras formais) mas — e principalmente — os princípios consagrados na forma expressa ou implícita no regime (notadamente o regime democrático e social).

A cada dia mais nos convencemos de que a chave para a implementação do Estado Democrático de Direito na área da tributação (Estado de Direito Democrático Tributário) está no controle das leis e dos atos administrativos através dos princípios explícita e implicitamente postos na Constituição. Sobre a força dos princípios que em tantas passagens enfatizamos, assinala LOUIS ALTHUSSER, analisando a obra de Montesquieu e interpretando o conceito nela expressa:

'A força dos princípios entranha tudo. Tal é a lição do livro VIII, que se abre sobre esta frase: a corrupção de cada governo começa quase sempre pela dos princípios ... No momento em que os princípios do governo são uma vez corrompidos, as melhores leis tornam-se más e se voltam contra o Estado; no momento em que seus princípios são saudáveis, os maus fazem efeitos benéficos (EL, VIII, II). Um Estado pode mudar de duas maneiras, ou porque a Constituição se corrige, ou porque ela se corrompe. Se os princípios foram conservados e a Constituição muda, é que ela se corrige; se os princípios foram perdidos, quando a Constituição vem a mudar, é que ela se corrompe (EL, XI, 13).'

O esquema corretamente proposto por Rubens Gomes de Sousa há de ser pontualmente aplicado com observância desses novos e importantes parâmetros.

Em suma, para a verificação da legalidade, em cada caso, cumpre indagar se as leis tributárias e os atos administrativos editados para aplicá-las atendem aos preceitos constitucionais nos seus abrangentes aspectos de forma e conteúdo (substância).

Não se trata — fique isso bem claro — de um novo plano de legalidade, mas de adequação das normas e exigências tributárias ao quadro de valores pertinentes ao vigente regime constitucional.

A legalidade da tributação está na base — e talvez em seu ponto mais sensível — da Magna Carta de 1215, como se sabe, ressurgindo no Bill of Rights, de 1689 e, um século após, na Declaração dos Direitos do Homem e do Cidadão, sendo certo que, segundo a autorizada lição de CAMILO CIMOURDAIM DE OLIVEIRA, catedrático da Universidade Portucalense, no tocante ao princípio da legalidade tributária 'parece poder afirmar-se com certo grau de segurança' ficou bem expresso entre nós a partir da Corte de Coimbra de 1261. Os limites do poder tributário esbarram também na 'salvaguarda dos direitos e liberdade individuais' no dizer de ANTÓNIO BRAZ TEIXEIRA, assistente da Faculdade de Direito de Lisboa.

Com respaldo na melhor doutrina, sustenta ROQUE ANTONIO CARRAZA, com inteira razão, que:

'Está implícito em nossa Carta Magna que o Estado, por qualquer de seus poderes, deve não só reconhecer e considerar invioláveis os direitos constitucionalmente previstos, como também garanti-los, fazendo com que sejam por todos respeitados, inclusive pelas empresas e particulares. Dúvida nem receios devemos ter em afirmar, fazendo coro a autores tão credenciados, que o art. 5º da CF opõe veto aos Poderes do

Estado e aos particulares. Neste sentido, militam, também, em favor dos direitos fundamentais dos contribuintes, a ação direta de inconstitucionalidade por omissão e o mandado de injunção.'

b) dimensionamento do 'custo tributário' por 'pessoa' e por 'empresas'. Decorrência do princípio da capacidade contributiva (CF/88, art. 145, § 1°), exsurge o dever de o Estado fazer o adequado levantamento dos dados para a concretização do postulado fundamental.

É sabido que para aferir a capacidade contributiva da sociedade como um todo e de determinados seguimentos econômicos, desenvolveu-se sofisticada metodologia econométrica. Isso, entretanto, não é suficiente. Para se atingir o estágio do Estado Democrático de Direito, cálculos outros se tornam indispensáveis para mensuração da 'quota' individual, de tal modo que uns não sejam prejudicados em face dos demais.

Além disso, tampouco se concebe, na perspectiva de um Estado Democrático de Direito, que a 'sonegação' fique sob a vigilância apenas do Estado.

A participação ativa dos cidadãos, destarte, há de se tornar institucional e efetiva, de tal modo que possam, eles próprios, sem prejuízo do trabalho (político) do Legislativo e do Executivo (técnico), diretamente interferir na tomada de decisões (divisão dos encargos tributários) e no seu cumprimento (fiscalização da execução das leis tributárias).

Nesse contexto, a responsabilidade direta e institucional pelo controle da legalidade democrática dos tributos é — e não pode deixar de ser assumida — do Poder Judiciário. Na esplêndida 'atualização' dos clássicos Limitações constitucionais de ALIOMAR BALEEIRO, a cargo de MISABEL ABREU MACHADO DERZI, suas palavras, no ponto, soam como um repto:

'O aperfeiçoamento do conceito da causa assentada na capacidade contributiva talvez venha a ser a solução possível para o legislador ordinário, num futuro próximo, já que o estado atual da elaboração doutrinária não fornece base segura, como o demonstra a viva controvérsia já exposta.

'Por temerária que seja a afirmação, cremos, entretanto, que a capacidade contributiva vale como princípio constitucional, ou standard, também para o juiz: não nos parece que lhe seja lícito quedar indiferente ao apelo de quem estabelece a evidência do 'più iniquo o antieconomico dei tributi', em desafio àquele dispositivo tão rico de conseqüências fecundas quanto à vaga cláusula do due process of law do Direito americano.

para o tópico (sempre a preocupação de não alongar demasiadamente o texto principal. As notas constantes daquele texto não são aqui reproduzidas por economia de espaço).

4.3. O contribuinte planetário

Nesse tópico, o autor chama a atenção para o fenômeno da atualidade (o contemporâneo em movimento, que se faz sentir dramaticamente no campo da ecologia (direito ambiental), com a clara exposição do risco planetário[128].

'Não nos parece extrajurídico, num regime de controle judiciário da constitucionalidade da lei, a diretriz implícita. Na pior hipótese, o art. 108, IV, de nosso Código Tributário Nacional ordena a aplicação da eqüidade na interpretação fiscal. E a eqüidade autoriza o juiz a adotar a diretriz que tomaria se fosse legislador.'

Há, na doutrina mais recente, uma forte tendência para se identificar na 'capacidade contributiva' o elemento causal (e legitimante) da imposição tributária. Além das numerosas referências que fizemos nos dois livros que, com o presente, integram nossa 'trilogia', veja-se, na edição de 1996, o conceito jurídico de tributo sustentado por nada menos de quatro catedráticos espanhóis de Direito Financeiro e Tributário, em conjunto, JUAN MARTÍN QUERALT, CARMELO LOZANO SERRANO (Universidade de Valência), GABRIEL CASADO OLLERO (Universidade Complutense de Madrid) e JOSÉ M. TEJERIZO LÓPEZ (Universidade Nacional de Educação à Distância): 'O tributo é uma receita pública de direito público, obtido por um ente público, titular de um direito de crédito em face do contribuinte obrigado, como conseqüência da aplicação da lei a um fato indicativo de capacidade econômica, que não constitua sanção de um ilícito.'

Assim considerado o tributo como um direito de terceira ou de quarta geração (com o correspondente dever), integra-se ele, como os demais direitos/deveres em geral, no Estado Democrático de Direito.

Completa-se o ciclo iniciado com a Declaração dos Direitos do Homem e do Cidadão, que se deflagrou com os postulados libertários de 1789" (NOGUEIRA, A. A reconstrução dos direitos dos direitos humanos da tributação. Rio de Janeiro: Renovar, 1997, pp. 179-193).

128 Como se vê, a título de ilustração (o noticiário, ou melhor, a "mí-

dia", em linguagem da moda, está repleto de divulgações, como a que segue, sob o título *Cientistas e governos estudam combate a mudanças climáticas:*

Cientistas e governos estudam combate a mudanças climáticas
REUTERS
BANGCOC — Depois de dois relatórios sombrios da Organização das Nações Unidas sobre o aquecimento global, cientistas e governos começaram a estudar nesta segunda-feira como combater as mudanças climáticas, e grupos ambientalistas dizem que o mundo tem como cortar as emissões a custos baixos.

Especialistas estão reunidos em Bangcoc para revisar o último relatório da ONU e divulgarão na sexta-feira um rascunho das propostas de soluções.

O esboço do relatório adverte que o tempo para medidas baratas está acabando, por causa do crescimento das emissões dos gases causadores do efeito estufa.

Este é o terceiro estudo feito neste ano pelo Painel Intergovernamental sobre Mudança Climática (IPCC).

— A ciência certamente fornece muitos motivos para agirmos — disse a repórteres Rajendra Pachauri, presidente do IPCC.

Ao ser questionado sobre como o IPCC transformará o relatório em ação governamental, ele disse: 'O IPCC não tem músculos, tem massa cinzenta. O músculo terá de vir de algum outro lugar.' Os principais poluidores, como Estados Unidos, China e Arábia Saudita, grande produtora de petróleo, deverão tentar enfraquecer o relatório, atentos a linguagem que estabelece metas para cortes de emissões ou ameaça suas indústrias de petróleo e gás.

O painel climático da ONU emitiu seu primeiro relatório em fevereiro, dizendo que pelo menos 90 por cento da culpa pelo aquecimento pode ser atribuída aos humanos. O segundo, em abril, advertiu para o perigo de mais secas, fome, ondas de calor e elevação dos níveis do mar.

Grupos ambientalistas dizem que acabou o tempo para contestações dos governos.

— O importante é que, o que quer que seja decidido aqui, não pode mais ser ignorado que a mudança climática está ocorrendo com força. Está ocorrendo muito mais rápido. Temos mais soluções do que antes e não é tão caro como algumas pessoas querem que acreditemos — disse Stephan Singer, chefe da Unidade de Política de Mudança Climática do WWF" (CIENTISTAS e governos estudam combate a

Também no ambiente tributário emerge com intensidade a consciência de que já não se trata de mera técnica de assegurar o poder de um ou de alguns, frente à comunidade.

O que antes se fazia possível, mediante os tradicionais mecanismos de dominação (o último deles, o paradigma da lei, já introjetando a desigualdade entre os contribuintes formalmente iguais, mas materialmente desigualizados), agora já não mais é possível. A nova e atual globalização derrubou sem necessidade de revolução "violenta" (ou seja, com sangue vermelho, embora com "sangue social" ou econômico) o tranqüilo paradigma burguês da "lei" do Parlamento. Para simplificar, recorro outra vez à técnica do rodapé, trazendo o aporte de estudo que fiz, no aspecto específico do "caminho da tributação"[129].

---

mudanças climáticas. http://jbonline.terra.com.Br/extra/2007/04/30/e30043308.html).

129 "O caminho da tributação é bastante vasto, envolvendo várias vertentes. Cabe destacar, para os fins de nosso estudo, dois deles: o da tributação intrazonal e o da supranacionalidade.

O primeiro deles, já posto em prática na União Européia, muito poderá influir no processo de integração normativa, pois, como é sabido, o tributo é o 'nervo da República'.

Com base na formação de fundos específicos, não apenas a parte econômica mas também a social e mesmo cultural podem sofrer expressiva influência em face de políticas tributárias pontualmente direcionadas.

A vertente supranacional não é menos importante que a intrazonal, com a qual, de resto, pode, e deve, ser combinada. Não se trata, também aqui, de novidade. No tópico intitulado 'Tributar para administrar: a taxa Tobin', assim expõem a questão os já referidos críticos do modelo atual de globalização, HANS-PETER MARTIN e HARALD SCHUMANN:

'Mesmo sem querer voltar atrás e restabelecer um sistema mundial do tipo do acordo de Bretton Woods, a força destrutiva do exército eletrônico de corretores poderia ser dominada, desde que regida por leis sensatas. Nesse sentido, o economista americano James Tobin, ganhador do Prêmio Nobel, já na década de 1970 desenvolveu um plano. O

ças caóticas nos câmbios, só prejudica a economia real, argumentava Tobin. Ele recomendou 'frear um pouco as engrenagens de nossos mercados monetários internacionais, excessivamente eficientes', e tributar todas as transferências de divisas com 1% de imposto.'
E, mais à frente:
'Um imposto global sobre a troca de divisas, como o proposto por Tobin, também traria para o conjunto das nações um acréscimo de arrecadação estimado entre 150 e 720 bilhões de dólares, mesmo levando em conta a eventual redução de um terço no volume dos negócios. Seria um belo alívio para os orçamentos públicos sobrecarregados. "..." Por tudo isso, não existe argumento sério contra a proposta de Tobin. Sua desvantagem decisiva é que os atingidos são naturalmente contra e — como nos demais tributos — aproveitam-se da rivalidade entre as nações "..." Mas um de seus colegas americanos levou a ameaça ao extremo: se o Estado se intrometer em nossos negócios, 'instalaremos nossas sedes em navios, no meio do oceano'. Até o momento, em toda a parte os governos se curvaram a essa lógica. Dois projetos de lei nesse sentido fracassaram no Congresso americano. Mesmo o Ministério da Fazenda alemão, com seu furo de bilhões no orçamento, engole sem resistência a ameaça de evasão da parte dos especuladores cambiais. O secretário de Estado Jürgen Stark declarou que a proposta de Tobin 'hoje não é mais aplicável', justificando a indolência fiscal perante os especuladores. Poderia funcionar tão-somente caso 'fosse introduzida por todos os 190 Estados do mundo' "..." Ela poderia agir sozinha, assegurou Tobin em novo estudo datado de meados de 1995. Só que a tributação precisaria avançar mais, alcançando até mesmo os empréstimos concedidos em moeda nacional aos institutos estrangeiros, inclusive às filiais de bancos nacionais no Exterior. Isso seria inevitável: quem desejasse especular em francos precisaria prover-se de francos primeiro. Mesmo que a ordem de compra vá para um banco em Nova York ou Cingapura, este teria de refinanciar-se em bancos franceses, que repassariam o acréscimo de imposto aos seus clientes. O imposto atingiria a especulação indesejada em sua fonte: no ingresso de créditos financeiros.'
Noutra passagem:
'Através do lançamento de um imposto sobre fluxo de divisas e créditos do Exterior, os governos e os bancos centrais, emissores de papel-moeda, não precisariam mais se curvar incondicionalmente às exigências excessivas dos mercadores bancários. Em vez de frear os investimentos

com juros altos e combater a inflação, eles poderiam começar juntos a conceder financiamentos a juros reduzidos e assim fomentar maior crescimento e ocupação. Uma medida desse tipo teria de ser forçosamente atrelada à criação de um 'imposto ecológico' que encarecesse o uso de recursos naturais e a uma paralela redução de encargos sociais que valorizasse a força de trabalho. "..." Igualmente, o chamado imposto sobre fortunas e taxas progressivas sobre bens supérfluos proporcionariam maior justiça tributária.'

De uma forma ou de outra, mais dia, menos dia, a globalização atingirá a área da tributação de forma diversa da atual, onde impera, absoluta, a regra diabólica da sonegação sob os mais variados disfarces. O 'deslocamento' da base impositiva das multinacionais, fenômeno equivalente a uma apatria tributária às avessas (ou seja, aqui o "apátrida" se beneficia com as delícias de um 'paraíso fiscal'), é algo incompatível com os mais elementares princípios de Justiça e de convivência humana.

Trata-se, disso estamos convictos, de mais uma das distorções que usualmente perturbam a triunfante marcha dos homens na busca de uma ordem social justa.

Tal como sucedeu em outras épocas, como, por exemplo, no Ancien Régime francês, não há como se admitir, por longo tempo, a existência de castas sociais protegidas da tributação por um sistema socialmente injusto, e que desfrutam dos bens comuns, numa res publica, à expensas dos 'cidadãos comuns'.

O tema é de extrema complexidade e deve se aprofundar daqui para a frente, devendo se incorporar, segundo pensamos, ao novo direito tributário, no qual os chamados 'direitos sociais', entre estes, os 'mínimos sociais'. Não nos parece aceitável, a essa altura da evolução jurídica (superado o 'velho' positivismo normativista), a posição de RICARDO LOBO TORRES:

'Os mínimos sociais se extremam perfeitamente dos direitos sociais diante do orçamento. Aqueles compõem o quadro dos direitos fundamentais, gozam do status positivus libertatis, prescindem de lei originária para sua eficácia, podem ser garantidos pelo Judiciário e ingressam necessariamente no orçamento. Os direitos sociais não se consideram direitos fundamentais, gozam do status positivus sociales, que os torna dependentes da concessão do legislador, não são garantidos pelo Judiciário na ausência da lei e se encontram sob a reserva do orçamento. A distinção entre os mínimos sociais e os direitos sociais se transforma em um tema central da problemática contemporânea dos direitos humanos.'

Essa posição, todavia, mesmo para o grande tributarista brasileiro, não se nos afigura muito firme, como se vê de outras passagens extraídas do mesmo trabalho:
'Os mínimos sociais, expressão escolhida pela Lei 8.742/93, ou mínimo social (social minimum) da preferência de John Rawls, entre outros, ou mínimo existencial, de larga tradição no direito brasileiro ou direitos constitucionais mínimos, como dizem a doutrina e a jurisprudência americana, significam a mesma coisa: há um direito às condições mínimas de existência humana digna que não pode ser objeto de intervenção do Estado e que ainda exige prestações estatais positivas. O mínimo existencial não tem dicção constitucional própria.
'...'
O mínimo existencial, assim pelo seu aspecto negativo como pela necessidade da proteção positiva, carece, para se concretizar, do processo democrático, do due process of law, da separação e interdependência dos poderes e do federalismo. O trabalho da legislação, da administração, e, sobretudo, da jurisprudência contribui para a efetividade das condições mínimas da vida humana digna. Esse processo democrático, todavia, é complementar e atualizador, posto que o mínimo existencial radica na Constituição, tendo, como os direitos fundamentais, 'status' constitucional'.

Não obstante tenha estatura constitucional, o direito às condições mínimas de existência digna às vezes só aparece no discurso da lei ordinária.'

E, por fim, referindo-se à realidade americana:
'Nos Estados Unidos a questão vem sendo muito debatida, eis que cresceram as vinculações orçamentárias pelos direitos fundamentais, assim em virtude como decorrência de mandados de injunção, que muitas vezes desrespeitam o princípio da legalidade do orçamento, determinando a imediata implementação das medidas administrativas. Observou J. Straussman que a despesa pública tem crescido substancialmente em vista do reconhecimento dos 'direitos constitucionais mínimos' (constitucional minimums) pelo Judiciário na institucional reform litigation, principalmente no que concerne à manutenção de hospitais, penitenciárias e escolas públicas, tudo o que gera a 'titulação' (entitlement) dos beneficiários às verbas orçamentárias, sem possibilidade de discricionariedade administrativa na entrega da prestação.'

Na estruturação desse novo direito tributário, que a nosso entender deve se integrar ao Estado Democrático de Direito, o princípio da ca-

pacidade contributiva terá um papel importantíssimo — diria mesmo — essencial. Eis como modernamente KLAUS TIPKE, catedrático de Direito Tributário da Universidade de Colonia, em manifestação recente, de 1998, assim o descreve:
'O Direito Tributário dos Estados de Direito não pode constituir uma ordem coativa com um conteúdo qualquer. Ao contrário, os Estados de Direito devem caracterizar-se por um Direito Tributário justo. Tanto no período de entreguerras, quando o direito ainda estava em sua infância, como nos decênios posteriores à Segunda Guerra Mundial, a Ciência do Direito Tributário na Europa veio se limitando de maneira excessiva à análise dos princípios do Direito Tributário formal.'

E, na linha em que atrás nos colocamos, referindo-se à interação entre o jurídico e o social:
'A política tributária, igualmente como a política social, deve reger-se por princípios de justiça, não por meros interesses ou critérios de conveniência.

À diferença da Norma fundamental alemã, o art. 31 da Constituição espanhola determina expressamente que a tributação justa deve basear-se numa repartição da carga tributária adequada ao princípio da capacidade econômica. Esta é, também, a concepção dominante na Alemanha, em que pese o silêncio de nossa Norma fundamental e a opinião contrária de alguns. O legislador de um Estado de Direito não goza de absoluta liberdade para determinar as bases imponíveis.'

O resgate desse princípio tem sido posto como uma imperiosidade da inserção do novo Direito Tributário no centro natural da Democracia restaurada, ou seja, no campo do chamado Estado Democrático de Direito.

É certo que o princípio constitucional da capacidade econômica (ou contributiva, como melhor se explicita entre nós brasileiros) sofreu fortes ataques, em passado recente, em vários países.

Na Espanha, o ataque partiu principalmente do professor PALAO TABOADA, com base na jurisprudência do Tribunal Constitucional tedesco, que o limitava a excluir a arbitrariedade acaso instituída pelo legislador, recorrendo, nos julgamentos, freqüentemente ao princípio da razoabilidade, o que levou a Corte Constitucional a conclusões reputadas inconsistentes ou mesmo hilariantes. A crítica de PALAO, segundo bem o demonstra o citado livro de PEDRO MANUEL HERRERA MOLINA, sobre a impossibilidade de fixar-se com precisão um conteúdo material para o princípio da capacidade contributiva continua válida, mas apenas em parte ou, em outras palavras, para a doutrina que elege esse princípio como critério exclusivo da repartição da carga tributária. A jurisprudência alemã vinha adotando uma orientação que em termos práticos identificava o princípio da capacidade contributiva com o da igualdade, visto este último "como um mandado de interdição de arbitrariedade" (Willkürverbot), na fórmula de LEIBHOLZ centrada na posição do citado TRIEPEL. Esta doutrina, consoante se disse, se encontra em franco resgate não só na Alemanha como em outros países, notadamente Espanha e Itália.

Cumpre lembrar que o princípio da capacidade contributiva foi expressamente adotado no Brasil na Constituição Imperial de 1824, no título dedicado às garantias dos direitos civis e políticos dos cidadãos brasileiros, como se lê do art. 179, caput, e inciso 15, in verbis:

'Art. 179 — A inviolabilidade dos direitos civis e políticos dos cidadãos brasileiros, que tem por base a liberdade, a segurança individual e a propriedade, é garantida pela Constituição do Império, pela maneira seguinte:

'...'

15) Ninguém será isento de contribuir para as despesas do Estado em proporção dos seus haveres.'

Na Carta de 1946, constou, junto com o princípio da pessoalidade dos tributos, no art. 202: 'Os tributos terão caráter pessoal sempre que isso fôr possível, e serão graduados conforme a capacidade econômica do contribuinte.' Com a Emenda Constitucional nº 18, de 1º de dezembro de 1965, esse artigo restou revogado (art. 25), apesar de a doutrina dominante da época considerá-lo implícito no sistema, perdurando esse estado de incerteza até a Constituição-Cidadã de 1988, que expressamente o reintroduziu. Consta ele, juntamente com o da pessoalidade, do art. 145, parágrafo 1º, assim redigido:

'§1º Sempre que possível, os impostos terão caráter pessoal e serão graduados segundo a capacidade econômica do contribuinte, facultado à administração tributária, especialmente para conferir efetividade a esses objetivos, identificar, respeitados os direitos individuais e nos termos da lei, o patrimônio, os rendimentos e as atividades econômicas do contribuinte.'

Percebe-se sem esforço que o sistema brasileiro atual se sintoniza com a nova concepção alemã (doutrinária) e de expressos textos constitucionais, como o espanhol de 1978, art. 31: 'Todos contribuirão para o custeio dos gastos públicos de acordo com a sua capacidade econômica

mediante um sistema tributário justo inspirado nos princípios da igualdade e progressividade que, em nenhum caso, terá efeito confiscatório.'
Disposição semelhante se encontra no art. 53 da Constituição da República Italiana, *in verbis*: 'Todos têm a obrigação de contribuir para as despesas públicas na medida de sua capacidade contributiva.' Como bem adverte GIANNI MARONGIU, esse princípio se vincula à regra contida no art. 23 da mesma Carta (proclamada em 27 de dezembro de 1947), que trata do princípio da legalidade: 'art. 23 — Nenhuma prestação pessoal ou patrimonial pode ser imposta, a não ser com base na lei'. Como visto, a legalidade ultrapassa em seu conteúdo material o espaço infra para se conectar ao supra (esfera constitucional). Nesse aspecto, observa esse autor, constata-se hoje que milhões de pessoas de diferentes status sociais e níveis culturais são chamadas a dar uma contribuição decisiva (cada vez mais forte) para a realização das pretensões fiscais, situação que se agrava com a proliferação normativa e decorrente incerteza de sua compreensão. Queixa-se da falta de maior atenção para o problema da liberdade e da justiça (na tributação), ultimando por referir-se ao título de um capítulo de V. Mathieu dedicado à matéria, com o sugestivo título de "A santa espoliação", o que leva o debate ao domínio mais amplo da harmonização tributária no âmbito da União Européia.

Essa é, pois, a moderna concepção do princípio da capacidade contributiva como "direito fundamental" dotado de base constitucional própria, como temos sustentado em trabalhos anteriores (notadamente nas obras Os Limites da Legalidade no Estado Democrático de Direito, Fisco x Contribuinte na Arena Jurídica: ataque e defesa, e A Reconstrução dos Direitos Humanos da Tributação).

Temos a profunda convicção de que esse e outros importantes princípios contribuirão de forma efetiva e essencial para a gestação do novo Direito Tributário, inclusive na vertente humanista, integrando as novas matrizes comunitárias (blocos regionais) e planetárias. No caso do MERCOSUL, a integração também nos aspectos tributários se torna imperativa, como assinalado por MARTIN DE ALMEIDA SAMPAIO, apesar de não ser a harmonização fiscal um fim objetivado pelo tratado.

Entra-se no campo, hoje de suprema importância para o futuro da democracia real (ou humanista), da chamada 'constituição fiscal', voltada para os espaços interno (nacional), intra-interno (notadamente para países dotados de 'regiões autônomas' ou de Municípios, como é o caso do Brasil). A descrição do que seja a 'constituição fiscal' é primorosamente exposta por J. J. GOMES CANOTILHO em obra intitulada Fundamentos da Constituição:

'Elemento essencial da constituição financeira é o conjunto de normas que regem o sistema fiscal ('constituição fiscal'), e que na CRP abrange principalmente os arts. 106º e 107º. A ideia fundamental que preside à constituição fiscal está de acordo com os princípios gerais que regem a constituição económica. Trata-se da ideia da promoção da igualdade material (arts. 106º-1 e 107º- 1, 2 e 3) com a correlativa exigência da progressividade da generalidade dos impostos (arts. 107º-1, 2 e 3), no sentido de que há-de pagar proporcionalmente mais quem mais tem. Assim se articula directamente a constituição fiscal com a constituição económica (como parte que é desta).

O mais importante da constituição fiscal são, porém, as garantias dos contribuintes, consubstanciadas tanto no princípio geral da legalidade do imposto (reserva de lei, etc.), como no direito de não pagar impostos que não tenham sido criados nos termos da Constituição (art. 106º).

Em matéria de constituição fiscal são de assinalar particularmente duas tendências que põem em causa os princípios tradicionais da soberania e do monopólio fiscal do Estado: por um lado, a tendência supra-estadual, consubstanciada nos poderes das instâncias comunitárias europeias neste domínio; por outro lado, a tendência infra-estadual, traduzida nos poderes específicos constitucionalmente reconhecidos às regiões autónomas e às autarquias locais nesta área (cfr. arts. 229º- 1 / i e 254º).'

Também no plano internacional podem-se adotar medidas compensatórias com vistas ao reequilíbrio dos desajustes causados pelo desordenado processo de globalização, como, por exemplo, sugere JUSCELINO FILGUEIRAS COLARES em textos já mencionados neste trabalho (pp. 15-16), e, no contexto deste capítulo, reproduzidos:

'Ao pesarem esses (e outros) custos da globalização contra os benefícios, os economistas têm tipicamente apontado para o papel do Estado. Diz-se que por meio da tributação e dos gastos públicos, as sociedades podem apropriar-se de parte daquela renda adicional criada pela globalização para proteger seus eventuais perdedores por intermédio de mecanismos de proteção social (e.g.: programas de renda mínima, seguro desemprego, safety nets etc.). Em tese, pelo menos, admite-se que os governos poderiam agir de tal forma a assegurar que todos acabassem por ficar em melhores condições.'

E referindo-se às tendências de destributação das pessoas jurídicas:
'As alíquotas incidentes sobre a atividade econômica das pessoas jurídicas (corporate tax rates) têm sido reduzidas, de forma sistemática, entre as economias avançadas. Embora não pareça dramática, tal queda não deixa de ser significante. Na média, a alíquota padrão do imposto de renda da pessoa jurídica (IRPJ) entre os países-membros da OCDE, sigla em inglês, (Organização para o Desenvolvimento Econômico e Cooperação) registrou queda de 43%, em 1986, para 33% em 1995; embora a carga tributária resultante tenha sofrido menor queda, vez que cortes nas alíquotas foram contrabalançados por medidas redutoras de isenções e descontos. No Brasil, semelhante fenômeno ocorreu ainda que de modo mais súbito. De 1995 para 1996 foi promovida profunda reformulação no IRPJ, cuja principal alteração se deu com a redução das alíquotas mínimas e máximas de 25% e 43% para 15% e 25% respectivamente.'

'...' 'Diz-se que a tributação sobre os lucros das empresas pode até vir a desaparecer.'

Noutra passagem:

'Verificam-se, em todo o mundo, mudanças dessa natureza, isto é, caracterizadas pela redução na tributação do capital em favor de maior tributação daqueles fatores de produção, dotados caracteristicamente de menor mobilidade, figurando o trabalho assalariado como o principal dentre eles. Assim não surpreende verificar que a renda da pessoa física constitui, nesses dias, a mais importante fonte de receitas governamentais em todos os países ricos. Sobre esse prisma, a recente aprovação do aumento da alíquota máxima de 25% para 27,5% do IRPF vem, entre outras mudanças, apenas reforçar tal tendência. No caso do Brasil — a saber que menos de 6% da população são efetivamente contribuintes do IRPF —, se as atuais tendências não forem revertidas, seus efeitos distributivos podem ser ameaçadores. Agrava-se o quadro em decorrência dos baixos níveis salariais da população, a clamar, portanto, por profundas mudanças que venham a resgatar a necessária justiça fiscal.'

Por fim, um dado curioso a respeito da tributação nos Estados Unidos:
'...' 'em 1913, 60% da receita tributária arrecada entre todos os entes tributantes dos Estados Unidos vinha da tributação da propriedade rural e urbana, em contraste com apenas 10% arrecadados no ano de 1996. Por certo, não deixa de ser irônico o fato de que a própria era da informática venha a obrigar o mundo pós-industrial a voltar para um sistema tributário relativamente semelhante ao pré-industrial.'

No âmbito da União Européia, a preocupação com a cidadania tributária associada à justiça fiscal (na linha das teses que defendemos) é cada vez maior e mais nítida, como se pode inferir com facilidade de vários posicionamentos e documentos comunitários.

Um dos mais importantes é o Relatório apresentado pela Comissão das Comunidades Européias em 22 de outubro de 1996 intitulado 'Taxation in the European Union, Report on the Development of Tax Systems' (Tributação na União Européia, Relatório sobre o Desenvolvimento de Sistemas Tributários).

No tocante ao item relativo ao desenvolvimento de sistemas dentro da União Européia, constatou um aumento na tributação sobre o trabalho assalariado (em face da facilidade de atingir sua base através do imposto de renda) e, por outro lado, a progressiva erosão da base de tributação quanto a outros fatores, decorrente de excessiva ou prejudicial competição fiscal ('guerra fiscal').

Na concretização do mercado único — anota o Relatório —, a empresa é uma força essencial de criação, crescimento, prosperidade e emprego, sendo certo que em áreas como a do IVA (imposto sobre o valor agregado) 'a despeito da considerável quantidade de legislação, o sistema está ainda muito longe de adaptar-se às necessidades de um mercado único onde sua complexidade e diversidade de aplicação causam problemas reais.'

O grupo (integrante da Comissão) evidenciou a importância do tributo como instrumento de formação do mercado único, e também o papel das Cortes de cada nacionalidade e da Corte Européia de Justiça para o solucionamento de casos (que chegam cada vez mais às Cortes), diante da 'ausência de uma nova legislação tributária.'

No tocante ao emprego, houve amplo consenso do Grupo de Alto Nível quanto à necessidade de redução do tributo sobre o trabalho assalariado, notadamente para evitar, a longo prazo, o desemprego de certas categorias de trabalhadores, como o desempregado antigo e o jovem.

Alguns integrantes do Grupo de Alto Nível puseram em destaque recentes reformas ocorridas em seus países na área do meio-ambiente (tributação 'verde' ou a favor do meio-ambiente, 'green' tax reforms).

No item reservado à promoção do emprego, anotaram que em muitos países-membros foram adotadas medidas de curto prazo para reduzir o custo do trabalho não assalariado, visando certas categorias de trabalhadores, como os não especializados e os que ainda não entraram no mercado de trabalho.

Como no item precedente, deixo ao leitor a opção de consultar, na obra citada, as referências bibliográficas ali apontadas.

E assim fecho esta exposição sem exauri-la.

Procura ela expor, com o esforço do autor, uma nova dimensão acadêmica que mal começa a aparecer.

Trata-se da mudança não apenas de paradigmas jurídicos, mas sobretudo de uma nova ordem jurídica (nacional, regional e mundial), ou seja, de uma nova matriz mundial[130].

---

fluxo de capital sem controle, com suas oscilações abruptas e diferen-
Percebe-se perfeitamente que a tributação, nessa nova visão social, humanista e econômica (tudo articulado com o novo modelo de solidariedade inserido no Estado Democrático de Direito), deixa em definitivo de ser considerada como instrumento de dominação — com toda a carga de injustiça e de iniquidade dela decorrente — para finalmente se tornar poderosa ferramenta de libertação de todo tipo de dependência social.

Uma nova ordem tributária, em todos os planos (local, regional e planetário), igualitária, solidária e democrática, se torna essencial para a integração jurídica e humana do planeta.

Eis o desafio para uma nova era da humanidade" (NOGUEIRA, A. Globalização, regionalizações e tributação: a nova matriz mundial. Rio de Janeiro: Renovar, 2000, pp. 262-281).

130 Tema que adentramos, com a publicação do livro Globalização, regionalizações e tributação, em 2000, e que tem servido de referência para textos básicos de seleção para cursos de mestrado e doutorado nos diversos Programas de Direito (o último deles, para o Doutoramento em Direito da Universidade Gama Filho).

APÊNDICE 1

CONFERÊNCIA SOBRE O ESTATUTO DO CONTRIBUINTE

Conferência: Professor ALBERTO NOGUEIRA. Rio de Janeiro. EMARF, 25 de agosto de 2006. Tema: O Estatuto do Contribuinte.

DF ALBERTO NOGUEIRA: Muito bom dia. É com muito prazer que venho participar com vocês deste oportuno evento, do qual apenas a palestra de hoje é uma pequena e modesta parte. Agradeço de coração ao meu querido amigo e colega, duplamente colega de Magistratura e da Academia, o Professor BENEDITO GONÇALVES, que é sempre generoso, e me franqueia essa oportunidade de vir aqui conversar com vocês sobre o Estatuto do Contribuinte.

1. Algumas observações sobre o chamado estatuto do contribuinte

Não sei se há um nível de informação satisfatório sobre esse tema que, na realidade, no Brasil, começa a ser submetido a debate.

De modo que, de início, direi umas poucas palavras — por assim dizer — para abordar o próprio título da palestra, e não o seu conteúdo.

O termo "Estatuto" é polissêmico. O seu significado tem variado no tempo e no espaço, conforme as circunstâncias não apenas referenciais, mas também, e principalmente, no que se refere ao objeto que se aborda com esse vocábulo.

Nós temos do latim *statutu*, "estatuído" por via semi-erudita, conforme lição de Antenor Nascentes.[131]

Status contém incertezas e dúvidas. A palavra aparece sempre quanto à extensão a dar-se a tal conceito de *status*. Mas os casos em que se está de acordo tem denominado de *status*, como o exemplo da cidadania: o estado de cidadania é o conteúdo de uma relação jurídica entre o cidadão e o Estado ao qual o cidadão pertence e da qual nascem direitos para o cidadão e para o Estado. Esse texto de JOSÉ CRETELLA JÚNIOR, no seu consagrado dicionário editado pela Forense.[132]

---

[131] Texto preparado com base em degravação desta, excluída a parte referente ao longo e proveitoso debate (mais de uma hora de duração, que, infelizmente, aqui não se aporta para não sobrecarregar o livro).

[132] "STATUS" — Tipologia especial, formada de um conjunto de direitos e deveres, de todo aquele que ingressa numa dada coletividade e se subordina a um Estatuto, que traça o regime jurídico do novo membro. "Também no campo do direito administrativo", salienta Ugo Forti (**Lezioni di diritto amministrativo**, 2ª ed., 1950, vol. II, p. 3), "ocorrem, quase por definição, relações jurídicas que surgem, antes de tudo, quando a norma de direito gera um direito subjetivo, em prol de um sujeito, e de um dever, em favor de outro sujeito, hipótese esta clássica no direito privado; ocorrem, também, além disso, os mesmos efeitos, quando, da norma jurídica, surge um **status** para um sujeito. Incertezas e dúvidas aparecem sempre quanto à extensão a dar-se a tal conceito de **status**, mas há casos em que se está de acordo em denominá-lo de status, como no exemplo da cidadania. O estado de cidadania é o conteúdo de uma relação jurídica entre o cidadão e o Estado ao qual o cidadão pertence e da qual nascem direitos para o cidadão e para o Estado. No instituto da **admissão**, por exemplo, o **admitido** deixa status anterior e ingressa em novo **status**" (CRETELLA JÚNIOR, José. *Dicionário de direito administrativo*. 3. ed. rev. aum. Rio de Janeiro: Forense, 1978, p. 499).

"Estatuto é a lei que regula de maneira unitária e sistemática dada matéria que não tem dignidade, amplitude ou a estabilidade suficientes para justificar a designação de Código." Essa observação consta do Dicionário de Conceitos e Princípios Jurídicos de João Melo Franco e Herlander Antunes Martins — publicação da Editora Almedina.[133] Estatuto, Lei, Constituição, Código ou Regulamento de um Estado. Exemplos: Estatuto Civil, Estatuto Penal, Estatuto dos Funcionários Públicos, Estatutos das Sociedades Anônimas e outros. Como observa no seu excelente Novo Dicionário Jurídico Brasileiro de José Náufel, também da Editora Forense[134]; acrescento o Estatuto da Advocacia e da OAB poderão estar publicados ou não, podem estar separados, Estatuto da Criança e do Adolescente, Estatuto da Terra, do Concubinato, do Índio e tantos outros.

Portanto, como eu disse no início, além de envolver uma multiplicidade de possibilidades conceituais, o termo "estatuto" deve ser considerado tematicamente em relação a cada objeto que se pretenda analisar.

Estatuto: lei orgânica ou regulamento de um Estado, de uma associação, texto que regulamenta o funcionamento de uma associação, dos estatutos de um clube, de um grêmio, e aqui me socorri de Antônio Houaiss na sua Enciclopédia — Editora Larousse.[135] Estatuto: diz-se da lei de organização política de um Estado. Diz-se também de normas de direito sobre uma determinada matéria, como anota, no seu Vocabu-

---

133 FRANCO, João Melo, MARTINS, Antônio Herlander Antunes. *Dicionário de conceitos e princípios jurídicos*. 3. ed. Coimbra: Almedina, 1993.
134 NÁUFEL, José. *Novo dicionário jurídico brasileiro*. 9. ed. Rio de Janeiro: Forense, 1997.
135 HOUAISS, Antônio (dir.). *Pequeno dicionário enciclopédico Koogan Larousse*. Rio de Janeiro: Editora Larousse do Brasil, 1979.

lário Prático de Tecnologia Jurídica e de Brocados Latinos, Iêdo Batista Neves.[136] Essas pequenas amostras tiveram unicamente o propósito de uma pré-abordagem temática.

Já tocando no assunto de uma forma mais direta e procurando um terreno mais específico, queria observar que o Estatuto tem um sentido histórico. Como nas cartas outorgadas, estatutos outorgados para as cidades, como se viu tanto no antigo Império Romano. Cartas como a Bula de Ouro, e, talvez, a mais famosa e importante delas, que todos sabem, a de 1215, a Carta Magna — *Magna Charta Libertatum*. Portanto, uma carta das liberdades. Aquela da Inglaterra, em que os Barões peitaram o Rei interino, João Sem Terra, na ausência de Ricardo Coração de Leão, que era o verdadeiro Rei, primogênito, desaparecido nas batalhas campais dos cruzados no Oriente. E, sobretudo, as conquistas asseguradas.

As chamadas Cartas Políticas, e, ainda hoje, é comum essa designação, quando se diz: a nossa Carta de 1988, no sentido de Constituição, ou de Estatuto Constitucional, que incorpora direitos, garantias, o patrimônio jurídico, político, histórico, cultural da experiência das gerações que se sucedem no tempo.

Enfim, o Estatuto do Fisco. Falando já agora, olhando para o Brasil, mais adiante passarei algumas informações e comentários sobre outros países, relativamente ao assim denominado Estatuto do Contribuinte, mas, por enquanto, adstrito ao nosso país, ao Brasil, já ponho a primeira tese, portanto questionável, que o contribuinte, no Brasil de hoje e, muito menos, de ontem, não tem um Estatuto Tributário, mas o Fisco tem o seu Estatuto, portanto, existe o Estatuto do Fisco. Esse Estatuto decorre de regramentos substantivos, processuais e procedi-

---

136 NEVES, Iêdo Batista. *Vocabulário prático de tecnologia jurídica e de brocados latinos*. 2. ed. Rio de Janeiro: Edições Fase, 1988.

mentais e contém, também, prerrogativas, privilégios, direitos, garantias próprias e exclusivas do Fisco, inclusive, cortes próprias no Fisco, a Fazenda Pública e a Justiça no Fisco. No plano federal temos o Decreto 70.235, de 06/03/1972, que unificou os antigos procedimentos administrativos de natureza do contencioso fiscal, e que foi, evidentemente, por ser um decreto, instituído pelo próprio Fisco. Não estou entrando no mérito. Foi um grande avanço o Decreto 70.235/72. Mas, tal como no Código Tributário Nacional, o próprio Código integra o Estatuto do Fisco, porque o CTN brasileiro não considera o contribuinte como titular de direitos, e sim como devedor de obrigações. Disciplina, é bem verdade, alguns aspectos que podem propiciar a sua defesa, mas sempre na posição subalterna.[137]

---

[137] Sob o título "Relações Fisco X Contribuinte" produzido na Semana de Estudos Tributários, um dos mais notáveis e combativos tributaristas brasileiros e Diretor-Presidente da ABDF, o mineiro CONDORCET REZENDE discorreu sobre o nosso "pandemônio fiscal", aperfeiçoando citação nossa, como segue:

"Mas os colegiados administrativos brasileiros são, por vezes surpreendentes. Recentemente, o Conselho de Contribuintes do Município do Rio de Janeiro declarou que escapava à sua competência judicante matéria já definida pela assessoria de consultas da Secretaria de Fazenda do Município, auto-impondo-se, incompreensivelmente, uma restrição ao seu poder de decidir; em outro julgamento, destoando da sempre adotada orientação de que não cabe àquele colegiado apreciar a legalidade de decretos baixados pelo Executivo Municipal, decidiu que determinado artigo de decreto municipal, que fundamentara a ação do contribuinte, não tinha amparo legal, mas era fruto de 'mera infelicidade redacional do legislador...!'.

Quando o CONTRIBUINTE se insurge contra a aplicação de atos normativos que violam as regras constitucionais ou do CTN não está ele pleiteando que os órgãos judicantes administrativos declarem a inconstitucionalidade de tais atos, mas apenas que reconheçam sua injuricidade e que os deixem de aplicar no caso sub judice, sem que isso implique na impossibilidade de se invocar sua aplicação em outros processos.

O que se pretende, como já ocorreu em outros países, é um contraponto para se estabelecer um equilíbrio dentre os interesses do Fisco — e, bem entendido, não por ser o Fisco, mas como instituição que deve representar o contribuinte, conseqüentemente a sociedade. De modo que se torna necessário esse contraponto para que o contribuinte tenha o seu instrumento, algo semelhante ao Código de Defesa do Consumidor. Por isso que também na terminologia que acompanha essa temática também se costuma utilizar a expressão Código de Defesa do Contribuinte, ou Estatuto do Contribuinte, denominação que vem cada vez mais se adotando para designar esse conjunto de instrumentos, de mecanismos legais que possam coibir não só a ilegalidade nos agentes do Fisco, da atuação da administração tributária, como também, evidentemente, arbitrariedades, excessos, abusos, violências e ilicitudes — proteção no plano político-jurídico-administrativo.

Uma palavra sobre o respeito aos direitos do contribuinte de acordo com os princípios fundamentais consagrados no texto constitucional, mais especificamente o da 'dignidade humana'. Neste passo, vale transcrever palavras ilustre Desembargador Federal professor dr. Alberto Nogueira: '*O tributo, freqüentemente, tem sido apresentado como instrumento de realização da justiça social, enfatizando-se a importância do contribuinte. Inobstante, não tem sido a tônica, nesses trabalhos, o exame da 'condição' ou da 'qualidade' do contribuinte, como se esse fosse uma figura unissignificativa, e não uma pessoa, ou uma unidade empresarial. Em suma, um 'contribuinte' impessoalmente considerado, sem rosto, sem identidade, sem nome e não um contribuinte uti singuli, considerado como ser humano e social — enfim, um determinado cidadão para que o legislador respeite, efetivamente, o superprincípio da 'personalização do tributo.*' Irretocáveis essas palavras que podem, em linguajar mais modesto e fiscalista, ser resumidas numa frase: '**não somos apenas um número no CPF ou no CGC**'" (REZENDE, Condorcet (Org.). Semana de estudos tribtuários. Separata. Rio de Janeiro: Renovar, mar., 1999. Biblioteca UCRG-RJ, pp. 182-183).

Portanto, prevendo também infrações cometidas pelo Fisco, porque na estrutura atual do Brasil, como de inúmeros outros países, qualquer excesso praticado pelo agente da administração fiscal ou tributária limita-se a um auto-exame em nível disciplinar e, portanto, sem atingir a esfera dos interesses legítimos do contribuinte. Assim sendo, o procedimento se desenvolve num plano estritamente interno e para uso interno, sem reflexo, de tal modo que o contribuinte só poderia obter uma reparação por danos que lhe tenham sido causados via judicial, o que evidentemente traz, inevitavelmente, um novo encargo, um ônus, quando ele deveria ter a reparação plena, imediata, na medida em que se detectou a ocorrência de um dano ao seu patrimônio ou à sua pessoa, ou a seus interesses.

2. Algumas observações sobre a chamada "relação fisco-contribuinte"

Permitam-se fazer — eu não diria uma pequena viagem, vocês podem se assustar com aquele livro "O Paralelepípedo", viagem ao direito do Terceiro Milênio — uma pequena viagem, vamos chamar assim, um passeio, nesta sexta-feira de sol, um dia tão bonito, radiante, temperatura amena. E com essa vibração tão bonita, tão tranqüila nesta manhã "emarfiana".

Para entendermos, em termos de situação fiscal brasileira, o que somos nós contribuintes e o que é a União, o Fisco, convém fazer esse pequeno passeio. Então vou convidá-los para um pequeno passeio.

Perspectivas históricas e experiência mundial, tributação como poder. Num primeiro momento, a relação era de força, evidentemente, como se vê nas Santas Escrituras — na Bíblia

—, no episódio em que se tentou encurralar numa armadilha o Cristo, a quem se exibiu a moeda com a efígie de César, o Imperador, porque ele falava que seria um rei, portanto, como seria possível um mundo ocupado inteiramente, exaustivamente, por toda a *orbi* e toda *urbi*, por Roma imperial, que reino seria esse? E, conforme aprendemos desde as primeiras experiências na escola, ou nas igrejas, o Cristo responde olhando para a imagem de César: "Dai a César o que é de César", dizendo que o reino dele não era deste mundo.[138]

Conseqüentemente, a efígie de César, além de configurar simbolicamente o poder de cunhar moeda, e, portanto, a única riqueza oficialmente aceita era aquela determinada na moeda, as legiões se encarregavam de impor a tributação sem a menor possibilidade de uma contestação porque isso seria pôr em xeque não só a autoridade imperial, mas também a sua divindade. César era infalível, imortal, uma divindade na terra.

Seguiu-se a sistematização jurídica da tributação, ou seja, essa modificação em que o poder de força vai sendo paulatinamente transmudado em poder jurídico, conseqüentemente

---

138 *"Jesus confunde os discípulos de fariseus e herodianos na questão do tributo a César.*

Então se retiraram os fariseus, e tiveram conselho sobre como o surpreenderiam em alguma coisa. Enviaram-lhe discípulos seus com herodianos, para lhe dizer: Mestre, sabemos que és sincero, pois que com verdade ensinas o caminho de Deus, sem te preocupares com ninguém, e que não fazes acepção de pessoas. Dize-nos, pois, a tua opinião: É lícito pagar tributo a César, ou não? Jesus, conhecendo a malícia deles, disse: Mostrai-me a moeda do tributo. Eles apresentaram-lhe um dinheiro. E perguntou-lhes: De quem é essa imagem na inscrição? Responderam-lhe eles: De César. Disse-lhes Ele então: Pois dá a César o que é de César, e a Deus o que é de Deus. E, ao ouvirem isto, eles ficaram maravilhados, e, deixando-o, foram-se embora" (*NOVO TESTAMENTO*. 2. ed. Rio de Janeiro: Editora Vozes, 1958. Mateus, 22, 15-33, p. 78. Tradução do texto original grego pelo P. Dr. Frei Mateus Hoepers, O. F. M).

contestável, exigindo a legitimação e, portanto, uma exigência pautada no Direito. Fragmentou-se o Império e se pulveriza toda aquela estrutura em centenas e centenas de pequenos reinos.

Surgem os feudos, e agora a fundamentação já é outra, e não apenas a força, e não mais apenas o direito em si, mas os pactos. E vejam que há pouco me referi à Carta Magna. Então, o pacto de feudalidade baseado na confiança e na necessidade: o senhor feudal, o dono do feudo prometendo e cumprindo proteção dos servos ali abrigados, seus súditos, contra o inimigo externo. Então, a tributação baseada no pacto de feudalidade. Já temos aí o estatuto feudal. Houve diversas reações, e a principal delas justamente é aquela da Carta Magna de 1215.

Surge o Estado Moderno; a era das grandes navegações. Portugal e a Terra de Santa Cruz, hoje Brasil. É interessante observar que não houve colonização no Brasil, mas houve tributação. Até 1808, quando da chegada de D. João VI ao Brasil, fugindo da invasão das tropas napoleônicas e aportando aqui com o que pôde trazer da Corte — e trouxe muita coisa boa — não vou me referir a esses aspectos mais históricos, mas a tributação era de fora para cá, em razão de haver o monopólio da produção notadamente com os diversos ciclos, principalmente do ouro — das riquezas auríferas, incluindo principalmente o ouro.

Enquanto isso ocorria aqui no Brasil — o início de uma colonização em 1808, o resto era desbravamento, incursões de bandeirantes com suas entradas e bandeiras —, lá fora o cenário era outro e bem diverso. Enquanto a Sedição se ensaiava em Vila Rica, 1787, na América e na França o cenário tributário era completamente diferente. Nos Estados Unidos, a partir da declaração de independência de 1776, e da Guerra de Independência, conforme todos conhecem, o estopim foi o de pretender a Coroa Inglesa exigir tributo sem o consentimento dos colonos, porque era prática que qualquer imposição dentro dos padrões ingleses, que se sustentaram e progrediram desde 1215, só se poderia exigir tributo mediante prévio consentimento. O *Stamp Act*, o *Tea Act*, imposto sobre o navio, sobre o chá, sobretudo o chá, mais ou menos o café da tradição inglesa, talvez como é o requinte — o nosso aqui no boteco já resolve, eles têm todo aquele cerimonial —, mas a indignidade de tributar logo o chá, e sem o consentimento.

A América, então, pôde desenvolver, invocando doutrina inglesa, no sentido de que as leis inglesas eram também as leis americanas e, portanto, exigiam o respeito e as garantias históricas que se iniciaram com a Revolta dos Barões, em 1215, e que se estenderam progressivamente aos demais seguimentos da sociedade além dos antigos barões; portanto, o fundamento para a guerra da libertação.

No lado francês, também o estopim, não apenas a tributação em si, mas a forma, o critério, o método e o cálculo utilizados para a sua instituição de cobrança.

Se na América, o nervo, a parte mais sensível, mais delicada, mais sagrada, era o chá, na França, era o vinho, não só pela tradição cultural, mas, também, porque para o povo em geral e, sobretudo para os menos abastados, historicamente o vinho faz parte da dieta do francês. Representa, em certa medida, a sua sobrevivência em calorias, é energia. Eles dependiam disso.

E passa a tributação sobre o vinho a se realizar sem distinguir o vinho popular do vinho requintado, da nobreza. Portanto, o pobre, o camponês, o artesão, tendo que, em relação ao vinho, pagar a mesma coisa que se pagava em um vinho de qualidade, sendo que para o vinho de qualidade se estava apreciando o vinho e não se alimentando com o vinho. Os ricos dispunham de boas adegas e de boa dispensa de alimento. Então, não dependiam do vinho como alimento.

Surge, então, esse movimento para se romper a estrutura do antigo regime, em que a população era separada por estados. Nobreza e clero. Segundo Estado e, em terceiro, o povaréu, incluindo-se aí a classe que já aparecia com pretensões de poder — a burguesia. Nobreza (aristocracia) e Clero (Alto Clero) compunham os dois primeiros Estados. O terceiro Estado, integrado pelo restante da população, o povo em geral, nele incluída a burguesia destituída de títulos nobiliárquicos, destituído de qualquer poder ou influência política.[139]

---

139 Do mais especializado trabalho sobre a síntese dos eventos ligados à Revolução Francesa, trago ao rodapé o verbete descritivo de RAN HALÉVI a respeito dos "Estados Gerais":
"Na vigência do Antigo Regime, os Estados-Gerais representavam um expediente de exceção, sem autonomia, sem continuidade, e que não deixava qualquer traço de suas atividades. Só deviam a sua reunião à iniciativa do governo que os mantinha ou os mandava embora, conforme bem entendesse. Eram desprovidos de qualquer autoridade em matéria de governo e mesmo de legislação. E, se lhes acontecia tomar parte na elaboração de certas ordenações, em termos de direito, nem por isso deixava de ser o rei o único legislador para o reino, assim como autor das leis e como dispensador e abonador dos privilégios. Até 1789, esse atributo essencial permaneceria um princípio intangível da autoridade monárquica: diante de uma conjuntura de exceção, o monarca fazia apelo à 'representação' do reino para obter um consenso que lhe apoiasse a política, ou, mais simplesmente, subsídios extraordinários. Quando morreu Luís XI, no ano de 1483, os Estados-Gerais foram convidados a emitir um parecer sobre a organização da regência. Após um longo intervalo, Francisco II os convocou, em 1560, para remediar a crise financeira e apaziguar os espíritos depois dos tumultos provocados pelas inovações religiosas. Os Estados-Gerais foram ainda reunidos em Blois: em 1576-77 para regular a situação religiosa em seguimento à formação da Liga; e em 1588-89 pelas mesmas razões, complicadas pela questão dinástica que colocava a existência de um herdeiro protestante. Depois do assassinato de Henrique IV, a regente Maria de Médicis, às voltas com a rebelião dos Condés, foi forçada a convocar os Estados em 1614. Seria necessário aguardar mais de um século antes que fossem novamente convocados.
Desde o fim da Idade Média até a Revolução, o ato de *representar* sempre conservaria o sentido muito restritivo que lhe reconheciam ao mesmo tempo os governantes e os governados: o povo, mediante dele-

gação, mas sem intermediário, apresentava ao rei o espelho de seu reino, enviando-lhe seus desejos, queixas e advertências. Um ato que caracteriza a própria natureza do Antigo Regime, no qual o indivíduo só dispunha de existência política através de suas ligações orgânicas: a ordem, o corpo, a comunidade, o privilégio. 'Representar', antes de 1789, não implicava forçosamente, portanto, representatividade, nem mesmo eleição. Era, antes de mais nada, entrar em comunhão, transmitir, operação à qual a designação de deputados permanecia estreitamente subordinada, constituindo apenas o *reconhecimento* dos atributos que qualificam tal ou qual indivíduo para levar aos Estados as reivindicações de suas comunidades. Com efeito, a forma antiga do mandato imperativo transformava o mandatário não no autor de uma vontade política, mas num simples mensageiro, o porta-voz escrupuloso de um caderno de conteúdo bem preciso que impedia toda iniciativa e toda autonomia pessoal. De tal forma que, antes de 1789, a eleição dos deputados aos Estados era forçosamente uma questão secundária, assim como o recurso ao sufrágio era uma forma de procedimento desprovida da significação política que lhe conferiria, bem mais tarde, a democracia moderna. Em 1788, como no passado, foi uma crise política que levou Luís XVI a consultar os seus 'Estados'. Os riscos da conjuntura, a crise do absolutismo e a pedagogia do século conjugaram seus esforços para forçá-lo a isso: escassez de gêneros e tumultos populares, *déficit* financeiro de um Estado que não dispunha mais de recursos e de expedientes fiscais, pressão imperiosa da opinião pública, resistência sobretudo das pessoas de destaque e dos parlamentos, opostos a qualquer reforma das finanças monárquicas que não fosse sancionada por Estados-Gerais. Mas bastou que o governo consentisse com isso para que surgissem bruscamente outras coisas em jogo, além de um ator inédito: o Terceiro-Estado, que a cólera popular, o apelo aos direitos naturais e a reivindicação igualitária reuniram momentaneamente na denúncia dos senhores, dos privilégios, do despotismo e numa aspiração comum — obter uma representação igual à das duas primeiras ordens reunidas, pôr em prática sua preponderância mediante o voto individual e não o voto por ordem. No fim do inverno de 1789, ao final de uma campanha eleitoral agitada, a França empreendeu redigir suas admoestações e designar seus representantes, aqueles mesmos que iriam, alguns meses mais tarde, se apropriar da soberania nacional.

No entanto, as eleições para os Estados-Gerais, como aliás os outros escrutínios revolucionários, são quase ignoradas pela historiografia revolucionária, de direita ou de esquerda, do século XIX ou do século XX. É um episódio a que dedicam com freqüência apenas algumas linhas preguiçosas, reduzido a uma espécie de elo mecânico entre as reivindicações dos patriotas — notadamente deliberação em comum e voto individual —, e a derrubada do Antigo Regime. Como se só houvesse significação e interesse em suas conseqüências longínquas, postulado muito bem partilhado, pois os resultados das eleições podem ajustar-se às interpretações do surto revolucionário menos conciliáveis. Celebradas ou condenadas, as vitórias sucessivas do Terceiro-Estado (Assembléia Nacional, noite de 4 de agosto, Declaração dos Direitos) retirariam assim qualquer caráter problemático a tal consulta. Esgotariam seu sentido, explicariam seu resultado e dispensariam, portanto, que o observador nisso se detivesse.

Unanimidade do silêncio, portanto, e da indiferença que, na verdade, acoberta motivos mais profundos. Traduz a dificuldade de levar em consideração juntamente sufrágios e advertências, objetos do pleito eleitoral e coisas políticas postas em jogo. Sobretudo a dificuldade de conciliar com a ruptura fundadora de 1789 um episódio que inevitavelmente a torna problemática. Com efeito, as eleições de 1789 marcaram tanto um fim quanto um surto. Foram as últimas do Antigo Regime e as primeiras da Revolução. Ligam-se o bastante a um e à outra para que não se as possa classificar: procedimento tradicional das instituições monárquicas, mas também jogo de poder. Enquanto os quadros pediam a reforma do regime, abriam caminho à sua dissolução, delegando a Versalhes os autores de uma nova legitimidade política, instituída pela soberania nacional e os direitos do homem.

Em tal devolução, a velha monarquia tomou uma parte involuntária, mas incontestável. No momento de reatar, depois de um século e meio, os elos que a ligavam a uma tradição perdida, instaurou um dispositivo jurídico e político que abriu caminho ao triunfo do Terceiro-Estado. Por assim dizer, fixou os termos desse caminho e prescreveu as modalidades antes de oferecer ao Terceiro-Estado a sua primeira vítima. Assim sendo, a Revolução deve tanto a seus autores quanto ao regulamento eleitoral do dia 24 de janeiro.

A novidade extrema desse documento decorre, em primeiro lugar, de sua própria existência. Pela primeira vez, em 1789, as cartas de convocação, até então simples formalidade, mais protocolar do que jurídica, foram unidas a um verdadeiro código eleitoral cuja minúcia, a preocupação sem precedentes com a unidade e a eqüidade demonstravam uma transformação do direito público. Era, no entanto, um texto ambíguo, contraditório, a meio caminho da tradição e da inovação, justaposição empírica dos usos antigos e do espírito novo. Por um lado retomou o quadro e a forma das convocações anteriores, ordenou a reunião dos habitantes das grandes cidades por corpos e companhias de ofícios, manteve o antigo tipo de representação por mandato imperativo e o procedimento tradicional das reclamações. Multiplicou as exceções e derrogações em nome dos privilégios adquiridos. Conservou, sobretudo, a separação das ordens e ficou calado quanto à reivindicação principal do Terceiro-Estado: deliberação e voto em comum.

Mas, por outro lado, concedeu ao Terceiro-Estado pelo menos uma representação dupla e consagrou os princípios que fundam a representação política moderna. As frases por que começa o regulamento são, sob esse aspecto, eloqüentes: 'O rei, dirigindo às diversas províncias submetidas a obedecê-lo cartas de convocação para os Estados-Gerais, quis que seus súditos fossem todos chamados a concorrer às eleições que vêm formar essa grande e solene assembléia. Sua Majestade desejou que das extremidades do reino e das residências menos conhecidas fosse a cada um garantido comunicar-lhe seus votos e suas reclamações.' Mantém-se, portanto, a estrutura da admoestação: o rei consultava a nação por meio da súplica dos corpos. Mas ao mesmo tempo reconhecia-se o direito de sufrágio a todos os membros da terceira ordem com a idade de pelo menos vinte e cinco anos e inscritos no registro dos impostos. Não se estabeleceu qualquer distinção entre direito de eleição e direito de elegibilidade: todo indivíduo com acesso às assembléias eleitorais adquiria, por isso mesmo, a faculdade de lutar pelos sufrágios de seus concidadãos. A igualdade política, outrora contingente, tributária da vontade dos indivíduos, de certos grupos de pressão ou da arbitragem monárquica, encontrava no código eleitoral sua sanção jurídica: pela primeira vez o povo penetrava *de direito*, maciçamente, na vida pública.

Coisa inseparável da igualdade política: a cidadania, que transformava os súditos do reino em membros do corpo político, em nome da idéia do progresso. Não seria possível excluir da vida pública, disse Necker aos homens de destaque, toda uma classe de homens tão estreitamente unida à prosperidade do Estado pelo comércio, a indústria e as artes...: 'Estamos cercados de cidadãos preciosos, cujos trabalhos enriquecem o Estado e aos quais o Estado, por uma justa retribuição, deve a estima e a confiança' (6 de novembro de 1788). O desenvolvimento da economia, o incremento das Luzes, a generalização da cidadania, tudo contribuía para anular a imprescritibilidade dos usos passados e enfraquecer a referência às convocações anteriores. Reconhecê-lo diante das pessoas de destaque equivalia, para o governo, aceitar o veredicto da razão histórica, não mais encarnada pela monarquia, mas por uma nova figura soberana e ingovernável: a opinião pública" (HALÉVI, Ran. *Estados-Gerais*. In: FURET, François, OZOUF, Mona. *Dicionário crítico da revolução francesa*. Rio de Janeiro: Nova Fronteira, 1989, pp. 53-56).

Pela importância do tema, merece acrescentar a esta nota os eventos que precederam a Revolução Francesa, ligados ao tema acima, as Assembléias Revolucionárias. O relato é de DENIS RICHET, verbete com esse título e integrante da mesma obra:

"'Assembléia', diz Furetière, 'é a junção que se faz de pessoas num mesmo lugar e para o mesmo projeto. *Assembléia do Clero. Assembléia dos Estados. Assembléia ilícita, clandestina...'*. A França antiga tinha, com efeito, conhecido esses três tipos de assembléias. A assembléia qüinqüenal do Clero lhe havia sido reconhecida pela monarquia mediante o contrato de Poissy de 1560. As regiões de Estados — que haviam conservado os seus Estados provinciais — reuniam todos os anos suas assembléias, cujo papel essencial consistia em conceder ao rei, não sem barganha, a importância do imposto que ele reclamava. Mas quando o rei queria consultar o conjunto de suas províncias, dispunha de dois meios mais próximos um do outro do que poderia parecer se nos apegássemos às diferenças formais: as Assembléias dos Notáveis e os Estados-Gerais. A convocação das primeiras permitia ao monarca obter um certo consenso, notadamente quando a ele se impunha uma opção fundamental, sem exigir o mecanismo eleitoral pesado e complexo exigido pelos segundos. Em 1506, quando Luís XII quis fazer aprovar a ruptura do noivado de sua filha com o futuro Carlos V; em 1527, quando Francisco I decidiu não cumprir suas promessas do tratado de Madri; em 1560, para examinar o estatuto dos protestantes. Em 1596 (Rouen), em 1627-28 (Paris), os Notáveis foram convocados. Nada se passou entre 1628 e 1787. Os últimos Estados-Gerais foram os de 1614. A diferença entre essas duas formas de reunião era menos considerável aos olhos dos contemporâneos do que a nossos olhos: embora não fosse o mesmo o modo de designação (nomeação em lugar de eleição), as três ordens estavam igualmente representadas, e as reuniões eram preparadas por consultas escritas bastante abertas ou sob a forma de queixas.

Dessas instituições antigas nasceu a Revolução. A Assembléia dos Notáveis reunida por Calonne, em fevereiro de 1787, provocou, desde que foi anunciada, uma explosão de entusiasmo; nela se discernia a possibilidade de um sistema representativo que reatasse os laços com o passado, os antigos 'campos de março' ou 'campos de maio' carolíngeos. Um cronista escreveu: 'A grande notícia do dia é a convocação da Assembléia Nacional, que suscitou no público a sensação mais viva. Vemos tanto com admiração como gratidão nosso monarca chamar a si a nação.' Comparou-se Luís XVI a Carlos Magno. Pouco importa o contra-senso histórico que transformava 144 pessoas, na sua maioria nobres, em representantes da nação. A imagem era mais revolucionária do que a realidade. Diante do fracasso dos notáveis, tornou-se cada vez mais premente a reivindicação pelos Estados-Gerais. A criação das Assembléias Provinciais, previstas por Calonne, mas às quais Loménie de Brienne concedia, pelo Mito de 17 de junho de 1788, novas responsabilidades, era ou demasiado grande ou demasiado pequena. A primeira Assembléia Revolucionária reuniu-se na província do Dauphiné, em Vizille (21 de julho de 1788). Dominada pelo Terceiro-Estado, a Assembléia de Vizille reclamou a duplicação do Terceiro-Estado e o voto por pessoa. Brienne anunciou no dia 8 de agosto a convocação dos Estados-Gerais, mas sem pronunciar-se quanto às exigências feitas em Vizille no que dizia respeito ao modo e à composição da futura assembléia. Necker, mediante o *Résultat du Conseil* do dia 27 de dezembro, admitiu a duplicação do Terceiro-Estado, mas lembrou que o voto por ordem era conforme a tradição. Ora, tudo dependia desse problema: o voto por ordem significava conceder maioria às forças conservadoras do clero e da nobreza, o voto por pessoa constituía, para a burguesia, a possibilidade de contar com os seus aliados nas duas primeiras ordens, o baixo clero e a nobreza liberal. Após a reunião dos Estados-Gerais em Versalhes no dia 5 de maio de 1789, na Sala dos Pequenos Prazeres, foi o Terceiro-Estado que, depois de mais de um mês de conflitos latentes, tomou a iniciativa de uma revolução. No dia 10 de junho convidou as duas outras ordens a se reunirem a ele para verificar os mandatos de todos os deputados. No dia 20 de junho, como encontraram fechada a Sala dos Pequenos Prazeres, os deputados refugiaram-se no *Jeu de Paume* vizinho e ali prestaram o famoso juramento: 'A Assembléia Nacional, considerando que foi chamada para fixar a constituição do reino ..., decide que todos os membros desta Assembléia prestarão o juramento de nunca se separarem e de se reunirem em qualquer parte sempre que

3. Algumas observações sobre o "caso brasileiro"

No Brasil, até 1808, simplesmente não existia sistema tributário próprio, muito menos sequer a idéia impensável de consentimento em relação ao tributo.

O Brasil e a tributação: Procurarei resumir, porque esse cenário é tão rico, tão complexo, que, às vezes, tenho até pudor em tocá-lo sem o cuidado maior. Mas estamos em um evento, e é preciso selecionar alguns aspectos que possam servir ou auxiliar no entendimento do núcleo principal do tema, que é exatamente o Estatuto do Contribuinte.

Vamos fazer de conta, naquele passeio, que estávamos andando, pelo menos em nossos pensamentos, na nossa mente, na nossa cabeça.

Vamos agora imaginar que entramos em um carro. Então, a velocidade agora aumenta um pouco. Não é apenas um passeio. Olhamos para o espelho retrovisor. A estrada passando, e cada vez o cenário se distanciando e novos cenários surgem. A idéia que surgiu desse retrovisor é que atrás havia uma crucificação. O brasileiro começava a ser crucificado tributariamente.[140]

---

o exijam as circunstâncias, até que se estabeleça e se firme sobre fundamentos sólidos a Constituição do Reino.' No dia 23 Luís XVI veio presidir a uma sessão real, ordenando-lhe que se separassem e que deliberassem por ordem. A Assembléia recusou e persistiu em suas decisões precedentes: 'A nação reunida não pode receber ordens.' No dia 27, tendo o fato como consumado, o rei convidou 'seu fiel clero e sua fiel nobreza'. Assim nasceu, mediante uma iniciativa revolucionária dos deputados do Terceiro-Estado, a Assembléia Nacional Constituinte, a primeira das três grandes assembléias a Revolução (RICHET, Denis. *Assembléias revolucionárias*. In: FURET, François, OZOUF, Mona. *Dicionário crítico da revolução francesa*. Rio de Janeiro: Nova Fronteira, 1989, pp. 435-437).

140 Por coincidência, estou revisando o texto preparado para o livro a ser editado no dia 05.04.2007, 5ª feira da Semana Santa.

Em primeiro lugar, conforme todos sabemos, o grosso da população era de escravos, e, portanto, eram coisas, instrumentos de trabalho, ferramentas para gerar riqueza, inexistindo um sistema tributário próprio. Havia aquele sistema do contratador, no fundo, um capataz para controlar o produto, sobretudo, das minas. Daí o episódio da Inconfidência e tantos outros, porque Tiradentes foi o mais marcante, o mais simbólico.[141]

---

[141] Destaco duas passagens do livro do brasilianista Kenneth Maxwel extraídas do respectivo Prefácio de "A Devassa da Devassa". A primeira delas se volta para o cenário interno brasileiro:

"Gerações de historiadores brasileiros dedicaram-se a profundas buscas do que quer que fosse importante na vida e atividades de Joaquim José da Silva Xavier, o Tiradentes, uma das figuras fundamentais da conspiração e homem que veio a se tornar o herói nacional do Brasil republicano. O que tentei fazer foi uma reorganização das múltiplas fontes contemporâneas, algumas primárias, algumas de coleções de documentos publicados, algumas conhecidas e outras não. Não pretendo diminuir ou menosprezar Tiradentes. Ele foi, sem dúvida, o catalisador da revolução na conturbada Minas de 1788. Um decidido propagandista de uma Minas Gerais independente, republicana e auto-suficiente, ele pretendia desencadear a revolta. Se as circunstâncias não o tivessem impedido, não há dúvida de que, ao contrário de alguns companheiros de conspiração, teria partido para a ação que propusera.

Estou certo, entretanto, de que afinal a superconcentração no papel de Tiradentes tendeu a minimizar a importância do movimento de que participou. O conflito em Minas foi, em minha opinião, o resultado das divergências sócio-econômicas entre Minas Gerais e Portugal e da clássica contradição de grupos de interesses coloniais e metropolitanos. Todo o episódio, parece-me, teve uma importância crítica devido a seu impacto sobre a elite branca do Brasil e na política imperial do governo metropolitano. Assim, ao contrário do grande historiador brasileiro Capistrano de Abreu, que considerou o movimento tão insignificante que não mereceu ser incluído em sua história do Brasil colonial, penso que teve importância capital para o período. Tento apresentar aqui, portanto, baseado em pesquisas de arquivo no Brasil, em Portugal, na Grã-Bretanha e na Espanha, as amplas bases sócio-econômicas da conspiração, delineando seu impacto" (MAXWEL, Keneth. *A devassa da devassa*: a inconfidência mineira: Brasil e Portugal 1750-1808. 3. ed. 4. reimp. São Paulo: Ed. Paz e Terra S.A., 1995, tradução de João Maia do título original em inglês: *Conflicts and conspiracies:* Brasil & Portugal 1750-1808, Cambridge University Press, 1973).

A segunda tem seu foco lançado para as grandes transformações em curso no mundo:

"Mas a Inconfidência Mineira é somente parte da história. Parece ser apenas um elemento, embora vital, de ampla interação de circunstâncias históricas. Os temas aqui examinados também não são peculiares a Portugal e ao Brasil: a segunda metade do século XVIII viu muita discussão de tentativas de reforma imperial por todas as potências européias. Foi, ainda, a época das revoluções americana, francesa e haitiana, todas com grande repercussão sobre a América portuguesa. Certamente os acontecimentos em Portugal e no Brasil, nesses anos, são menos conhecidos do que os de outras partes do mundo, mas espero ter algo de valor a dizer aos interessados em análises comparativas de fenômenos como o iluminismo, as revoltas coloniais, o absolutismo ilustrado, a escravidão, o nacionalismo econômico, etc." (*idem*, p. 15).

Sobre o Processo de Tiradentes e de seu advogado, anotei:

"**O Advogado e o Processo de Tiradentes**

Examinando os 'autos da devassa da Inconfidência', o autor põe sob as luzes de sua realização a figura do ignorado advogado, defensor dativo, José de Oliveira Fagundes, ao examinar as 2 edições tiradas sobre o evento, a de 1936, da Biblioteca Nacional, e a de 1981, da Câmara de Deputados, sob os cuidados de José Bonifácio de Andrade. Resumo o belo e expressivo texto. Num primeiro lance, a simbiose entre o advogado e a defesa das liberdades, ali, no contexto colonial no qual elas sequer poderiam ser invocadas contra o poder — o Rei:

'Repetem-se na História, certos momentos de violência política, e neles, para alguns ou para todos, as luzes da liberdade se apagam, e suspendem-se as garantias correntes.

Nesta hora em que faz escuro, só restam então, solitários, os Advogados; e apenas os Advogados. Surgem serenos, engrandecidos pela confiança que mostram ter na atuação do Direito — ou seja entre tais Advogados, este JOSÉ DE OLIVEIRA FAGUNDES, a defender os Réus, perante o Tribunal de Relação da Devassa, por crimes de lesa-Majestade, ou seja, ainda nos mesmos tempos e na França, sob o 'terror', aqueles esplêndidos advogados da defesa do Rei e da Rainha, intimeratos perante a turba enraivecida da Convenção, que se havia constituído, a si mesma, em Tribunal; Advogados que com bravura no dever, defenderam Luiz XVI e Maria Antonieta, ambos já aos pés da guilhotina. Assim tem sido o Advogado. Ergue-se transfigurado de temeridade, por efeito da serena convicção da força do Direito, posto face a face com a História. Ele surge das sombras; logo acende sua tocha de fé nas liberdades; e depois, desaparece com o fim do ato'" (NOGUEIRA, Alberto. *Sistemas judiciais das liberdades públicas*. Rio de Janeiro: Renovar: 2005. p. 273-274).

Para quem deseje ir além, anoto um dado recente importante, trabalho (em forma de simples artigo jornalístico, mas de conteúdo científico — pesquisa nos arquivos da Santa Casa de Misericórdia) de DAHAS ZARUR, advogado, escritor e, acima de tudo, notável provedor da referida Irmandade, intitulado "Tiradentes, seu defensor" que, pelo marco de pesquisa, me permito reproduzir na íntegra:

"Na galeria dos grandes advogados brasileiros está ausente o nome de José de Oliveira Fagundes.

Nem mesmo o Barão do Rio Branco, em *Efemérides brasileiras*, uma espécie de bíblia dos acontecimentos brasileiros de 1500 até a República, menciona uma única vez, aquele que na época, foi considerado um dos maiores advogados da colônia.

Quem era Oliveira Fagundes? Um carioca nascido em 1752, que cursou leis na Universidade de Coimbra, formando-se em julho de 1778 e soube enfrentar as iras do vice-rei, conde de Rezende, ao defender o alferes Tiradentes. Em 1779, se achava na Corte, tendo sido testemunha em várias habilitações de colegas seus perante o desembargador do Paço.

Não fosse o historiador Herculano Matias incansável na pesquisa para restabelecer os fatos ligados à vida de Tiradentes, o país nada ou pouco saberia sobre tão importante advogado.

Graças a essa valiosa colaboração, a Santa Casa de Misericórdia do Rio de Janeiro pôde fazer acréscimos ao trabalbo *A defesa de Tiradentes pelo advogado da Santa Casa — documentos inéditos*, elaborado por Ubaldo Soares, arquivista da instituição.

Como advogado e escrivão da Santa Casa, mergulhei nos seculares arquivos da instituição, no sentido de revelar a atuação do notável defensor de Tiradentes.

Com base em documentos autênticos e inéditos, dispondo do velho arquivo da Misericórdia, cuidou-se de pesquisar se, de fato, o doutor Oliveira Fagundes teria pertencido ao contencioso da instituição.

Isto porque consta do documento oficial os autos da Inconfidência Mineira que: 'Os encarregados da Alçada nomearam para a defesa dos réus, o advogado da Santa Casa da Misericórdia José de Oliveira Fagundes...'.

Folheados todos os livros, não foram encontrados quaisquer registros alusivos a esse fato. A possibilidade de um equívoco do funcionário responsável pelos registros foi totalmente descartada, eis que lá se encontra até mesmo os nomes de empregados e subalternos, tais como porteiros, serventes, boticários e outros.

O que realmente se verificou é que foi ele, sim, admitido como irmão da Santa Casa, em termos assinados em 1790 e convidado pelo mordamo dos presos, de nome também esquecido, para atuar como advogado dos conjurados em 31 de outubro de 1791. A Mordomia dos presos da Santa Casa de Misericórdia do Rio de Janeiro tem como objetivo defender os deserdados da sorte. Resulta, pois, que a Santa Casa o convidara para defender Tiradentes, apenas em caráter eventual e, jamais, como pertencente ao Contencioso.

Luiz Wanderley Torres, um dos melhores biógrafos de Tiradentes, diz: 'Na verdade não houve processo e, sim, uma farsa'. O 'processo farsa' tramitou por três anos e o advogado Oliveira foi vítima de todas as chantagens jurídicas possíveis, visando dificultar seu árduo trabalho.

Quanto à magnífica atuação do doutor Fagundes, informa Joaquim Norberto, no livro *História da Conjuração Mineira*, edição do Instituto do Livro: 'Teve o advogado poucos dias para estudar o volumoso processo'. No dia 2 de novembro de 1791, teve vista dos autos e a defesa foi apresentada a 23 do mesmo mês.

Em 18 de abril de 1792, foi conhecida a sentença dos 23 presos, dos quais 11 condenados à morte, sendo a lista encabeçada por Tiradentes. Apresentados os embargos, foi-lhes negado provimento. Foram concedidos apenas 30 minutos para apresentar o recurso, em sua última instância e, quando estava a caminho do forum, já encontrou os carpinteiros que montavam o cadafalso, tendo assim a certeza de que o recurso já estaria sumariamente indeferido.

Examinados os livros de despesas que se encontram no arquivo da Santa Casa, deparamo-nos com o recibo dos honorários recebidos pelo doutor José Oliveira Fagundes, no valor de 200 mil-réis, datado de 21 de abril de 1793, um ano, portanto, após a execução de Tiradentes.

No Império, nós tivemos um sistema rural. Era proibido produzir qualquer coisa no Brasil sem autorização. A estratégia de ocupação da Santa Cruz — e bem por isso falei em crucificação. Talvez não fosse tão santa aquela Cruz. A produção rural, os ciclos, os diversos ciclos, desde o pau-brasil e vai por tantos outros, do ouro, da mineração, da pecuária, do gado. Explica porque o Piauí é tão estreito e tão comprida a penetração por litoral, atrás das pastagens, como hoje em direção à Floresta Amazônica, do Centro-Oeste para o Norte, mais tarde, do café, depois do café com o leite, Minas e São Paulo. Existia, sem dúvida, principalmente após a independência. Já a partir de 1808, procurou-se organizar, porque não se sabia quando haveria ou se haveria um retorno da Corte Portuguesa à Europa.

Mas, sobretudo, após 1822, e já com aquela Carta de 1824 e, conforme é sabido, foi uma Carta outorgada — a Assembléia foi dissolvida por D. Pedro I — e se adotou um texto preparado pelo suíço Benjamin Constant. Preparado para quem? Para Napoleão Bonaparte. Era para viabilizar o projeto, a grandeza da expansão francesa, com os exércitos napoleônicos, a unificação da língua, a unificação do sistema tributário e a unificação do poder. Daí prevê aquele texto do suíço Benjamin Constant, não o Benjamim Constant francês, o poder moderador implantado no Brasil com a Carta de 1824

Da mesma forma, foram encontrados documentos que mostram ter a Santa Casa pago a quantia de 200 réis pela alva de algodão usada por Tiradentes a caminho da forca.

Durante o trajeto, precedido pelo estandarte da Misericórdia, beijou o crucifixo da Irmandade, relíquia guardada na Igreja Nossa Senhora do Bonsucesso, Centro da cidade.

Graças à valiosa colaboração dos historiadores Herculano Matias, Luiz Wanderley e Ubaldo Soares, foi possível arrancar do ostracismo a singular figura do notável advogado José de Oliveira Fagundes" (ZARUR, Dahas. Tiradentes, seu defensor. *Jornal do Brasil*, Rio de Janeiro, 21 abril 2007. Opinião, p. A10).

e transposto para Portugal, em que se praticamente adotou a Carta brasileira de 1824 até o advento da República Portuguesa em 1910. Olha, quanto tempo, como disse o nosso grande Chico Buarque de Holanda, quanto mar, quanto mar!¹⁴²

---

142 Sobre a história da estruturação do Judiciário Brasileiro, trago ao rodapé essa descrição constante de antigo trabalho (aqui sem as longas citações bibliográficas, que podem ser consultadas no texto original:
"A organização judiciária e o devido processo legal
Ao lado do 'processo' e do 'juiz', a organização judiciária se constituiu na terceira componente estrutural do devido processo legal, abrangendo o próprio arcabouço do Poder Judiciário, na forma e também no conteúdo.

Essa configuração, na nossa História, respalda-se em longa e sólida tradição.

Contudo, foi somente com o Alvará de 10 de maio de 1808 que a organização judiciária apresentou sua primeira feição brasileira, tendo como cúpula a Casa de Suplicação do Rio de Janeiro, conservando-se íntegra durante todo o Império. Com o advento da República, o sistema se rompeu, apesar do surgimento do Supremo Tribunal Federal, que, como cúpula de toda a magistratura brasileira, deu início a uma nova e brilhante fase de nossa judicatura.

A Justiça, entretanto, não tinha autonomia e era feita em nome do Rei. O Judiciário não era um órgão independente, e, assim sendo, não se constituía num Poder.

As 'Ordenações' representaram um sistema de grande alcance político para Portugal, extrapolando o sentido de mero regramento da organização judiciária. A propósito, arrematou Isidoro MARTINS JÚNIOR:
'Concluímos afirmando que as *Ordenações Afonsinas, Manuelinas* e *Filipinas*, tomadas em globo, apresentam, em última análise, o esforço pacífico, ao mesmo tempo teórico e prático, da nação portuguesa para a consolidação de sua independência política pelo prestigiamento decisivo da monarquia e do poder majestático.'

Daí a importância da criação do Supremo Tribunal de Justiça, em substituição à Casa de Suplicação do Rio de Janeiro, como o coroamento da organização judiciária nacional. Contudo, não era dotado de autonomia, já que ficava à mercê do Poder Moderador, no dizer de FREI CANECA, 'em verdade, o Poder único, uma *nova invenção maquiavélica*', que não tinha a indispensável independência. Na autorizada opinião do Ministro Thompson FLORES, o 'Poder Moderador, exercido pessoalmente pelo Imperador', visava 'preservar, inegavelmente, a essência do autoritarismo monárquico', ou na expressão de Silvio MEIRA, 'um elemento centralizador e sob certos aspectos ditatorial — o Poder Moderador'.

O exercício do Poder Moderador valera ao Imperador, segundo Hermes LIMA:
'a mais pesada crítica dos Anais monárquicos', culminando com "a existência da lei de 3 de dezembro de 1841, lei opressora das garantias constitucionais e dos direitos individuais", pois 'concedia autoridade judiciária à polícia. Era o Ato I-5 do Império. Durou trinta anos, mas a evolução política pela voz do Parlamento a superou.'

A razão de ser do Poder Moderador, no essencial, era, efetivamente, a preservação do autoritarismo monárquico, regime somente adotado nas Américas pelo Brasil, na observação de José Maria BELLO, que não conheceu jamais o que se denominaria *de lealdade ao princípio monárquico*. Aliás, segundo Afonso Arinos de Melo FRANCO: 'as duas únicas Constituições que adotaram o Poder Moderador orgânico e autônomo (ambas por influência de D. Pedro I) foram a brasileira de 1824 e a portuguesa de 1826, esta redigida, como se sabe, no Palácio Imperial.'

Sobre o mérito dessa instituição, conclui o mesmo autor:
'Podemos, assim, concluir que, apesar de não ter sido um estorvo, no Brasil, graças, em boa parte, às qualidades pessoais de Pedro II, o Poder Moderador era uma excrescência constitucional, porventura arriscada.'

Clóvis BEVILAQUA reporta que durante o Império dois livros foram escritos sobre o Poder Moderador: o de ZACARIAS (Da Natureza do poder moderador, Rio de Janeiro, 1860, reeditado em 1862, 'que foi chamado de *livro de ouro*') e o de Brás FLORENTINO (O Poder moderador, Recife, 1864), 'trabalho, sem contestação, mais erudito e mais lógico'. Sobre esse instituto propriamente, comenta Clóvis:
'O poder moderador era um enxerto do absolutismo, introduzido na carta constitucional que nos outorgara Pedro I. Mas era preciso estudá-lo na sua essência e no seu funcionamento, segundo estava organizado. Foi o que fez Brás Florentino, numa análise demorada, rigorosa, e tão abundantemente documentada com a lição de mestres estrangeiros, que o leitor de hoje, filho de outra geração, e saturado de outra concepção do mecanismo governamental, lamenta ver sacrificado tamanho esforço mental, a assunto assim mesquinho, por sua transitoriedade.'

Inobstante, o tema volta à tona na Alemanha, no debate histórico entre Carl SMITH e Hans KELSEN a respeito do controle da constitucionalidade das leis. 'Sustentou o primeiro, como se sabe, que deveria ser ele exercido pelo Chefe do Estado — e não pelo Judiciário — na figura do rei ou do presidente, com base na 'teoria do poder neutral y moderador'. Invoca, em favor dessa tese, o art. 71 da Constituição portuguesa de 29 de abril de 1826 e o art. 98 da Constituição brasileira de 26 de março de 1824, e considera o poder moderador a 'clave de toda la organización política.'

Vale transcrever um trecho dos comentários constantes do Prólogo à edição espanhola de Pedro de VEGA GARCIA, Catedrático de Direito Político, sobre a tese de SMITH:

'Su tesis es de sobra conocida: ningún Tribunal de Justicia puede ser el guardión de la Constitución. En su lugar, y sobre las huellas de la formulación de *povoir neutre* de Benjamin Constant, sostendrá que el Jefe del Estado, esto es, el Presidente del Reich, quien únicamente puede ostentar ese noble e honroso título.'

E, em outra passagem:

'Los mismos argumentos que sirvem a SMITH para condenar los principios liberales como una simple ideologia, y relega el Derecho Constitucional Liberal al mundo de la ficción, se pueden ampliar contra el entendimiento su obra científica como mera elaboração ideológica al servicio de los intereses del Estado Totalitário.'

Em matéria fiscal, dominava o sistema do contencioso administrativo, inspirado no figurino francês, descabendo falar-se, no particular, em processo, ou, com maior razão, em devido processo legal.

Com a proclamação da República, impunha-se a reconstrução desse sistema por uma solução diversa da adotada anteriormente, consagradora da continuidade da autoridade do Rei sobre o Supremo Tribunal de Justiça em substituição à Casa de Suplicação do Rio de Janeiro.

A idéia era criar um Tribunal semelhante à Suprema Corte Norte-Americana, dotado de indispensável soberania, como observado por Aliomar BALEEIRO, e confirmado por Pontes de MIRANDA, uma das mais importantes figuras do Direito nacional e profundo conhecedor da magistratura, também como magistrado que foi.

A tarefa não foi fácil, principalmente pelo antigo vezo de aproveitar juízes formados com mentalidade incompatível com a nova função e ausência de recursos para a estruturação do Judiciário ou leigos, sem formação jurídica.

Mas, apesar de todas essas dificuldades, o Judiciário como um todo, e a despeito de sua acefalia, foi se firmando com independência e desassombro, como ressaltado pela 'historiadora do Supremo Tribunal Federal', Leda Boechat RODRIGUES.

Injusta e improcedente, no particular, a crítica de José Honório RODRIGUES, segundo a qual 'a Justiça esteve sempre a favor das forças dominantes'. É verdade que a precária instalação do Supremo Tribunal, quatro dias após a promulgação da Carta de 1891, com aproveitamento de juízes do antigo regime, muito contribuiu para o péssimo desempenho do Judiciário. É claro que outros fatores também contribuíram para as falhas — tão conhecidas — do Judiciário como um todo e de nossa Suprema Corte, em particular.

Infelizmente, essa tem sido a tradição brasileira: do Vice-Reinado para o Império, com o aproveitamento dos magistrados das Relações, e do Império para a República, dos juízes imperiais. Nos tempos atuais não foi diferente, na passagem do Regime Militar para o Democrático.

Apesar disso, o Supremo Tribunal firmou respeitável reputação no cumprimento de seu principal dever de 'sentinela da Constituição e das liberdades'. Enfrentou com altivez os diversos regimes militares, de Floriano, Hermes da Fonseca, Getúlio Vargas e os de 1964, até a completa redemocratização do País, tendo havido, no Brasil, para Lêda Boechat RODRIGUES: 'uma antecipação do que iria ocorrer, nos Estados Unidos, em idêntico sentido, com relação à cláusula *due process of law*'.

Com a República, o Judiciário ficou sem organicidade, instaurando-se um vazio em sua estrutura, antes centralizada no Rei (Regime das Ordenações) e no Poder Moderador (fase imperial).

A ausência de uma estrutura organizacional para o Judiciário se fez sentir até março de 1979, quando surgiu a Lei Orgânica da Magistratura Nacional (LC nº 35/79). A Emenda Constitucional nº 07, de 13 de abril de 1977, viria criar o Conselho Nacional da Magistratura, com funções disciplinares e avocatórias (CF 1967, art. 120 e § 1º).

As disposições relativas à organização judiciária (arts. 95 a 113) limitam-se aos Estados, que deverão observar, nas respectivas constituições, o disposto na Constituição Federal e na Lei Orgânica da Magistratura Nacional (art. 95). O anteprojeto do futuro Estatuto, elaborado pelo STF (DJU de 27.01.1992, pp. 233-259), dispôs sobre o 'Estatuto da Magistratura Nacional' (normas relativas à organização e funcionamento do Poder Judiciário e regime jurídico). Diversamente da LC 35/79,

Mas, aqui ficou o poder moderador, que de moderador só tinha o nome, porque era para moderar os outros que nem poder eram. Legislativo e Judiciário — todo o poder se concentrava nas mãos imperiais. Felizmente, para os brasileiros, tivemos um D. Pedro II moderado, mas que não abria mão do poder nem um milímetro, porém sem cometer abusos. E assim, com algumas arruaças internas e externas, o sistema fluía. E é interessante ver

a Carta de 1988 não o incluiu no novo sistema. Tramita perante o Congresso Nacional o anteprojeto da nova Lei Orgânica. O Judiciário continua se ressentindo da falta de um órgão adequado, à semelhança dos que existem em países mais desenvolvidos, para zelar por sua independência diante dos demais Poderes e conferir unidade funcional à magistratura. Agora, com um novo órgão judicial de envergadura nacional, que é o Superior Tribunal de Justiça, deve este assumir essa responsabilidade como núcleo do sistema, deixando para o Supremo Tribunal Federal o papel histórico e sobranceiro de 'sentinela da Constituição'.

O devido processo legal, sob o ângulo da organização judiciária, certamente sairá fortalecido, para atendimento das necessidades emergentes da redemocratização do país e da plena aplicação da Carta de 1988.

A cláusula consagrada em seu art. 5º, LIV, encontrará nessa redefinição de papéis fértil terreno para o florescimento das liberdades públicas e da plena cidadania, bases para a edificação de um Brasil próspero e justo.

Esse o imenso desafio para a completa concretização do Estado Democrático e Social, a exigir o esforço de quantos tenham responsabilidade no estudo e formação do pensamento crítico, com vistas à plenitude das instituições jurídicas e desenvolvimento da cidadania" (NOGUEIRA, Alberto. O *devido processo legal tributário*. 3. ed. Rio de Janeiro: Renovar, 2002, pp.95-106).

Para um exame retrospectivo e da posterior estrutura introduzida no atual sistema judicial pela Emenda Constitucional nº 45, de 08.12.2004, remeto o leitor às pp. 9-70 do livro intitulado "Da Correição Parcial na Justiça Federal e sua Atualidade em face da Reforma do Judiciário (Emenda Constitucional nº 45 de 8/12/2004). Rio de Janeiro: Renovar, 2005.

por esse espelho retrovisor o que acontecia ali, aparentemente, o contribuinte brasileiro, principalmente o que tivesse algum prestígio, que pudesse influir no sistema.

Mas os impostos que sustentavam basicamente o império eram os de importação e de exportação, sobretudo o de exportação. Como àquela época, a população livre era rarefeita, não havia automóvel, não havia avião, não havia estradas e, sim, caminhos para carruagem, tropas de mulas e burros, não havia sistema de saúde pública organizado, a segurança nacional se fazia pelo litoral. Então, o centro do país estava protegido por si mesmo. Não havia avião; portanto, a defesa pelo litoral não custava tanto.

Como as riquezas de exportação eram de grande vulto, e a liberdade do poder público de estabelecer os critérios era total — não havia limites —, aquilo permitia sustentar o luxo da Corte e da nobreza, que se tentava fazer, imitando as Cortes Européias.

Então, sob esse ângulo, pode-se dizer que o contribuinte, naquela época, era menos incomodado que o de hoje.

O que aconteceu? Apenas ele não tinha — o que, hoje, também não temos, praticamente — uma estrutura de instituição de ensino público e eficiente, segurança pública, saúde pública.

Infelizmente, as turbulências da vida nos levaram a esse estado — ou estatuto — de coisas.

Quando tudo parecia marchar para horizontes mais felizes, mais promissores, mais alegres, o brasileiro via a tributação tal como se intentou fazer em outros países: encontrar instrumento que facilitasse a vida do Fisco e dos abastados.

Até que irrompeu de inopino a República quase que imperceptivelmente, como dizia a crônica da época, que observava o que estava acontecendo no, então, Campo de Santana — hoje, Praça da República. Dizia que o povo, abestalhado, olhava sem entender nada do que estava acontecendo.

Tomou-se para o Brasil, por inspiração de Rui Barbosa, um modelo republicano Norte-Americano. A Carta de 1891 procurou reproduzir as instituições americanas e, inclusive, o próprio Judiciário. Já com a Lei nº 221 e com o Decreto nº 848, de 1888 e de 1889. Instituiu-se a Justiça Federal e transformou-se o Supremo Tribunal de Justiça em Supremo Tribunal Federal.[143]

Imaginava-se, então — o constituinte —, que se na América havia liberdade, se a tributação era controlada pelos cidadãos, aqui, encontraríamos um formato semelhante. E todas aquelas adversidades — cobranças abusivas, desmedidas, desproporcionais — haveriam de encontrar um termo e se passaria para um outro tipo de relacionamento entre o Fisco e o contribuinte.

4. Uma cópia "apagada" de República

A República de 1891, com um sistema tributário federativo problemático, foi um cópia apagada de tributação republicana, com matriz imperial. É outra tese. De rigor, nunca houve uma verdadeira república no Brasil, no sentido de coisa pública, de coisa de todos. Permaneceu uma matriz imperial. O poder não foi dividido com a sociedade. Ele continuou nas mãos de um outro Imperador que passou a atender pelo nome de Presidente da República.

---

143 Para exame mais específico do tema específico, remeto o leitor interessado ao capítulo intitulado O *Sistema Judicial Brasileiro*, constante de nosso *Sistemas Judiciais das Liberdades Públicas*, pp. 267-350. NOGUEIRA, A. *Sistemas judiciais das liberdades públicas*. Rio de Janeiro: Renovar, 2005.

Nem Presidente e, muito menos, da República — seja, aqui no Rio de Janeiro, até 1960, seja no Planalto Central, a partir de então. E lá ficou pior ainda, porque mais distante, mais inacessível e, portanto, mais fácil de manter à distância a sociedade brasileira, como um todo.

Muito longe de mim, a idéia de que nosso grande Rui Barbosa tenha tido esse propósito. Mas transplante de instituições é algo imprevisível. A história registra isso. Às vezes, ao invés de progresso, traz tragédias e assimetrias. O que, em certa medida, estivesse acomodado, mais ou menos arrumado, entra em queda livre, porque não encontra a própria matriz, o próprio modelo.

Como se não bastasse isso, foram criados mais dois sistemas tributários, mais dois Fiscos, para as, então, províncias, que se transformaram em estados, e para os municípios. O contribuinte agora está diante de três leões: um leão maior — central —, o mais poderoso e os outros, que também avançam para abocanhar o que for possível.

5. Três contra um: uma república opressora e faminta

Fez-se essa república tributária — três contra um. E não são "Os Três Mosqueteiros".

O sistema de 1934 a 1946 procurou dar um rumo a essa nau tão atribulada. Ou seja, com a Revolução de 30, rompeu-se com a República Velha, houve a queda do "Café com Leite", em que ora um Presidente era de Minas, ora de São Paulo, e vice-versa. Iam-se revezando, o poder rural de Minas Gerais — o leite — e o poder dos barões do café em São Paulo. Poder este, que se estendia até o Paraná, que integrava também o Estado de São Paulo. Quer dizer, procurou-se modernizar sob o aspecto político, econômico e tributário.

A Carta de 1934 está bem estruturada, procurou conter. A de 1946, que no aspecto tributário, no capítulo da tributação, foi relatada pelo grande Aliomar Baleeiro, o patriarca do moderno sistema tributário brasileiro, que já havia tido uma experiência parecida na precedente Constituição Baiana, da qual foi também relator, instituindo um sistema de competências modernas, que pelo menos dividisse e especificasse com objetividade, clareza e precisão, o gênero, o número e as competências dos impostos, em relação às entidades tributantes. Sistema esse que, bem ou mal, desenvolveu-se sob o controle um pouco dos Conselhos de Contribuintes — hoje, bastante desgastados. E esse desgaste se fez mais forte a partir de 1964, com o Regime Militar autoritário.

De tal modo que, havia, em alguma medida, algum cheiro de República[144], no campo da tributação.

---

144 Buscando diferenciar-se dos "golpes e pronunciamentos" caudilhescos, ao gosto da tradição ibérica, os militares, orientados pelos juristas de tradição estadonovista, instituíram uma revolução (daí o Ato Institucional, que acabou conhecido como nº 1) in verbis, a proclamar:
"À NAÇÃO
É indispensável fixar o conceito do movimento civil e militar que acaba de abrir ao Brasil uma nova perspectiva sôbre o seu futuro. O que houve e continuará a haver neste momento, não só no espírito e no comportamento das classes armadas, como na opinião pública nacional, é uma autêntica revolução.
A revolução se distingue de outros movimentos armados pelo fato de que nela se traduz não o interesse a vontade de um grupo, mas o interesse e a vontade da Nação. A revolução vitoriosa se investe no exercício do Poder Constitucional. Êste se manifesta pela eleição popular ou pela revolução. Esta é a forma mais expressiva e mais radical do Poder Constituinte. Assim, a revolução vitoriosa, como o Poder Constituinte, se legitima por si mesma. Ela destitui o govêrno anterior e tem a capacidade de constituir o nôvo govêrno. Nela se contém a fôrça limitada pela normativa, inerente ao Poder Constituinte. Ela edita normas jurídicas, sem que nisto seja normatividade emitida pela anterior à sua vitória. Os Chefes da revolução vitoriosa, graças à ação das Fôrças Armadas e o apoio inequívoco da Nação, representam o Povo e em seu nome exercem o Poder Constituinte, de que o povo é o

único titular. O Ato Institucional que é hoje editado pelos Comandantes em Chefe do Exército, da Marinha e da Aeronáutica, em nome da revolução que se tornou vitoriosa com o apoio da Nação, na sua quase totalidade, destina-se a assegurar ao nôvo govêrno a ser instituído os meios indispensáveis à obra da reconstrução econômica, financeira, política e moral do Brasil, de maneira a poder enfrentar, de modo direto e imediato, os graves e urgentes problemas de que depende a restauração da ordem interna e do prestígio internacional da nossa Pátria. A revolução vitoriosa necessita de se institucionalizar e se apressa pela sua institucionalização, a limitar os plenos podêres de que efetivamente dispõe.

O presente Ato Institucional só poderia ser editado pela revolução vitoriosa, representadas pelos Comandos em Chefe das três Armas que respondem, no momento, pela realização dos objetivos revolucionários, cuja frustração estão decididas a impedir. Os processos constitucionais não funcionaram para destituir o govêrno, que deliberadamente se dispunha a bolchevizar o País. Destituído pela revolução, só a esta cabe ditar as normas e os processos de Constituição do nôvo govêrno e atribuir-lhes os podêres ou os instrumentos jurídicos que lhe assegurem o exercício do Poder no exclusivo interesse do País para demonstrar que não pretendemos radicalizar o processo revolucionário, decidimos manter a Constituição de 1946, limitando-nos a modificá-la, apenas, na parte relativa aos podêres do Presidente da República, a fim de que êste possa cumprir a missão de restaurar no Brasil a ordem econômica e financeira e tomar as urgentes medidas destinadas a drenar o bolsão comunista, cuja purulência já se havia infiltrado não só na cúpula do govêrno, como nas suas dependências administrativas. Para reduzir ainda mais os plenos podêres de que se acha investida a revolução vitoriosa, resolvemos, igualmente, manter o Congresso Nacional, com as reservas relativas aos podêres, constantes do presente Ato Institucional.

Fica, assim, bem claro que a revolução não procura legitimar-se através do Congresso. Êste é que recebe dêste Ato Institucional, resultante do exercício do Poder Constituinte, inerente a tôdas as revoluções, a sua legitimação. Em nome da revolução vitoriosa, e no intuito de consolidar a sua vitória, de maneira a assegurar a realização de seus objetivos e garantir ao País um govêrno capaz de atender aos anseios do povo brasileiro, o Comando Supremo da Revolução, representados pelos Comandantes em Chefe do Exército, da Marinha e da Aeronáutica.

Resolve o seguinte:" (*Preâmbulo*. Ato Institucional nº 1, 9 de abril de 1964)

Não é que fosse um sistema ideal ou de excelente qualidade, mas, com toda franqueza, ele incomodava muito menos do que o da República Velha e, muito menos ainda, do que o do Período Imperial — para não falar no Pré-colombiano, que foi o da descoberta até 1808.

O que aconteceu? A Carta foi rasgada e veio, assim, proclamada a República. O resto é história recente. Vou poupá-los de comentários.

Mas não há como deixar de dar uma palavrinha relativamente ao que aconteceu no campo da tributação. Rasgou-se a Carta de 1946. Adveio aquela de 1967, tal como na República de 1891, também resultante de intervenção militar (que derrubou, com a proclamação da República, um Império (brasileiro) quase secular: uma Carta que foi votada em menos de sessenta dias, em um Congresso sob o cutelo do Ato Institucional que não tinha número, porque deveria ter sido só um — mas, eis que, sobreveio o n° 2. Então, o que não tinha número, passou a ser chamado de "um". Até que se chegou ao mais agressivo deles: o AI-5, e com a instituição do triunvirato militar, decorrente do passamento do General Costa e Silva.

No que interessa a esse contraponto do estatuto do Fisco, o que sucedeu? A Emenda Constitucional n° 18 — de 1° de dezembro de 65 —, que foi, ao mesmo tempo, a base para o sistema tributário da Carta de 67, a Lei 5.172, de 25 de outubro de 66 — hoje, Código Tributário Nacional — um estelionato, evidente... Porque ele não foi proposto como código, não seguiu a tramitação de código, que na ementa se vê que dispunha sob o Sistema Tributário Nacional e institui normas gerais do Direito Tributário, aplicadas à União, aos Estados, ao Distrito Federal, aos Municípios e nada mais.

Eis que com o Ato Complementar 36, em uma "penada" diz: passa-se a denominar Código Tributário Nacional.

PT, saudações ao contribuinte.

Na verdade, era o sistema do Fisco, como disse na parte inicial de abertura. Não é que o Código seja ruim. Tecnicamente, é um dos melhores do mundo. É produto de um trabalho gigantesco realizado por uma das mais importantes e melhores equipes do mundo, sob o controle da Fundação Getúlio Vargas, que compunha a chamada Comissão de Reforma Tributária do Ministério da Fazenda. Tecnicamente, à época, talvez, muito próximo da perfeição com quem instituía garantias para o setor produtivo, garantias — dentro do possível — para o contribuinte em geral e objetivava, sobretudo, sustentar o projeto militar da tecnocracia. E falo tecnocracia no melhor sentido, sem qualquer intenção pejorativa.[145]

---

145 Veja-se, a propósito, o texto do livro intitulado o *Devido Processo Legal Tributário*, relativo à situação dos tributos no Brasil no período anterior a 1965, que por importância histórica, vale ser reproduzido:
"A situação dos tributos no Brasil no período anterior a 1965
Antes da reforma tributária introduzida pela Emenda Constitucional nº 18, de 1º de dezembro de 1965 (A propósito, salienta Ricardo Lobo TORRES: 'O sistema tributário nacional brasileiro alcançou razoável grau de razoabilidade com a reforma introduzida pela EC 18/65 e pelo CTN. Antes o sistema era caótico, com incidências meramente formais, desvinculadas dos fatos econômicos. Com a CF/88 perdeu o sistema tributário nacional, em parte, a sua racionabilidade econômica e o seu ajustamento ao princípio da capacidade contributiva, retornando as superposições de incidências (ex: IR + adicional IR; ICMS + IVVCLG), situação que se agravou com a EC 3/93, que criou o IPMF [TORRES, R. L., 1993, p. 295].), ou seja, no regime da Constituição de 1946, o sistema impositivo tinha-se completamente deteriorado.
Milhares de exações se confundiam, diferenciando-se, na maior parte das vezes, apenas pela denominação formal, e eram instituídas como o meio mais fácil para resolver problemas de Caixa das entidades estatais.
A Comissão de Reforma do Ministério da Fazenda, organizada no âmbito da Fundação Getúlio Vargas e contratada pelo Governo Federal para assessorá-lo no diagnóstico e elaboração dos instrumentos necessários à

modernização do sistema tributário, bem descreve o quadro caótico imperante àquela época (Para uma visão completa desse quadro, veja-se o volume 35 da FUNDAÇÃO GETÚLIO VARGAS. Comissão de Reforma do Ministério da Fazenda, 1967, que, com as 34 publicações anteriores, constituem uma minibiblioteca de inestimável valor científico e técnico para o estudo da tributação no Brasil e compreensão de nossa realidade nesse campo).

Ou, nas palavras de Tarcísio NEVIANI: 'somente com o Código Tributário Nacional promulgado em 1965' (sic), 'foi levado a efeito a primeira tentativa de um sistema tributário orgânico, enquanto, antes disso, o Brasil contava com um conglomerado mais ou menos desconexo, improvisado e confuso de leis tributárias, feitas mais ao sabor dos interesses políticos do que em observância de um plano econômico orgânico.' [NEVIANI, T., 1983, p. 75]).

O ponto fundamental para extirpar a proliferação de tributos sem base racional e econômica foi a eliminação do chamado 'campo residual', existente na estrutura vigente até 31 de dezembro de 1966, 'cujas fronteiras eram imprecisamente demarcadas e, por isso, flutuantes' (Nesse mesmo capítulo (XXII), explica-se por que a Reforma e o atual CTN optaram pela conceituação de figuras tributárias: "Igualmente de maneira difusa, o 'campo residual' e 'concorrente' tangenciado pelo domínio das 'taxas', não caracterizadas, mas apenas mencionadas na Constituição. Na linguagem corrente, a palavra 'taxa', é sinônimo de 'imposto'. Esta confusão tende a permanecer e até a alargar-se no uso comum, entre outras, pela seguinte razão de ordem cultural: em francês e inglês, idiomas de que se tem traduzido para o português maior número de obras sobre economia e finanças, os vocábulos 'taxes' e 'tax' correspondem precisamente a 'imposto' em português. Basta citar as ilustrações seguintes: 'taxe sur le chiffre d'affaires = imposto sobre o movimento econômico; taxe sur la valeur ajoutée = imposto sobre o valor acrescido; income tax = imposto de renda; excise tax = imposto de consumo. Apenas uma fração mínima, talvez inferior a 1 centésimo por cento, dos que usam a língua portuguesa no Brasil, conhece a diferença conceitual entre 'taxa' e 'imposto'. Nem sempre os corpos legislativos, especialmente em nível municipal, estarão capacitados, tampouco disporão de assessoramento idôneo, para, na elaboração das leis tributárias, distinguir entre 'taxa' e 'imposto'. E, arrematando: 'Os especialistas em legislação geralmente desadoram a inclusão nos textos legais de conceitos doutrinários e, sobretudo, de definições. Nada obstante, a Comissão incumbida de elaborar o Anteprojeto de Emenda Constitucional nº 18, *sem negar a impropriedade da inclusão de conceitos doutrinários no texto da lei*, formulou e inseriu no projeto original várias definições, destacando-se dentre elas, pelas repercussões pragmáticas que poderiam ter na elaboração, aplicação e interpretação das leis tributárias, as duas seguintes: imposto e taxa' [FUNDAÇÃO GETÚLIO VARGAS. Comissão de Reforma do Ministério da Fazenda, pp. 139-140]).

Definidas com precisão as espécies de tributo — impostos, taxas e contribuição de melhoria — inseriu-se no texto do Código Tributário Nacional (inicialmente Sistema Tributário Nacional e adotando a atual denominação com o Ato Complementar nº 36, de 13 de março de 1967, art. 7º), impunha-se ainda resolver o 'campo residual'.

A técnica adotada, como se sabe, foi a da aplicação do princípio do *numerus clausus* (Eis como o Relatório Final da Comissão de Reforma do Ministério da Fazenda expõe a opção pelo *numerus clausus* quanto aos impostos: 'Acreditam os autores principais dos Projetos (original e revisto) da Emenda Constitucional nº 18 que os quatro grupos de impostos constituintes de um novo Sistema Tributário Nacional esgotam, por assim dizer, todos os fatos econômicos passíveis de tributação. Graças a essa 'universalidade', o 'campo residual' deixaria de existir. Mas, para não dar lugar a qualquer resquício de dúvida ou sofisma a respeito, a Emenda Constitucional nº 18 trazia, taxativamente, a sentença de morte do chamado campo *residual* ou *concorrente*" (p. 144). E, após transcrever o art. 5º: 'Estando em vigor tal norma, por mais imaginoso que fosse o legislador, não poderia conceber tributo algum fora dos quatro referidos grupos, ou com desrespeito às competências e limitações nela previstas' (*idem*).

A Constituição de 1967 viria neutralizar, em parte, esse 'dispositivo de segurança tributária', permitindo quanto à União a exploração do campo residual (art. 18, § 5º e 21, § 1º do texto de 1969 e art. 19, § 6º do texto de 1967). A propósito, a arguta observação de Geraldo ATALIBA: 'Na verdade, o que parecia ser um rol exaustivo de tributos, a própria Constituição se encarrega de transformar no rol exemplificativo' (SOUSA, R. G. de; ATALIBA, G.; CARVALHO, P. de B., 1975, p. 60).

J. Motta MAIA, um dos primeiros comentadores do CTN, assim se manifestou sobre o tema: 'O preceito atual é expresso e não deixa margem a qualquer dúbia interpretação: nenhum tributo poderá ser criado além dos referidos no *Sistema*, proibição que também se aplica à União' (MAIA, J. M., 1969, p. 43).

Nessa linha, o Parecer (nº 4.834, de 1954), aprovado pela Comissão de Constituição e Justiça da Câmara dos Deputados, ao Projeto Rubens Gomes de Souza — Osvaldo Aranha, relativamante ao art. 21 do respectivo texto, correspondente ao 5º do CTN: 'Tudo isso deveria ser pacífico porque resulta de pressupostos aceitos pelo legislador constituinte. De nada valeria a discriminação de rendas na Constituição — chave da autonomia dos Estados e Municípios, assim como da concórdia dentro da estrutura federativa — se fosse permissível aos legisladores ordinários e aos juízes o discricionarismo por rebeldia aos conceitos financeiros adotados pelo constituinte. Esta separou rigidamente entre impostos para a União; outros para os Estados, e ainda outros diferentes para os Municípios, estabelecendo que o restante, não previsto, se fosse criado, seria repartido pelos três âmbitos de governo, na forma do art. 21 da Carta Política' (BRASIL. Câmara dos Deputados, 1954).

Assim também o saudoso mestre Aliomar BALEEIRO: 'O CTN, no mesmo modo que o art. 18 da Constituição, inclui na categoria 'tributo" apenas os impostos, as taxas e a contribuição de melhoria, e conceitua somente essas espécies de gravames tributários' (BALEEIRO, A., 1983, p. 64).

Como se sabe, o *numerus clausus* na matéria de 'tributos' foi rompido antes mesmo de entrar em vigor o CTN (1º de janeiro de 1967), pelo Decreto-lei nº 27, de 14 de novembro de 1966, dotado de força institucional. Há, porém, quem sustente que o art. 5º do CTN, mesmo antes do DL 27/66, não excluía as contribuições parafiscais e o empréstimo compulsório, a eles não se referindo, uma vez que não eram previstos na Constituição de 1946 e mesmo na EC nº 18/65 (ROSA JR. L. E. F. da, 1990, p. 147).

O fato é que, com ou sem a instituição desse edito, o campo da parafiscalidade sempre se apresentou como uma *vexata quaestio*, parecendo claro, à vista das explicações contidas no referido Relatório Final, que as exações dessa natureza não integravam o campo reservado aos 'tributos' [COELHO, S. C. N., 1991]. O art. 5º do CTN clausurou as espécies de tributo e o 17, por seu turno, o rol de impostos.

Antes mesmo de entrar em vigor o Código, editou-se o Decreto-lei nº 27, de 14 de novembro de 1966, abrindo a cláusula tipológica de seu art. 5º.

Pouco mais tarde, a Constituição de 1967 viria a restabelecer o campo da residualidade, no tocante aos impostos, em favor da União Federal, tornando 'perempto o princípio do *numerus clausus*', nas palavras de Geraldo ATALIBA (SOUSA, R. G. de; ATALIBA, G.; CARVALHO, P. de B., *op. cit.*, 1975, p. 17). Rubens Gomes de SOUSA, a respeito dessa alteração, observou:
'Eu aduzo apenas a título de lembrete que o art. 17 do Código Tributário Nacional reproduz o art. 5º da Emenda nº 18, de 1965, e que o seu objetivo era assegurar a solidez da estrutura do sistema tributário, abolir o chamado campo residual, dispondo, como dispunha categoricamente, que os impostos componentes do sistema tributário nacional eram exclusivamente os previstos na referida emenda. Essa disposição, como o Prof. Geraldo Ataliba recordou, foi superada pela Constituição de 67, ao restabelecer o campo residual' (*idem*, pp. 170-71). Ensina Alberto Pinheiro XAVIER, sobre 'O princípio do *numerus clausus*: a) *Tipologia taxativa*: O princípio da seleção impõe a construção dos tributos por tipos, mas nada nos diz acerca dos caracteres de que se deve revestir essa tipologia. Ora, dentre as várias modalidades, a taxativa e delimitativa — a tipologia tributária é inegavelmente taxativa. A regra *nullum tributum sine lege*, alude, deste modo, não só à origem normativa dos tributos, como também ao princípio do *numerus clausus* em matéria de impostos. De harmonia com o princípio da seleção delimita com rigor o campo livre de tributo, por isso tal princípio é uma verdadeira *Magna Carta* do contribuinte' (XAVIER, A. P., 1978, p. 86).

Registre-se que, mesmo em Portugal, o princípio do *numerus clausus* é adotado na área particular da tributação pessoal (Constituição da República, artigo 107º, 1), conforme lição de J. J. Gomes CANOTILHO e Vital MOREIRA [CANOTILLO, J. J. G.; MOREIRA, V:, 1993, p. 462]).

No texto constitucional de 1967, a competência residual (art. 18, § 5º e 21, § 1º, redação dada pela Emenda nº 01/69) abriu a cláusula engendrada pela Reforma que se inspirou na doutrina alemã, reelaboradora da teoria romana do *numerus clausus*, pertinente aos direitos reais de garantia, para adaptá-la ao direito tributário, como técnica de limitar o poder de tributar, e, daí em diante, fissurou-se cada vez mais a armadura do sistema, retornando o velho hábito de proliferação de tributos, sob os mais habilidosos disfarces.

No sistema da Constituição de 1988, no que se refere a impostos, a residualidade da União ficou um pouco mais restrita, exigindo-se para

Pretendia-se e se alcançou modernizar a base industrial do país, iniciada em 1957 com o processo de substituição de importações — Lei nº 3.244 de 14/8/1957 —, para renovar aquele modelo rural e industrializar o país. Por isso que o nosso primeiro fusquinha, não o do Presidente ITAMAR comemorando os trinta anos, mas o de 1960, o modelo de substituição de importações: produzir aqui o que antes se importava dentro de um planejamento tecnicamente exitoso. Um dos melhores projetos do mundo pela rapidez, mas, em compensação, isso inverteu a pirâmide social e a matriz demográfica brasileira que, antes, se apresentava em torno de 75% de habitantes no campo e 25% na parte urbana, nas cidades.[146]

---

o seu exercício lei complementar, diversamente da anterior, que se contentava com lei ordinária e mesmo decreto-lei (CF/88, art. 154, I). O panorama, todavia, em matéria de "contribuições", persiste flexível, expondo o contribuinte a sobressaltos e perplexidades diante da incessante criação de novas exações, cuja constitucionalidade tem sido, nos últimos anos, objeto de milhares de impugnações junto ao Poder Judiciário, gerando, ademais, o fenômeno que, segundo perspicaz observação de Jean CARBONNIER, se costuma designar pela expressão "sutileza da legislação fiscal" (Em seu admirável "Flexible Droit", afirma o consagrado sociólogo francês: 'La loi fiscale étant devenue bien plus subtile, il nous faut plus de conseillers fiscaux. Eh oui! Mais maintenant que vous avez tant de conseillers fiscaux, la loi fiscale est à l'aise pour se faire encore plus subtile' (Jean CARBONNIER, *Flexible droit*, 1992, p. 8) De qualquer modo, registre-se que a França, apesar de não ter um sistema tributário formalmente constitucionalizado, como sucede no Brasil, segue técnica diversa, adotando um Código Geral de Impostos e outro de Processo Fiscal (inexistentes aqui), cujo texto original (de ambos) foi promulgado por decreto de 6 de abril de 1950. Os textos atuais (com o desmembramento em dois, o de impostos e o de processo) foram aprovados pelos Decretos nºs 92-836, de 27/08/1992 e 92.837, da mesma data (publicados no JO de 29, seguinte), já prevista nova edição (atualização) para o segundo semestre de 1995.).)" (NOGUEIRA, Alberto. *O devido processo legal tributário*. Rio de Janeiro: Renovar, 1995, pp. 49-53).
146 O texto a seguir transcrito corresponde à advertência que fiz à

253

Em torno de 1970, no ápice desse processo, estava tudo invertido, tudo fora do lugar. O Brasil foi posto de cabeça para baixo. Tenho até dúvida se não foi o contrário, se ele já vinha de cabeça para baixo e deu outra cabeçada. O que aconteceu nessa história? Deixa-se para lá esse projeto porque ele continha, nos arts. 5° e 17, respectivamente, dois grandes princípios de democracia tributária e de transparência. O *numerus clausus* em matéria de tributo. No art. 5°, lê-se ainda e os tributos são impostos, taxas e contribuição de melhoria. E é no art. 17 que os impostos são exclusivamente os previstos nesse título. Então, o *numerus clausus*, um rol exaustivo para conter a voracidade do Fisco. Entretanto, isso durou muito pouco porque, antes mesmo de entrar em vigor

---

Assembléia Constituinte da República de Angola, na qualidade de convidado do governo brasileiro e daquele país, prestando cooperação técnica em matéria de tributação, em 08/09/1999, perante seu Congresso Nacional (conferência)

"O Brasil, por exemplo, em matéria tributária, dentro do contexto que acabei de referir, utilizou o instrumental tributário e fiscal como alavanca para o progresso econômico, pelo menos em termos quantitativos. Para se ter uma idéia: o primeiro Volkswagen, tipo 'fusca', fabricado no Brasil, foi no final de 1959, começo de 1960, e, dez anos mais tarde, a estrutura industrial do País estava completamente modificada, via tributação, via instrumento fiscal, o que acarretou, de um lado, a estruturação de uma indústria de porte, que, mais tarde, a levaria a ocupar no ranking mundial uma oitava ou nona posição. Mas a distribuição populacional no País, que, na década de 50, em que se entendia que se tratava de um País de vocação agrícola, dizia-se, então — essa era a divisa ideológica — 'o Brasil é um país eminentemente agrícola', e que, depois, passou a ser: 'Governar é construir estradas.'

De 75%, *grosso modo*, da população do campo, e 25% da cidade, inverteu-se. Então, surgiram as megalópolis, a favelização, depois o desemprego, que não se conhecia no País, e um grande drama social. Esse é o lado negativo da nossa experiência: crescimento com miséria. E a tributação tem um papel fundamental nesse contexto" (NOGUEIRA, Alberto. *Viagem ao direito do terceiro milênio*: justiça, globalização, direitos humanos e tributação. Rio de Janeiro: Renovar, 2001, p. 560).

o hoje Código Tributário Nacional, já se introduzia, pelo Decreto-lei nº 27, mais um artigo em que excepcionava e dizia: "sem prejuízo da cobrança", com o acréscimo de dez itens ao atual artigo 217, constando do último inciso nova abertura ao dizer, "e outras contribuições previstas em lei".

Terceiro tema: passamos pelo Império; passamos pela República do "Café com Leite" e, agora, a República Cidadã, a República da "Geni", ainda do Chico Buarque.

Quando se imaginava que o pesadelo tivesse passado, que o circo de horrores tivesse sido substituído por outro de diversões, de alegria, de brincadeiras, veio a promessa de uma verdadeira República.

Tivemos a República Velha, aquela de 1891, tivemos uma República, renovada aquela de 1946 — estou falando de nomes —, e a promessa de uma verdadeira República com a Carta de 1988, mas ela contém um paradoxo na parte tributária.

Portanto, praticamente terminou a nossa viagem de carro. Estou tirando, agora, o retrovisor porque 1988 não está longe, dá para enxergar, não é? Vamos, então, olhar para frente. Esqueço o retrovisor e, agora, estou na estrada, no vidro dianteiro um paradoxo. Quer dizer, estou procurando aqui na estrada e não estou entendendo direito se estou indo para a frente, se estou de lado, se estou indo para trás.

O sistema de 1988 tem uma dupla base: uma base autoritária, tecnicamente bem estruturada que é aquela ainda da Emenda nº 18, de 1965, que gerou o CTN, que gerou o Decreto nº 70.235 — bons produtos, sem dúvida, para a época —, e uma parte democrática, pela primeira vez, e já no art. 1º: "O Brasil constitui-se em Estado Democrático de Direito". Então, agora, essa República é da sociedade. República mesmo, coisa de todos. Por isso, há o Estado, ou Estados, ou Estatuto Democrático de Direito.[147]

---

147 A idéia de um Estatuto do contribuinte foi frondosamente discuti-

da pelos constituintes de 1988, como bem refere RAYMUNDO JULIANO FEITOSA, professor da faculdade de direito da Universidade Federal de Pernambuco, em obra especializada de pesquisa: "Outro centro de gravidade das propostas foi a definição dos princípios constitucionais tributários. É evidente que a discussão não foi marcada por um tom de aprofundamento do caráter e natureza dos princípios jurídicos, senão que subjacente a isto, tenha ficado a idéia da supremacia dos princípios, ou seja, atribuiu-se-lhes uma caracterísitica distinta das normas em geral, com um conteúdo que possibilitava esclarecer e/ou delimitar os demais mandatos constitucionais ou infraconstitucionais. Pois bem, o princípio mais generalizado nas conferências de forma expressa, ou inclusive exposto indiretamente, foi o vinculado ao fim da justiça na distribuição dos impostos. Destacar-se-á que a justiça, enquanto ideal a ser buscado, de todos os princípios, foi o único a ser tratado nas diferentes perspectivas, do conhecimento, não se restringindo apenas às discussões jurídicas. Esta notável relevância também lhe foi conferida pelos juristas, alguns asseverando, inclusive, que 'o sistema tributário é um conjunto de princípios, cujo centro é o de justiça. Outros, atribuíram maior significado e importância ao princípio da legalidade, expondo inclusive sua 'radical e absoluta preeminência em relação ao exame de qualquer questão tributária, inclusive a questão magna da redistribuição da rendas nacionais, das receitas tributárias nacionais. Em resumo, proclamou-se a necessidade da manutenção de todos os princípios constitucionais tributários já incorporados à Constituição brasileria de 1967 e, principalmente, a necessidade de que estes sejam verdadeiramente efetivados" (FEITOSA, Raymundo Juliano. *Finanças públicas e tributação na constituinte*: 1987/1988. Rio de Janeiro: América Jurídica, 2003, pp. 11-12.). Como anota o ilustre tributarista pernambucano, no texto final da Carta de 1988, foram expurgadas do preceito correspondente (art. 145 do texto atual, relativo aos objetivos dos tributos, no Capítulo das Limitações ao Poder de Tributar. É ler: "Neste sentido, a primeira manifestação em linha com estas considerações vem do Capítulo I, Seção I — Dos Princípios Gerais — do texto da Comissão de Tributos, de cujo articulado foi excluído o parágrafo 1º que continha os objetivos da imposição tributária. É evidente que tal disposição não tinha precedente na história constitucional do Brasil, o que supôs consideráveis argumentos contra. Ainda na mesma seção houve outra mudança determinada pela exclusão de dois preceitos" (*idem*, p. 46). E, em seguida, no rodapé acrescenta ("Com a finalidade de uma mera

Acontece que ficamos com dois sistemas paralelos. Um é aquele antigo, encartado na Constituição de 1988, e o outro é o novo, com a moderna e pujante principiologia, que, todavia, não chegou a ser incrementada. Esse o nosso drama. Nós estamos aplicando o velho e o novo está na vitrine.

O contribuinte de hoje é o mesmo submisso, indefeso, que era no período anterior, que era o sistema da "lei é lei, e acabou". A Constituição, nos poucos princípios que vieram de eras priscas, como o da capacidade contributiva, e já de 1824, do art. 179, XV; entendia-se então... São contos de fadas. No máximo, conselhos para o legislador. "Se vocês legislarem, assim, de acordo com esses princípios, o povo vai ficar mais feliz, mais alegre." Mas isso não vincula. Na Carta de 1988, sim, eles são vinculativos. Efetivos e de aplicação imediata. Só que o conceito de imediato se tornou fluido.

No art. 150, § 5º, temos princípio de que o legislador disporá a respeito de que constará obrigatoriamente, no preço das mercadorias e serviços, a parcela correspondente aos tributos neles incorporados, a transparência fiscal, num país em que há um déficit de percepção cívica tão grande como é o nosso, para não dizer também de analfabetismo funcional e tributário. O povo não tem culpa nenhuma disso, ao contrário, é a vítima. Nós somos a vítima.

Eis aí também o problema da educação, da instrução, mas sempre se acaba achando que o povo é responsável, que não sabe votar, não sabe fazer o ser sistema tributário, é sonegador, não cumpre suas obrigações. É isso que diz o Estatuto do Fisco. E essa parte institucional, ou seja um sistema que deve-

---

ilustração vemos o texto referido: 'Os tributos destinam-se a prover a União, os Estados, o Distrito Federal e os Municípios de receitas para satisfazer as necessidades públicas a seu cargo, e terão em vista, principalmente, os seguintes objetivos: I — justiça social, e II — desenvolvimento equilibrado entre as diferentes regiões do país'" (*Idem*).

ria transformar a estrutura, a ossatura autoritária anterior — porque tecnicamente é de boa valia —, deveria injetar ali a substância democrática, mas não se fez. A parte boa está na vitrine, é só para mostrar. A parte que já teve utilidade serviu para implementar um projeto de desenvolvimento econômico sem desenvolvimento político e muito menos social, ficando esta última parte prometida para depois. Era a teoria do Professor Delfim Netto: primeiro, o bolo tinha que crescer para, depois, se repartir. Ele cresceu, mas não foi repartido. O gato comeu.

Continuamos com esse impasse. E como rompê-lo? Já vimos que se tentou isso desde Santa Cruz, depois, com a República Velha, com a Revolução de 1930, com Getúlio Vargas amarrando com seus gaúchos os cavalos, à frente da Justiça Federal, na Avenida Rio Branco, naquele obelisco. Depois, os militares tentaram, em 1964, com alguns políticos ali ao lado. Depois, em 1988 com a Constituição Cidadã, com o nosso querido e saudoso Ulisses Guimarães. Entre 1964 (Regime Militar iniciado) e 1988 (Retorno à Democracia) houve alguns vaivéns. Dentre estes, o mais importante, sob o aspecto político, foi o assim denominado "Pacote de Abril: Emenda nºs 7, 8 e 9, a Carta de 1969"). Mas sobre esta última, no que interessa ao estrito campo da tributação, o registro que segue — apenas como indicação de fonte de pesquisa, li e estudei as 541 páginas do texto oficial (*A Constituição que não foi — História da Emenda Constitucional nº 1, de 1969* (Brasília: Senado Federal, 2002) — bem documenta a *alienação política* do regime militar então instaurado, no que diz respeito ao *sistema tributário*: sob a direta e pessoal direção do Marechal Arthur da Costa e Silva como Presidente da República (militar) e assessorado por Pedro Aleixo (Vice-Presidente da República e Relator da Comissão incumbida de preparar a Reforma da Constituição de 1967), que resultou na Emenda Constitucional nº 1, promulgada em 17 de outubro de 1969, pela

Junta Militar que, no período da doença e passamento daquele, assumindo as funções da Presidência da República, promulgou o novo texto.

Sem entrar no contexto dos fatos políticos, sociais, militares e jurídicos, o que o preciso livro documenta (anais dos trabalhos) é que a parte não foi discutida pela referida Comissão de Alto Nível, "por falta de tempo" para examinar o anteprojeto encaminhado pelo então Ministro da Fazenda Delfim Netto (v. pp. 18, 103, 121 e especialmente 358 e (falta de tempo).[148]

Como romper esse espaço viciado?

Como disse há pouco, na verdade, a Carta de 1988 se tornou aquela "Geni" do Chico Buarque. Depois que o voador, que vem lá do Zeppelin, deixou a cidade. Enquanto ele estava ali ameaçando destruir tudo, era viva a "Geni" e, depois, a maldita "Geni", dá para qualquer um. É a música que diz isso. Não sei o que vocês entenderam. Dá apoio, é claro.

Como romper esse impasse?

Nós temos uma resposta conservadora, é a reforma/remendo, CPMF e DRU — Desvinculação de Receitas da União — e, no máximo, unificação de ICMS para atender até à exigência do bloco do Mercosul.

É impensável uma integração com vinte e sete sistemas tributários estaduais e mais o Distrito Federal, só para atender ao ICMS, e, ainda, o sistema central que orbita em torno do Conselho de Política Fazendária — CONFAZ. Como alguém vai entender essa balbúrdia que não seja um brasileiro? Nós não entendemos também. Ninguém entende como isso funciona.

Diagnóstico: uma outra resposta seria, em face dessa assimetria, construir de baixo para cima porque, de cima para

---

148 *A constituição que não foi:* história da emenda constitucional nº 1, de 1969. Brasília: Senado Federal, 2002.

baixo, em definitivo, é meio complicado. A vida tem demonstrado isso, acredito que ninguém tenha dúvida quanto a isso. Agora mesmo já se acena com uma Constituinte exclusiva só para fazer a reforma política. O que se está tentando é uma recuperação, uma limpeza de baixo para cima para impregnar o que está em cima, que é bom, de conteúdo democrático, sobretudo no que nos interessa mais de perto quanto à situação do sistema tributário ou dos sistemas tributários e do contribuinte.

Chegamos ao Estatuto do Contribuinte. Finalmente, não é?

Há cerca de um mês, eu estive na Assembléia Legislativa de São Paulo, e alguém resolveu me brindar com um título, acharam eles um certo pioneirismo na pesquisa sobre tributação, e era para instaurar uma comissão sobre o Estatuto do Contribuinte em São Paulo, e lá, também havia muitas autoridades do país e do exterior, inclusive o Presidente da Associação Mundial de Defesa do Contribuinte.

Esse instituto tem sede na Suécia, congrega mais de uma centena de países, em junho último até fui convidado a comparecer a Viena para participar, mas, lamentavelmente, não havia condições mínimas para isso — de tempo, sobretudo, e com os deveres que temos aqui.

Então, nessa visão já globalizada, temos dois aspectos: da mesma maneira que o BIRD, o Banco Mundial, até mesmo o FMI, aqui neste auditório já estiveram apresentando modelos para aperfeiçoar a justiça, tivemos agora essa Emenda 45, nem vou falar dela — o tempo não dá e também não gosto —, numa sexta-feira de sol... *Carpe diem*, já diziam os antigos, vamos curtir o dia. Mas espero que pessoas de qualidade, como muitas que estão à frente disso, possam imprimir um rumo e um ritmo adequados.

A emenda não é de todo ruim. O pior que se pretendeu inserir nela, não passou, e o bom é que ela vem a ter realmente um sistema central. Sempre sustentei isso, está em nota de rodapé de um livro de mais de dez anos atrás, mas, evidentemente, que isso tem que ser de uma forma democrática e que não afete a independência e a autoridade do Juiz. Não é só a independência, é a autoridade também. No meu conceito de autoridade, é sobretudo fundamental o respeito, que é o poder, e, portanto, um instrumento de cidadania que é fundamental para a sociedade.

Então, há uma pressão do mundo, que é a matriz material, é o do ter, para os negócios, para a segurança jurídica, e há uma outra pressão, que é no sentido da libertação do homem. Quer dizer, se antes até tivemos escravos, agora não podemos ser reduzidos à situação de um titular de direito. Que história é essa? Nós somos gente, direito das coisas, direito de família, direito de sucessões, direito das obrigações.

Direitos do homem, então, esse é um tema hoje fundamental, porque o futuro da humanidade civilizada depende disso. Não podemos ser objeto de coisas. As coisas é que são objeto do homem. Por isso mesmo, o Tribunal organizou o próximo programa do concurso para juízes e inseriu, fiquei muito feliz com isso, o tópico de direitos humanos.

Mas, então, no mundo inteiro, vou resumir um pouco, estou até aqui com a legislação interna e a externa, resolveu-se enfrentar isso. Os contribuintes, por isso, têm uma instituição agora globalizada, a Associação Mundial de Defesa do Contribuinte, a exemplo do que já ocorre nos Estados Unidos, que implementaram isso em 1997, na Itália, Espanha, e mais recentemente no México, e em muitos outros países.

E qual o sentido disso? Vejam bem, agora, vamos falar no que interessa. O resto foi só abordagem.

O estatuto estabelece regras em defesa do contribuinte, sob todos os aspectos, não é só a defesa jurídica, e estabelece restrições, uma disciplina para o Fisco. Os modelos variam um pouco, mas, de um modo geral, estabelecem figuras, como, por exemplo, o Advogado do contribuinte, como na América. Assim como temos aqui no Brasil o Advogado — vamos nos referir ao plano federal — o Advogado Geral da União, temos o Advogado do contribuinte. No sistema americano, que é muito detalhado, eles reformaram todo o sistema de imposto de renda para garantir essas coisas. E eles não são muito de legislar.

Esse Advogado tem um escritório dentro da Receita Federal deles, mas não é uma salinha. Como aqui o Advogado Geral da União, ele tem uma estrutura inteira e é independente, tem mandato, fiscaliza o que se está fazendo ali dentro, prepara relatórios anuais para o congresso americano, propondo medidas, tem poder de representar contra e afastar funcionários, autoridades, processar, representar, tem uma estrutura para atender qualquer contribuinte e obrigar o Fisco a dar as respostas, com prazo para isso. Estabelece um código de atuação, o que o agente do Fisco pode fazer e o que não pode.

Afora isso, estabelece que anualmente se estabeleça, num texto único, o que está em vigor e o que não está, e esclareça qualquer dúvida, o dever de informação. O acesso aos processos administrativos, em que fase se encontra, quem é o responsável.

Estabelece, como falei no início, não só a proteção, mas mecanismos para reparação imediata, não só das ofensas, como na reparação por prejuízos. A fiscalização terá que explicar previamente qual o tipo de atuação que vai fazer, com algumas variações, porque esses estatutos são muito parecidos, estabelecem que o contribuinte, em princípio, está correto, e cabe ao Fisco demonstrar o contrário, e não como se faz ainda aqui, autua e acabou. Não, tem que explicar exatamente por que, não é só dizer que violou isso e aquilo. Apresentar as provas. Não ter mais presunção de legalidade, nem de certeza.

Enfim, põe no mesmo plano, estabelece instrumentos, não só para assistência ao contribuinte, mas para a sua defesa, e não confundir isso com defensoria pública, é apartado do Estado, como na Espanha tem o defensor do povo, com características um pouco parecidas.

Como provavelmente eu devo ter dito muita coisa passível de discussão e até muita bobagem, sem dúvida, vou procurar agora fazer o fecho.

Conforme é sabido, nós temos em tramitação o Projeto 646/99, que é um projeto de lei complementar, sob a relatoria do Senador JORGE BORNHAUSEN, que compareceu também àquele evento lá de São Paulo.

Nas justificativas, diz-se assim:

"O Projeto de Código de Defesa do Contribuinte abre a página de uma nova cidadania. Com ele, o cidadão contribuinte passa a ter uma relação de igualdade jurídica com o Fisco, para, mediante co-responsabilidade cívica, tratarem juntos e com transparência democrática, da origem da aplicação da arrecadação pública."[149]

Origem e aplicação, artigos 13 e 14 da declaração francesa da Revolução de 26 de agosto de 1789.

Eu li isso aqui e tremi. Depois, entendi um pouco por que me chamaram lá para receber esse título *honoris causa:* foi mais em homenagem à Revolução Francesa, neste aspecto.

Mais adiante, a explicação didática:

---

[149] BORNHAUSEN, Jorge. Justificação ao projeto de Lei Complementar nº 646/99. Diário do Senado Federal, nº 188, 26 nov. 1999, pp. 31.772-31.778.

"Os deveres e os direitos são mútuos, nada se presume negativamente contra um ou outro. O quanto decidir a favor de um outro, será mediante expressa indicação dos fatos e motivada a declinação do Direito. A justa compreensão do que aqui se propõe para daí extrair o quanto a sociedade civil tem o direito de ver e sentir da ação estatal, exige um repensar crítico de métodos e presunções do Direito Público. O projeto implica, substancialmente, uma revolução cultural na compreensão da constituição para nela se ler o quanto em outras sociedades democráticas, que já têm o estatuto do contribuinte, mais sólidas e corajosas no reconhecer e tornar eficazes os direitos da cidadania, já o fizeram há séculos ou décadas. Não se cuida de interpretar nossa Carta Magna, mas de construí-la, pois estou me referindo de baixo para cima. Se, na interpretação, circunscreve-se o aplicador a compreender a norma, para torná-la coerente com o sistema positivado no qual se insere, e dali extrair a solução do caso concreto, já na construção seu trabalho é reler a Constituição, em face dos novos fatos políticos e das novas demandas sociais, para sobre eles projetar os princípios fundamentais implícitos da Carta e, destarte, dar-lhes solução justa, sem ruptura institucional, sem cismas sociais, e sem a necessidade de sucessivas e infindáveis emendas. Mediante construção, o legislador, assim como o intérprete, é o aplicador da lei, não só reconsubstanciam os mecanismos de igualdade jurídica concedidos pelo constituinte originário, como também e mais fundamentalmente, reedificam os ideais de justiça social da sociedade civil."[150]

Noutra passagem, destaco:

---

150 Idem.

"De outra parte, há que se ter presente, porque vive, hoje, o mundo, a era dos direitos legislados. A cidadania não se satisfaz mais com meras declarações de direito. Todo direito é. Assim, a Constituição brasileira tornou expresso que as normas definidoras dos direitos e garantias fundamentais têm aplicação imediata (art. 5°, § 1°). Longe está o tempo de ter o cidadão seus direitos fundamentais subordinados à discricionariedade do Estado, mediante cláusula de eficácia contida, ou não auto-aplicáveis, ou apenas programáticas. Os regimes de liberdade sempre rejeitaram essa visão positivista-radical, que caracterizou os regimes autoritários da democracia formal."[151]

Mais adiante; e já agora, na linha do que venho assinalando em obras anteriores, a respeito das raízes autoritárias do sistema anterior a 1988:

"Não se pode perder de vista que, concebido, embora, sob o influxo democrático da Constituição de 1946, o Direito Tributário Brasileiro, codificado em 1966, particularmente nas relações do Fisco com o contribuinte, foi implementado sob as condições autocráticas das Cartas de 1967 e 1969, daí o propósito do Código de Defesa do Contribuinte de interpretar o Direito Tributário Nacional, nos moldes libertários da Constituição de 1988 — aquela forma que ali ressurgiu, que é dar a substância, pegar a estrutura técnica que veio de 1966, mas ler por um conteúdo democrático e federativo —, particularmente nas relações do Fisco com o contribuinte, daí propósito do Código de interpretar o Direito Tributário Nacional nos moldes libertários da Constituição de 1988 e da jurisprudência dela resultante, cuja sede é a sociedade

---

151 *Idem.*

civil, e cujo objeto maior é harmonizar, sob condições de igualdade jurídica, dos interesses individuais e coletivos em face do Estado, no que complementa e explica, para tornar substantivamente eficazes os dispositivos constitucionais sobre a declaração dos direitos fundamentais do contribuinte e sobre os princípios de justiça fiscal, condicionadores da tributação, punha a sociedade civil em pé de igualdade legal com gerentes e estatais, ou mesmo gestores tributários, na busca e consecução dos grandes ideais de justiça social e redistribuição da riqueza, mediante a tributação."[152]

Nós já temos em pleno funcionamento no exterior, essa preciosa criação democrática libertadora. É claro que só estou fazendo referência, não farei comentários, os textos estão à disposição, além do estatuto americano, é interessante até o título que recebeu. Esse ato pode ser citado como Taxpayer Bill of Rights II, Segunda Declaração de Direitos do Contribuinte, tal como a Magna Carta, no contexto considerada como a primeira.

Dentre alguns países que já adotaram o Estatuto, ressalto: Nos Estados Unidos apresenta a figura do procurador do contribuinte, advogado do contribuinte. O da Espanha, lei de direitos e garantias dos contribuintes, também, minuciosa. O da Itália, que é de 2000, com ferramentas da cidadania tributária, que sem dúvida é o Estatuto do Contribuinte.

O último deles é o do México introduzido em lei federal dos direitos do contribuinte. Todos esses estatutos determinaram que se fizesse uma revisão completa, em todos os termos, para extirpar da legislação tributária aquilo que costumo chamar — usando, aliás, linguagem do seu criador, o então

---

152 *Idem.*

Senador FERNANDO HENRIQUE CARDOSO, de "entulho tributário".

Dessa forma, para varrer esse "entulho autoritário", na parte tributária, esses estatutos determinaram, não só nas leis dos tributos, mas nas leis administrativas, leis de organização, de procedimentos, para adequá-las aos direitos fundamentais. Portanto, é uma construção, efetivamente, de baixo para cima.

O Senador JORGE BORNHAUSEN foi muito claro — conversamos muito sobre isso. Eu perguntei: por que demora tanto? Ele disse: Nós precisamos muito de energia social, das pessoas, porque não é fácil implementar isso; há resistência. A quem interessa? Sempre uma tendência estática que, sob o aspecto humano, é até compreensível, o medo da mudança, a acomodação.

Então, o Senador, que é o Relator, disse: Precisamos muito de eventos como este — aquele que aconteceu lá em São Paulo. Fazendo coro e encerrando a palestra, acrescento. Assim como o deste evento da EMARF, aqui no Rio de Janeiro, do qual tenho a honra e o prazer de participar.

Muito obrigado.

APÊNDICE 2

1. Estado de Direito

A expressão Estado de Direito (Rechtsstaat), segundo Elíaz Díaz, aparece pela primeira vez na obra de Robert Von Mohl: Die Polizeiwissenschaft nach den Grundsätzen des Rechsstaates publicada em 1832-1833 (DÍAZ, E. *Estado de derecho...*, p. 31)[153].

Dentro dessa concepção o Estado de Direito deve levar em conta, na sua caracterização, quatro elementos, a saber: o império da lei, como expressão da vontade geral, divisão de poderes, legalidade da administração (atuação segundo a lei e suficiente controle judicial) e direitos e liberdades fundamentais (garantia jurídico-formal e efetiva realização material (*idem*, p. 31). *Grosso modo*, a idéia de Estado de Direito corresponde àquela desenvolvida pelos ingleses, de *rule of law*.

---

153 Traduzo: "um Estado contemporâneo está submetido à constituição e às Declarações de Direitos do Homem". Mas, sob um outro ponto de vista, o sistema de limitação, não apenas das autoridades administrativas, mas também dos legisladores, em relação aos direitos individuais que a constituição coloca acima do alcance dos legisladores.

Segundo Michel Troper, a partir de 1871 o Estado passou a ser concebido como um ser dotado de existência própria, que não procede do povo, supondo-se que "un État contemporain... est soumis à la constitution et aux déclarations de droits de l'homme". E, mais adiante: "Mais à un autre point de vue, le système de limitation, non seulement des autorités administratives, mais aussi des législateurs par rapport aux droits individuels, que la constitution place audessus des atteintes du législateurs."[154]

Com rara precisão, Martin Kriele assinala que devemos à tradição francesa, em primeiro lugar, as idéias de soberania de igualdade, "que en conexión con *rule of law* constituyen la esencia del Estado constitucional democrático".[155]

Com base na clássica formulação de Friedrich Julius Stahl, assinala com propriedade Alberto Pinheiro Xavier:

"O Estado de Direito foi, ao menos inicialmente, concebido como aquele que tem por fim o Direito e atua segundo o Direito; isto é, aquele que tem a justiça por fim e a lei como meio da sua realização".[156]

E prossegue o notável jurista:

"Esta idéia de Estado de Direito — certo, imprecisa, mas não menos rica de conteúdo — deu origem a que, no terreno tributário, os princípios da generalidade, da capacidade contributiva e da legalidade assumissem, para além

---

154 TROPER, Michel. Concept d'Etat de droit. Revue Française de Théorie Juridique, Paris, n° 15, pp. 52/53, 1992.
155 KRIELE, Martin. *Introducción a la teoria del* estado: fundamentos históricos de la legitimidad del estado constitucional democrático. Buenos Aires: Ediciones Depalma,1980, p. 4.
156 XAVIER, Alberto Pinheiro. Os princípios da legalidade e da tipicidade da tributação. São Paulo: Revista dos Tribunais, 1978, pp.8-9.

de expressão constitucional, uma profunda unidade sistemática, constituído a própria emanação do Estado de Direito no domínio dos impostos."[157]

Estes, como inúmeros outros princípios, cuja aplicação, entre nós, tem sido tradicionalmente aceita, com a Carta de 1988 se vêem reforçados em termos de efetividade (art. 5º, §§ 1º e 2º).

A propósito deles, observa Aliomar Baleeiro:

"Ora, a Constituição forma-se sobretudo do tecido desses princípios abstratos ou idéias gerais endereçadas ao legislador ordinário, e, em regimes de controle judiciário como o nosso, o americano e o argentino, também aos tribunais. Uns jazem nas profundidades do sistema político e filosófico da Constituição e transparecem apenas duma ou de algumas palavras do texto como no art. 153, § 36, da Emenda nº 1º/69. Outros são expressos e até rotulados de *princípios*, pelo próprio constituinte, que enumera um rol deles."[158]

Essa é a doutrina assente, de muito tempo, no Brasil.

Oportunamente a ela retornaremos no tópico dedicado ao controle da legalidade tributária.

2. Estado Social de Direito

A idéia de Estado Social de Direito tem seu foco voltado para a ampliação das possibilidades efetivas do atendimento

---

157 *Idem.*
158 BALEEIRO, Aliomar. *Limitações constitucionais ao poder de tributar.* 6 ed. Rio de Janeiro: Forense, 1985, p. 269.

das necessidades dos administrados (cidadãos). Nessa concepção, o Estado aparece mais como "provedor" das necessidades públicas (*welfare state*), proporcionando o mais elevado nível possível de bem-estar para a população. No dizer de Elías Díaz:

> "Trátase del intento loable de convertir en Derecho positivo viejas aspiraciones sociales, elevadas a la categoria de princípios constitucionales protegidos por las garantías del Estado de Derecho."[159]

E, mais adiante:

> "El Estado social de Derecho, para merecer en vigor esta denominación, deberá responder a las exigencias que se han considerado propias de todo Estado de Derecho."[160]

Ou, nas palavras de Jorge Miranda:

> ... "quando o Estado do século XX se apresenta como um Estado *administrativo*, em vez de *legislativo* (CARL, SCHMITT), muito do que é administrativo eleva-se a constitucional; inversamente, quando a lei emana do Poder Executivo e se converte em medidas concretas, é esse acto de Direito constitucional que parece convolarse em acto de Direito administrativo."[161]

É ainda do notável jurista português essa admirável síntese:

---

159 DÍAZ, Elías. **Estado de derecho y sociedad democrática**. Madrid: Taurus, 1992, pp. 84 e 87.
160 *Idem*.
161 MIRANDA, Jorge. *Manual de direito* constitucional. Lisboa: Imprensa Nacional, Casa da Moeda, 1990, p. 21.

"A expressão Estado constitucional parece ser de origem francesa, a expressão governo representativo de origem anglo-saxônica e a expressão Estado de Direito de origem alemã. A variedade de qualificativos inculca, de per si, a diversidade de contribuições, bem como de acentos tônicos."[162]

O Estado Democrático de Direito surge como a modalidade mais avançada do chamado Estado de Direito, incorporando conteúdos da etapa anterior (Estado Social de Direito) e fazendo recair a tônica sobre o aspecto da participação dos cidadãos na realização de seus fins.

A germinação do Estado Democrático de Direito surgiu em um longo e complexo processo, cuja evolução passou por mais de um caminho, de tal sorte que, dele, pode-se dizer, tem-se o resultado da luta do homem em diversos cenários e contextos. Sem falar na obscura luta dos tempos passados e imemoriais, num horizonte mais visível se destacam as vertentes inglesa (Revolução Gloriosa, em especial, o *Bill of Rights*, de 1688), norte-americana (Declaração de 1787) e francesa (Declaração de 1789), tudo conduzindo para um só fato, as garantias dos direitos fundamentais.

Ninguém melhor que Karl Loewenstein para sintetizar esses momentos épicos das liberdades fundamentais, valendo o destaque de algumas de suas mais brilhantes passagens, em obra de pleno amadurecimento intelectual e científico:

"Los origenes de las libertades individuales y del constitucionalismo no son los mismos"... "La idea de que el ciudadano — prescindiendo ya de la masa de los no ciudadanos — tenía que detentar derechos propios, diferentes de sus obligaciones, frente a la comunidad, fue completa-

---

162 *Idem*, p. 82.

mente ajena a la teocracia hebrea, a la Ciudad-Estado griega y a la República romana."[163]

Com a Revolução Gloriosa, segundo Loewestein:

... "se unieron las dos raíces, el constitucionalismo y las libertades individuales, naciendo de ambas el poderoso árbol del moderno Estado democrático constitucional".[164]

Essa fascinante saga, da confluência das liberdades individuais (o caminho francês) com o constitucionalismo (o caminho inglês), é descrita, com rara simplicidade e fluência, pelo citado jurista:

"Las ideas de Montesquieu y de Rosseau adquirieron forma común en la Declaración francesa de los derechos del hombre, cuyo artículo 16 reza: *Toute société dans laquelle la garantie des droits n'est pas assurée, ni la séparation des pouvoirs determineé, n'a point de constitution.*"[165]

E, em magistral arremate conclusivo:

"Desde entonces hasta nuestros dias, las garantías de los derechos fundamentales pertenecen a la esencia del Estado democrático constitucional e infundem la ideologia liberal democrática en las constituciones de los siglos XIX y XX".[166]

---

163 LOEWENSTEIN, Karl. Teoria de la constitución. 2. ed. Barcelona: Ariel, 1986, pp. 392-393.
164 *Idem*, p. 394.
165 *Idem*.
166 *Ibidem*, p. 395.

Para, afinal, contemporanizar essa evolução em seu momento supremo e universal:

"La victoria al nivel mundial culminó en la Declaración universal de los derechos por las Naciones Unidas (1948)."[167]

---

[167] *Idem, ibidem*, p. 395.

APÊNDICE 3

A INTERMINÁVEL EPOPÉIA DA TRIBUTAÇÃO

Os tributos, ao longo do tempo, vêm cumprindo os mais variados papéis e funções, notadamente no campo político, econômico e social. A literatura especializada tem ressaltado a importância e o peso do fenômeno impositivo na estruturação dos regimes e da organização da sociedade.

Não se pode, a nosso entender, falar em Estado Democrático de Direito sem trazer ao debate a temática tributária (como se pode ver, em minúcias, da trilogia que precedeu o presente estudo, a saber: *O Devido Processo Legal Tributário, Os Limites da Legalidade Tributária no Estado Democrático de Direito e a Reconstrução dos Direitos Humanos da Tributação*).[168]

Nesse último trabalho, procuramos examinar em profundidade as razões pelas quais não foram postas em prática os

---

168 NOGUEIRA, Alberto. *O devido processo legal tributário*. 2. ed. Rio de Janeiro: Renovar, 1997.
_____. *Os limites da legalidade tributária no estado democrático de direito*. 2. ed. Rio de Janeiro: Renovar, 1999.
_____. *A reconstrução dos direitos humanos da tributação*. Rio de Janeiro: Renovar, 1997.

princípios contidos nos artigos 13 e 14 da Declaração dos Direitos do Homem e do Cidadão, proclamada em 26 de agosto de 1789, pela Revolução Francesa.

Agora voltamos ao mesmo tema tributário, mas com a preocupação de contextualizá-lo com a nova matriz mundial, com especial mirada para a globalização e as regionalizações.

É nosso entendimento que surge, nesse exato momento, uma nova e rara oportunidade para a reconstrução dos grandes valores identificados na Revolução Francesa de 1789 também no campo da tributação.

As reflexões que seguem apontam nessa direção, na busca de caminhos e objetivos à luz de enfoques prospectivos para que os tributos contribuam, em suas funções instrumentais, para a concretização de uma sociedade mais justa, inserida no Estado Democrático de Direito.

Essa parte do presente trabalho vem a ser, com perspectiva e intenções específicas, uma continuação das investigações levadas a efeito através da mencionada trilogia.

O ressurgimento da tributação

Delineada, embora vagamente, a paisagem medieval, vejamos agora alguns aspectos mais específicos, diretamente voltados para o fenômeno da tributação. Como entender, por exemplo, a afirmação de SOARES MARTÍNEZ, no contexto em que a fez, da "Respublica Christiana" de que "O imposto tinha carácter excepcional na *cidade antiga*, até à época da decadência. E tinha-o na sociedade medieval".[169] Socorremo-nos dos preciosos subsídios de MAURICE DUVERGER para uma possível resposta: "No começo da Idade Média as recei-

---

169 MARTÍNEZ, Soares. *Filosofia do direito*. 2. ed. Coimbra: Almedina, 1995, p. 27.

tas dos domínios reais constituíam o essencial dos recursos públicos. O rei vivia dos frutos e produtos que tirava de seus bens, tal qual um particular. Entretanto é necessário distinguir entre as receitas dominiais propriamente ditas e as *redevances* (contribuições) feudais."[170] No último caso, os camponeses eram obrigados a utilizar o moinho senhorial, o forno e mais instalações pertencentes ao domínio feudal. Além disso, estavam sujeitos ao sistema de corvéia, que os obrigava à prestação dos mais diversos serviços de construção civil, de estradas, trabalhos domésticos, etc.[171]

---

170 DUVERGER, Maurice. *Institutions financières*. 2. ed. Paris: Presses Universitaires de France, 1957, pp. 85-86. No original: "Au début du Moyen Age les revenus des domaines royaux constituaient l'essentiel des ressources publiques. Le roi vivait des fruits et produits qu'il tirait de ses biens, tout comme un particulier. Il faut distinguer cependant entre les revenus domaniaux proprement dits et les redevances féodales."

171 A partir do século XVI a situação se modifica radicalmente, como esclarece JACQUES ELLUL: "Constituem a parte mais importante das receitas. Estes impostos são diversificados, mas os termos para designá-los carecem de precisão: 'aides' pode designar o conjunto dos impostos, termo equivalente à 'fouage', que designa tanto a talha como todos os impostos. Gabela designava todos os impostos indiretos, e após o século XVI somente o imposto do sal" (ELLUL, Jacques. *Histoire des institutions*. 12. ed. Paris: Presses Universitaires de France, 1994. V. 4: XVI-XVIII siècle, p. 51. No original: "Ils constituent la part la plus importante des ressources. Ces impôts sont diversifiés, mais les termes pour les désigner manquent de précision: 'aides' peut désigner l'ensemble des impôts, terme équivalente à 'fouage', qui désigne tantôt la taille, tantôt tous les impôts. Gabelle désignait tous les impôts indirects, puis au XVI siècle seulement l'impôt du sel.")

No século XVII, segundo o citado autor, "a talha remanesce como imposto de base, com suas características antigas, imposto de repartição, solidário, bastante flexível, suscetível de servir de base para outros impostos ... No conjunto, ela é mal repartida, de maneira empírica e incoerente. Mas ninguém no século XVII questiona ainda a igualdade diante do imposto. Há enormes privilégios: não somente os clérigos e

A síntese que esse autor nos traça a propósito da evolução do sistema romano para o moderno é exemplar: "A idéia romana do imposto tinha-se dissolvido ao mesmo tempo que a idéia romana de Estado: as duas reaparecem juntas, enquanto desaparece a concepção feudal de um poder ligado à propriedade e distribuído entre os senhores. As circunstâncias deste renascimento do poder tributário representaram um certo papel no desenvolvimento das instituições democráticas modernas."[172] Ainda segundo DUVERGER, foi do sistema dos "auxílios feudais" que surgiu o moderno imposto, e por isso é que foram "motivos fiscais que desempenharam o mais importante papel nas convocações do que se chamava na França os Estados Gerais e, na Inglaterra, o Parlamento".[173]

Hoje é mais que consabido que, os diversos "pactos", in-

---

os nobres, mas os marítimos inscritos, os oficiais militares plebeus, os estudantes da Universidade, os oficiais civis, etc. De fato, a talha acaba por recair sobre os mais pobres e sobre os camponeses" (*Ibid*, p. 187). No original: "La taille reste l'impôt de base, avec ses caractères anciens, impôt de répartition, solidaire, très souple, susceptible de servir de base à d'autres impositions "..." Dans l'ensemble, elle est mal répartie, de façon empirique et incohérente. Mais personne au XVII siècle ne demande encore l'égalité devant l'impôt. Il y a d'énormes privilèges: non seulement les clercs et les nobles, mais les inscrits maritimes, les officiers militaires roturiers, les étudiants de l'Université, les officiers civils, etc. En fait, la taille finit par retomber sur les plus pauvres et sur les paysans."

172 DUVERGER, Maurice. Institutions financières, *op. cit.*, p. 86. No original: "L'idée romaine d'impôt s'était dissoute en même temps que l'idée romaine d'Etat: les deux réapparaissent ensemble, pendant que disparaît la conception féodale d'un pouvoir lié à la propriété et dispersé entre les seigneurs. Les circonstances de cette renaissance du pouvoir fiscal ont joué un certain rôle dans le développement des institutions démocratiques modernes."

173 Ibid, p. 87. No original: "Ce sont des motifs fiscaux qui ont ainsi joué le plus grand rôle dans les convocations de ce qu'on appelait en France les Etats généraux et en Grande-Bretagne le Parlement."

clusive o mais conhecido deles, senão o mais importante, o da *Magna Charta Libertatis*[174], jurada na Inglaterra em 1215 pelo rei JOÃO SEM TERRA, não protegia a sociedade civil como um todo, mas essencialmente o baronato e seu patrimônio contra régias exigências unilaterais.

É claro que os fundamentos das liberdades conquistadas pelo nobres são os mesmos que mais tarde os burgueses levantariam em seu favor, na formação do Estado Burguês, e que hoje são estendidos, em maior ou menor intensidade, aos demais membros da comunidade para a realização de uma sociedade democrática de direito na qual a proteção dos direitos guarde, senão uma igualdade perfeita, pelos menos um mínimo de "equilíbrio" (igualdade de oportunidade e de participação nos frutos da sociedade).

Mais uma vez a história se repete com o surgimento de uma nova forma (modelo) de "Estado", onde se começa a perceber a perda de poder e de prestígio da burguesia tradicional (ligada ao Estado-nação).

Deixando de lado essas considerações periféricas (que reputamos importantes para a compreensão do tema central do presente trabalho), vejamos como ficou a questão tributária nesse mesmo contexto. Servimo-nos da preciosa exposição de P. M. GAUDEMET e de J. MOLINIER[175], que analisaram o sistema de 1789 e sua evolução.

---

174 Daí a observação de JOSÉ FERNANDO CEDEÑO DE BARROS, em brilhante dissertação de Mestrado defendida perante a Universidade de São Paulo: "A prática do consentimento ao imposto, embora possa ser encontrada em documentos mais antigos, sem dúvida, afirma-se na Carta Magna, em que pese a convocação dos nobres para sua redação ter tido sua origem, exclusivamente, nas necessidades pessoais de João-sem-Terra" (BARROS, José Fernando Cedeño de. *Aplicação dos princípios constitucionais do processo no direito tributário*. São Paulo: Saraiva, 1996, p. 4).

175 GAUDEMET, P. M., MOLINIER, J. *Finances publiques*. 5. ed. Paris: Montchrestien, 1992. V. 2: fiscalité.

Quanto ao sistema de 1789:

"A Revolução Francesa estabeleceu um sistema de impostos diretos que devia assegurar o essencial dos recursos públicos. Tratava-se, no início, de um verdadeiro *sistema* logicamente concebido. Entretanto, bem depressa, este sistema, que constituiu a ossatura da fiscalidade francesa no século XIX, foi objeto de reformas fragmentárias que não tardaram a desfigurá-lo e a arrastá-lo a seu declínio."[176]

O sistema do Antigo Regime se caracterizava, segundo esses autores, pelos *privilégios, complexidade* e *inquisição fiscal*, não sendo esta última compatível com o princípio da liberdade proclamado pela Revolução.

O sistema por esta adotado se baseia, ao contrário, na tributação sobre os rendimentos da terra, segundo a teoria consagrada pelos fisiocratas. Todavia, não adotaram a regra do imposto único, preconizada por essa doutrina, em face do conhecido adágio "imposto único, imposto iníquo". E assim, no seu lugar instituíram os chamados "quatro velhos", impostos diretos criados pelas assembléias revolucionárias e que foram cobrados ao longo do século XIX sobre: imóveis, rendas mobiliárias, patentes (indústria e comércio, em substituição às contribuições devidas às extintas corporações de ofícios) e portas e janelas.

Este sistema atendia "à burguesia detentora do poder político, que procurava recursos suficientes para o Tesouro. O

---

176 *Ibid*, p. 271. No original: "La Révolution française établit un système d'impôts directs qui devait assurer l'essentiel des ressources publiques. Il s'agissait, au départ, d'un véritable système logiquement conçu. Mais, très vite, ce système, qui constitua l'ossature de la fiscalité française au XIXe siècle, fut l'objet de réformes fragmentaires qui ne tardèrent pas à le défigurer et à entraîner son déclin."

sistema fiscal dos *quatro velhos* é um sistema fiscal essencialmente burguês e suas características marcam a fiscalidade direta francesa do século XIX em seus grandes traços."[177]

E adiante, a respeito da natureza desse tipo de sistema impositivo: "O imposto ignora o contribuinte para se ligar à matéria tributável. Ele tem uma característica essencialmente individualista, o que corresponde à ideologia burguesa da época."[178]

Por fim, completando a análise desse quadro tão diferente do postulado contido nos artigos 13 e 14 da Declaração de 1789: "A última característica da fiscalidade direta no século XIX é a de não admitir senão *impostos proporcionais*. Ainda aqui, esta técnica salvaguarda os interesses da burguesia afortunada, pois os ricos não são submetidos a uma taxa de imposição superior àquela que atinge os pobres."[179]

Quanto aos impostos indiretos, que eram detestados como um símbolo do Antigo Regime, foram suprimidos na primeira fase da Revolução por razões econômicas (por serem considerados contrários à liberdade das transações). Mas numa segunda fase foram sendo progressivamente restabelecidos, atendendo-se, ainda aqui, também a um interesse mais relevante da burguesia, o de universalizar por igual a tributa-

---

177 Ibid, pp. 278-279. No original: "la bourgeoisie détentrice du pouvoir politique, tout en procurant des ressources suffisantes au Trésor. Le système fiscal des quatre vieilles est un système fiscal essentiellement bourgeois et ses caractères marquent la fiscalité directe française du XIXe siècle de quelques grands traits."
178 *Ibid.*, p. 279. No original: "L'impôt ignore le contribuable pour ne s'attacher qu'à la matière imposable. Il a un caractère essentiellement individualiste, ce qui correspond à l'idéologie bourgeoise de l'époque."
179 *Ibid.*, p. 279. No original: "Le dernier caractère de la fiscalité directe au XIXe siècle est de ne comporter que des impôts proportionnels. Là encore, cette technique sauvegarde les intérêts de la bourgeoisie fortunée, puisque les riches ne sont pas soumis à un taux d'imposition supérieur à celui qui frappe les pauvres."

ção (todos pagando a mesma quantia pelos produtos adquiridos, sem distinção da capacidade contributiva) e — com uma vantagem adicional torná-la invisível aos olhos da população (tributo embutido no preço da mercadoria).

A Constituição brasileira de 1988, ao dispor sobre as limitações do poder de tributar, com extrema sensibilidade política, estatuiu: "A lei determinará medidas para que os consumidores sejam esclarecidos acerca dos impostos que incidam sobre mercadorias e serviços"[180] (art. 150, § 5º), preceito que, decorridos mais de 18 anos de sua promulgação, aguarda seu atendimento. Trata-se de um caso paradigmático de "sabotagem" contra a democracia, no campo tributário, pelo legislador ordinário.

Assim se desenvolveu, sobretudo na área da tributação, o frustrado projeto solenemente incrustado no seio da Declaração revolucionária de 26 de agosto de 1789.

E com ele, em maior ou menor medida, o ideário de um regime social libertário de toda a sociedade, pautado na eterna e sublime divisa "Liberdade, Igualdade, Fraternidade"...

---

180 BRASIL. [Constituição Federal 1988]. *Constituição da República Federativa do Brasil, de 5 de outubro de 1988.* Art. 150, parágrafo 5º.

APÊNDICE 4

OS DIREITOS HUMANOS NO SISTEMA CONSTITUCIONAL TRIBUTÁRIO[181]

O tema que ora se aborda está inexoravelmente ligado ao centro mais profundo das preocupações sociais. A Justiça não só tem um compromisso, mas um dever institucional em relação a ele, sem o que a sua própria razão de existir não teria nenhum sentido e, evidentemente, não só como órgão institucional, mas pelos seus Magistrados, pois a sua missão fundamental é de equalizar os direitos, notadamente no campo da cidadania.

Os direitos humanos emergem, atualmente, como a temática do terceiro milênio. Falar sobre direitos humanos em toda a sua imensa extensão não comportaria um evento dessa natureza e, também, em razão do tempo disponível.

Fazer a ligação entre os direitos humanos e a Constituição é um aporte que hoje desafia os pensadores da nossa geração, dando continuidade a outras bandeiras que se ergueram, cujo

---

[181] Palestra proferida no I Fórum de Debates, no 1º Painel Perspectivas Constitucionais do Sistema Tributário Nacional no Estado Democrático de Direito. UGF, Rio, 14/11/2000.

marco mais direto, mais próximo, está na Declaração dos Direitos Humanos e do Cidadão, de 26 de agosto de 1789[182].

Todos que labutamos nessa área conhecemos os objetivos tão fascinantes e desafiadores que estão nos artigos 13 e 14, daquela histórica e universal Declaração, ou seja, a universalização do dever e mesmo do direito de contribuir para os encargos públicos, num desses preceitos e, no outro, o de ter acesso às contas pertinentes à aplicação desses recursos pelo Poder Público[183].

Daí, se perceber, então, que a tributação, no pensamento revolucionário francês e humanista, não foi um atributo en-

---

[182] A Universidade Gama Filho, por sugestão nossa, viria instituir, a partir do corrente ano (2000), a disciplina intitulada Constituição e Liberdades Públicas no currículo do Curso de Mestrado (área de Direito da Administração Pública), e que nos coube reger. Neste exato momento (14.11.2000), encerram-se as aulas da 2ª turma, composta de 23 alunos.

[183] O texto correspondente é o que segue:
"Art. 13. — Pour l'entretien de la force publique, et pour les dépenses d'administration, une contribution commune est indispensable: elle doit être également répartie entre tous les citoyens, en raison de leurs facultés.

Art. 14. — Tous les citoyens ont le droit de constater, par eux-mêmes ou par leurs représentants, la nécessité de la contribution publique, de la consentir librement, d'en suivre l'emploi, et d'en déterminer la quotité, l'assiette, le recouvrement et la durée."(MASCLET, Jean-Claude. *Textes sur les libertés publiques*. Paris: PUF, 1988, pp.7-8. Coleção Que sais-je?).

"Art. 13º. Para a manutenção da força pública e para as despesas de administração é indispensável uma contribuição comum, que deve ser repartida entre os cidadãos de acordo com as suas possibilidades.

Art. 14º. Todos os cidadãos têm o direito de verificar, por si ou pelos seus representantes, a necessidade da contribuição pública, de consenti-la livremente, de observar o seu emprego, e de lhe fixar a repartição, a colecta, a cobrança e a duração" (MIRANDA, Jorge. *Textos históricos do direito constitucional*. 2. ed. Lisboa: Imprensa Nacional — Casa da Moeda, 1990, p. 59).

tregue ao Estado e sim, ao cidadão. O Estado se tornou o instrumento da realização desse objetivo.

Ocorre que a regra de que todos devem contribuir, após a queda do antigo regime, o *ancien régime*, e o marcante individualismo próprio do regime burguês que se implantou a partir da Revolução, isso nem sempre foi bem compreendido e, hoje, começa a ser reestudado[184].

Não há nenhuma oposição entre o individualismo e o interesse coletivo ou público. Não há nenhuma antinomia, não há exclusão. Ao contrário, há um espaço de continuidade e de ampliação. O individualismo que marcou aquele movimento deve ser compreendido e, hoje, tem sido compreendido corretamente, como uma reação ao antigo regime, em que somente uma parcela da sociedade suportava o peso dos encargos públicos, justamente a incipiente burguesia, que se formava por trás dos estamentos e dos resíduos do regime feudal, mantendo um sistema incompatível com o capitalismo industrial, já então presente no contexto dos países mais desenvolvidos.

E, assim sendo, esse individualismo e a regra da igualdade implantada na divisa revolucionária, ao lado da fraternidade e da liberdade, significava um projeto de libertação daquele segmento oprimido, que, numa linguagem moderna, poderia

---

184 No mesmo ano (1997) em que essa palestra foi proferida, veio a lume nosso livro "A Reconstrução dos Direitos Humanos da Tributação", cuidando o Capítulo I, Parte II (Teoria da Tributação) amplamente do tema (pp. 87-193). O fecho está assim redigido: "Assim considerado o tributo como um direito de terceira ou de quarta geração (com o correspondente dever), integra-se ele, como os demais direitos/deveres em geral, no Estado Democrático de Direito.
Completa-se o ciclo iniciado com a Declaração dos Direitos do Homem e do Cidadão, que se deflagrou com os postulados libertários de 1789" (NOGUEIRA, Alberto. *A reconstrução dos direitos humanos da tributação*. Rio de Janeiro: Renovar, 1997, p.193).

caracterizar-se como os agentes produtivos. Por trás desses agentes produtivos, empresas em formação, ficava para trás uma tributação iníqua, na qual a aristocracia se jactava de não estar sujeita a contribuir, porque isso era uma vilania, era coisa de vila, de burgo. Além disso, para justificar seus privilégios, dizia já contribuir com seu sangue azul para manter a liberdade de todos e a segurança do Estado.

E o clero, o alto clero, sobretudo, também se escusava, na medida em que dedicava toda uma vida, e a vida toda, a rezar pela alma dos pecadores, de sorte a lhes conseguir um bom lugar no reino de Deus. Evidentemente que usufruíam também dos privilégios de não pagar tributos. Mais ainda, de poder, em alguns casos, exigi-los em nome da Igreja[185].

---

185 Vale a pena, no particular, acrescentar ao texto da palestra duas referências sobre a desigualdade tributária no contexto anterior a 1789. A 1ª: EMMANUEL JOSEPH SIEYÈS, um dos principais inspiradores e elaboradores da Declaração de 26 de agosto, senão o principal, no célebre livro: "O que é o Terceiro Estado?", na passagem relativa à "promessa de suportar por igual os impostos", feita pela Assembléia dos Notáveis, assim a refutou: "Os notáveis expressaram o desejo formal de que os impostos sejam suportados por igual pelas três classes. Na realidade, não se lhes pediu sua opinião sobre esse ponto. Tratava-se da maneira de convocar os Estados Gerais e não das deliberações que esta Assembléia poderia empreender" (SIEYES, Emmanuel J. ¿Que es el Estado llano? Madrid: Centro de Estudios Constitucionales, 1988, p.84. Coleção Clasicos Politicos. No original: "Los notables han expresado el deseo formal de que los impuestos sean soportados por igual por las tres clases. En realidad, no se les pedía su opinión sobre este punto. Se trataba de la manera de convocar los Estados generales y no de las deliberaciones que esta asamblea podría emprender." Observo que a expressão "Estado Llano" é equivalente à original francesa "Tiers état", como bem assinalado por JOSÉ RICO GODOY, tradutor do texto francês para o castelhano). A 2ª referência é devida ao professor VALENTÍN ANDRÉS ÁLVAREZ, constante de seu "Ensaio sobre os Privilégios", que precede o mencionado texto. SIEYÈS, ordenado sacerdote em 1772, "pertencia a um grupo 'privilegiado', mas sem gozar de

Ocorre que essa bandeira da burguesia se desgastou na medida em que o Estado já não mais representou apenas os seus interesses, e que a sociedade se tornou mais diversificada, como a do século XX, notadamente, depois da Segunda Guerra Mundial, uma sociedade de massas, uma sociedade

---

qualquer privilégio. Esta situação estranha teria que provocar suas reações num espírito agudo e sensível como o seu. O fato se apresenta na ocasião de uma importante promoção em sua carreira. Em 1780, seu protetor, o senhor de Lubersac, é nomeado Bispo de Chartres e leva consigo Sieyès como vigário geral da diocese. Sieyès foi sempre um servidor pontual, porém jamais servil. Assim, em certa ocasião, reprovando-lhe Lubersac sua impaciente ambição, lhe disse: 'Poderia você aspirar alguma vez às dez mil libras de que desfruta?' 'Vós ganhais cem mil, senhor', respondeu orgulhoso Sieyès. Porém este sabia muito bem que somente a minoria que fazia parte da nobreza podia, à época, ascender na hierarquia eclesiástica; este fato o humilhava e essa humilhação, que sentiu em seu próprio ser, consta em seu folhetim sobre os privilégios: 'Não é fácil de conceber como se pôde consentir pretender humilhar vinte e cinco milhões e setecentos mil homens para honrar, ridicularmente, a trezentos mil'. E esta é a idéia central do *Ensaio sobre os privilégios*" (*op. cit*, p.xii). No texto espanhol: "pertenecía a un grupo 'privilegiado', pero sin gozar de privilegio alguno. Esta situación extraña tenía que provocar sus reacciones en un espíritu agudo y sensible como el suyo. El hecho se le presenta con ocasión de un importante ascenso en su carrera. En 1780 su protector, M. de Lubersac, es nombrado obispo de Chartres y se lleva consigo a Sieyès como vicario general de la diócesis. Sieyès fue siempre um servidor puntual pero jamás servil. Así, en cierta ocasión, reprochándole Lubersac su ambición impaciente, le dijo: '¿Podría usted aspirar alguna vez a las diez mil libras de renta que disfruta?' 'Vos ganáis cien mil, monseñor', respondió orgulloso Sieyès. Pero éste sabía muy bien que sólo la minoría que formaba parte de la nobleza podía entonces ascender en la jerarquía eclesiástica; este hecho le humillaba y esa humillación, que sintió en su propio ser, consta en su folleto sobre los privilegios: 'No es fácil de concebir cómo há podido consentirse querer humillar a veinticinco millones setecientos mil hombres para honrar, ridículamente, a trescientos mil.' Y ésta es la idea central del *Ensayo sobre los privilegios*."

ativa, de direitos vindicantes. Como ficaria, então, essa tributação?[186]

Ingressamos na idade da Constituição. Os códigos massudos, napoleônicos, como trincheiras cerradas para exigir a aplicação automática da lei, esses códigos, nessa concepção, perderam seu sentido, e no lugar deles, notadamente, após as sinistras experiências nazifascistas, vieram as Constituições, como um sistema destinado a assegurar a liberdade efetiva dos justos direitos, não apenas proclamados, mas a todos acessíveis, uma sociedade de homens livres, e não de vassalos, uma sociedade de cidadãos, e não de súditos.

Como essa questão se articulou na nossa História? Num primeiro momento, na Constituição brasileira de 1824, calcada num modelo de anteprojeto apresentado pelo suíço BENJAMIN CONSTANT a NAPOLEÃO BONAPARTE, que lá não vingou e aqui foi outorgado.

Mas, no artigo 179, no seu inciso XVII, lá se dizia que: "todos contribuirão para as despesas públicas, ninguém se escusa de contribuir para os encargos públicos, na proporção de suas possibilidades" — regra de justiça tomística e aristotélica.

Não tivemos um efetivo sistema tributário próprio, brasileiro, no Império, porque, apesar desse preceito tão bonito, ele não se inseriu na realidade objetiva e muito menos no nosso *munus* jurídico.

O velho sistema colonial de tributação continuou, na essência, sendo o mesmo no Império. Trocou-se o instrumento de tortura, modernizando-o, mas a ausência efetiva de direitos do cidadão foi uma constante no Império, o que não se modificou muito à proclamação da nossa República, porque procuramos adotar um modelo constitucional norte-america-

---

186 Desse ponto, surgiu, mais tarde (1999), um novo eixo de pesquisa que redundou no livro "Globalização, Regionalizações e Tributação: A Nova Matriz Mundial", publicado no ano 2000.

no, mas sem as adaptações necessárias, por isso mesmo que, virtualmente, não existe um sistema tributário na nossa Carta de 1891.

Pode-se dizer: "mas são raros os países que têm um sistema tributário estruturado". Isso é verdade, mas estou me referindo, pelo menos, àquelas colunas básicas, aos princípios que, em algumas Constituições, como por exemplo, na italiana, na portuguesa, na espanhola, são poucos mas bastam; porque lá se diz que a tributação deve atender aos interesses da sociedade. Em resumo, é o que está naqueles sistemas, embora pouco desenvolvidos, sob o aspecto da estruturação formal.

Temos um belíssimo monumental sistema constitucional tributário, que foi objeto de esplêndidos trabalhos. Os nossos tributaristas, sem favor algum, se constituem numa das melhores escolas do pensamento político, econômico, tributário e jurídico, dentro desta área. É um trabalho que nunca sofreu solução de continuidade. É uma bandeira que sempre é passada para frente, e sempre surgindo novos valores, a pesquisa avançando.

E por que, na prática, esse sistema continua sendo um dos mais iníquos do mundo? Os motivos são dois, resumindo.

O primeiro deles é porque essa estruturação só funcionou para atender às entidades federativas, União, Estados, Distrito Federal e Municípios. O contribuinte nunca foi consultado, sempre foi, absolutamente, ignorado, olimpicamente desprezado e maltratado sempre.

Como, recentemente, se viu do mais recente "pacote", objeto de comentários qualificados — publicou a imprensa que a solução de aumentar o tributo era mais fácil e politicamente correta. O que seria inviável na América, aqui é fácil, porque não há resistência, não há recusa, há uma placidez histórica que beira as raias do masoquismo tributário, ou da santidade do contribuinte. O Brasil não tem contribuintes. O Brasil tem santos. São mártires assumidos.

O segundo motivo é que se tentou, pelo menos, adequar o figurino do nosso sistema à realidade econômica de um país *soi disant* emergente, não sei de onde nem para onde, é uma expressão muito hermética, para não dizer esotérica; que tipo de emergência é essa, num país de medidas provisórias definitivas, em que a independência começou num grito, a cavalo, e a República com o Decreto n° 1, provisório, instituindo o Regime Provisório. Mas isso acaba não dando certo. O grito também é uma forma de manifestação e de luta, quando as outras não estão disponíveis.

Tivemos, então, a Emenda Constitucional n° 18, de 01 de dezembro de 1965. Estamos no pleno fervor militarista, é a era da racionalidade, do economês, da técnico-burocracia. Grandes talentos, GOUVEIA DE BULHÕES, ROBERTO CAMPOS, Brasil potência, DELFIM NETTO, o *rationalis*, em sua exuberância total, é o país que vai para frente, é o país do "ameo ou deixeo", **ou morra.**

Mas, enfim, o belíssimo Código Tributário que hoje ostentamos, está absolutamente divorciado da Constituição, e a própria Constituição que já o fizera em 1967 e em 1969, o encartou por esse lado do economês, que é importantíssimo, e do burocratês, que também é importantíssimo.

Mas onde está o cidadanês? O tributo existe para o homem ou o homem existe para o tributo? Qual o eixo dessa racionalidade? Que tipo de lógica se pretende nesse sistema? E essa Constituição, chamada ou apelidada de "cidadã", ainda assim hoje é apresentada como a "Geni" do CHICO BUARQUE DE HOLANDA, como se fosse uma pedra no caminho de um DRUMMOND.

Então, meus Senhores, a Constituição, embora tenha dentro de si esse vírus da técnico-burocracia, de uma racionalidade que ignorou o homem, ela dispõe de instrumentos, porque ela tem uma parte boa, de modo que o paradoxo, o lado tecnocrático insensível, ele pode se compensar pelo lado

bom, porque se conseguiu colocar, dentro do texto, princípios importantíssimos, um dos quais, por exemplo, a preocupação ecológica ou urbanística.[187]
A nossa Carta prevê um imposto predial e territorial urbano progressivo no tempo, o que viabiliza a ocupação humana e igualitária, evidentemente que não é uma igualdade absoluta, mas para que se assegure a efetiva dignidade, pelo menos, no abrigo da sua habitação e no jazigo final.

Então, essa reconquista, esse instrumento, parodiando alguns *slogans*, digo eu, não, acorda, Brasil; mas, sim, acorda, contribuinte. Levanta-te, homem, e anda, exigindo os teus direitos, e cobrando, tal como está na Declaração de agosto de 1789, de quem foi o responsável, ou o irresponsável, pela aplicação, ou pela não aplicação, dos dinheiros virtualmente extorquidos de um segmento da população brasileira.

Quando nosso Presidente, em belo discurso, disse "paga quem pode", aludindo ao aumento do imposto de renda da classe média, não há nenhuma incompatibilidade, todas as classes devem pagar, mas, o importante não é saber apenas

---

187 Sobre a política urbana no aspecto da tributação, dispõe o art. 182 da Constituição de 1988: "A política de desenvolvimento urbano, executada pelo Poder Público municipal, conforme diretrizes gerais fixadas em lei, tem por objetivo ordenar o pleno desenvolvimento das funções sociais da cidade e garantir o bem-estar de seus habitantes."
E, no parágrafo 4º:
"É facultado ao Poder Público municipal, mediante lei específica para área incluída no plano diretor, exigir, nos termos da lei federal, do proprietário do solo urbano não edificado, subutilizado ou não utilizado, que promova seu adequado aproveitamento, sob pena, sucessivamente, de:
(...)
imposto sobre a propriedade predial e territorial urbana progressivo no tempo;"
BRASIL. Constituição (1988). *Constituição da República Federativa do Brasil*, de 5 de outubro de 1988.

quem paga, mais importante ainda é saber para onde o dinheiro arrecadado foi, em que ralo entrou e se, outra vez, voltamos aos "Estados Gerais", agora neles incluídos os trabalhadores e, mais especificamente, os assalariados.

APÊNDICE 5

OS CAMINHOS DA LIBERTAÇÃO TRIBUTÁRIA OU A RETOMADA DOS DIREITOS DA CIDADANIA TRIBUTÁRIA CONFISCADA[188]

1. Introdução (panorama geral)

Quando de seu exílio nas Ilhas Canárias, MIGUEL DE UNAMUNO com sua extremada sensibilidade, quedou-se perplexo ante a indiferença de seus habitantes com a questão tributária. Disso deu notícia em sua magnífica antologia: "Ali, nas Canárias, assombrava-me e me causava pena a geral indiferença pelos grandes problemas políticos, alguns dos quais, como a repartição da tributação, deveria tocar-lhes bem ao vivo."[189]

---

188 Texto inédito aqui adotado em forma de apêndice (e base de apoio em reforço ao corpo principal deste livro, preparado a partir de trabalhos anteriores, publicados ou não, à moda de um "mix" organizado de conteúdo próprio).

189 UNAMUNO, Miguel de. *Antología*. México, DF: Fondo de Cultura Económica, 1992, p. 377. No original: "Allí, en Canarias, me asombraba y me apenaba el observar la general indiferencia por los grandes problemas políticos, algunos de los cuales, como el del reparto de la tributación, debería tocarles muy en lo vivo."

O que causou tanta consternação ao poeta naquelas ilhas certamente o deixaria atônito encontrar aqui no Brasil, país de dimensões continentais com uma população em torno de 180 milhões de pessoas, um quadro semelhante ou mesmo mais grave.

É bem verdade que em países cultos o fenômeno também ocorre, embora em escala e intensidade menores.

Na Itália, por exemplo, consoante informam em suas *Lezioni di diritto tributario*, F. BATISTONI FERRARA e M. A. GRIPPA SALVETTI, referindo-se à reforma tributária levada a efeito naquele país, a Lei nº 825, de 9 de outubro de 1971, delegou poderes ao governo para a sua implantação.[190]

Na Espanha, país de grande tradição tributária, como o é também a Itália (sem querer, e sim por mera coincidência volta-se à reflexão de Unamuno), um livro (por sinal bem organizado) da prestigiosa editora Tecnos ostenta o título de *Justicia tributária*, em verdade nada mais é que uma coletânea de textos legais preparada por CARMELO LOZANO SERRANO, Catedrático de Direito Financeiro e Tributário da Universidade de Santiago de Compostela.

O próprio organizador em nota à edição (de 1988) esclarece com lisura e naturalidade: "O objetivo desta edição é apresentar em um só volume todas as normas reguladoras dos meios de impugnação em face dos atos de administração e imposição de tributos."[191]

No sugestivo livro, que já no título colhe-se o conteúdo — *Les français face à l'impôt*: essai de psychologie fiscale —

---

190 FERRARA, F. Batistoni, SALVETTI, M. A. Grippa. *Lezioni di diritto tributario*. Torino: G. Giappichelli, 1992, pp. 2, 3, 4 e 8.
191 LOZANO SERRANO, Carmelo. *Justicia tributária*. Madrid: Tecnos, 1988, p. 9. No original: "El objetivo de esta edición es presentar en un solo volumen todas las normas reguladoras de los medios de impugnación frente a los actos de gestión y aplicación de los tributos."

JEAN DUBERGÉ começa por registrar a existência de dois tipos de contribuintes, referindo-se ao "bem informado", que dispõe de um consultor fiscal, e o "alienado".

A situação de um e de outro é assim descrita, em linguagem metafórica, por esse autor, que os compara a "dois indivíduos que se encontram num país estrangeiro do qual um conhece a língua, a moeda, a geografia, as instituições, os costumes deste país e o outro os ignora totalmente".[192] Esse quadro, entretanto, está se modificando, como esclarece, mais à frente: (...) "a irrupção recente da fiscalidade nos romances, nos filmes e mesmo nos colóquios é a prova tangível de que o imposto tem ocupado um espaço tão grande como em nenhuma outra fase da vida da França. Há apenas quinze anos, nenhum livro, nenhum filme, nenhum espetáculo se interessava pelos impostos, à exceção das composições dos cancioneiros, manuais ou tratados de finanças públicas, guias do contribuinte ou os manifestos ou manifestações de organismos de defesa fiscal".[193]

Em nota de rodapé, faz referência à uma peça teatral exibida alguns anos antes da guerra, que se intitulava "A casa em frente" (no sentido de "casa de tolerância"), localizada na fren-

---

192 DUBERGÉ, Jean. *Les français face à l'impôt*: essai de psychologie fiscale. Paris: Librairie Générale de Droit et de Jurisprudence, 1990, p. XII. No original: (...) "deux individus se trouvant dans un pays étranger dont l'un connaît la langue, la monnaie, la géographie, les institutions, les moeurs de ce pays et l'autre les ignore totalement".
193 *Ibid.*, p. 14. No original: ..."l'irruption récente de la fiscalité dans les romans, les films et même dans les colloques est-elle la preuve tangible que l'impôt a pris une beaucoup plus grande place qu'autrefois dans le vie des Français. Il y a quinze ans seulement, aucun livre, aucum film ni aucum spectacle ne s'intéressait aux impôts, si l'on excepte les couplets des chansonniers, les manuels ou traités de finances publiques, les guides du contribuale ou les manifestes ou manifestation d'organismes de défense fiscale."

te do Ministério das Contribuições e Taxas, mas que não tratava, na substância, de qualquer questão relativa a tributos.[194]

Por fim, completando: "Os debates relativos aos impostos têm sido tão fortemente integrados na campanha eleitoral para as últimas eleições presidenciais, que no seu cara à cara televisionado, os dois concorrentes ao segundo turno consagraram muitos minutos a duelar sobre o imposto sobre as grandes fortunas."[195]

> Se pelo lado da cidadania tem o tributo despertado tão vivo interesse, também pelo ângulo do mercado ocupa ele o centro das preocupações econômicas, vistas estas como um todo. Diante da crise de desemprego e do potencial de recursos humanos e materiais inaproveitados, apresenta-se o tributo, se estruturado de forma equilibrada e racional, como o instrumento por excelência para alargar as fronteiras produtivas e a massa de bens, materiais e imateriais, hoje tão necessárias ao atendimento das mais prementes necessidades humanas.

Nas palavras de SERGE-CHRISTOPHE KOLM, analisando a questão em foco: "A 'economia de oferta' preconiza a diminuição das taxas dos impostos para estimular ao trabalho, poupar e investir mais porque as taxas muito elevadas de impostos desencorajam estas decisões."[196]

---

194 *Ibid.*, p. 14, nota de rodapé nº 29.
195 *Ibid.*, p. 15. No original: "Les débats relatifs aux impôts on été si fortement intégrés dans la campagne électorale pour les dernières élections présidentielles que dans leur face à face télévisé, les deux concurrents au second tour ont consacré plusieurs minutes à ferrailler sur l'impôt sur les grandes fortunes."
196 KOLM, Serge-Christophe. *Le libéralisme moderne*. Presses Universitaires de France, 1984, p. 130. No original: "L' 'économie de l'offre' préconise de diminuer les taux d'impôt pour inciter à travailler,

É necessário, entretanto, atentar para a questão da "justiça dos impostos", tendo sempre em mente a questão dos Direitos Humanos da Tributação. Daí a certeira observação de DIOGO DE FIGUEIREDO MOREIRA NETO, em obra pioneira: "No que se refere ao *imposto*, além de não bastar para atender aos grandes investimentos exigidos pelas obras públicas e pela implantação de serviços públicos, representa uma solução injusta, uma vez que faz recair sobre poucas gerações a carga dos custos, indiscriminando os que auferirão ou não diretamente os benefícios advindos."[197]

Não se trata apenas de exercer a cidadania em sua plenitude ou de estabelecer um sistema impositivo moderado. Sem negar valia a essas duas posturas, acima delas (e sem qualquer incompatibilidade), deve-se beneficiar o Homem em sua integralidade, ou seja, concretamente considerado, porque de nada vale ou vale muito pouco uma economia saudável, do ponto de vista de sua pujança e estabilidade, se ela não atende aos interesses do grosso da população, assegurando um mínimo de condições de vida e de dignidade social.

Estamos, nesse enfoque, em plena ecologia tributária. Tal como se pretende em relação ao meio ambiente natural, também o meio ambiente social há de ser preservado diante da tributação. Utilizá-la como instrumento de dominação, como tem sido a regra nos eventos que se seguiram a 1789, outra coisa não significa senão poluir os Direitos Humanos da Tributação.

O que FERNAND BRAUDEL demonstrou de forma ir-

épargner et investir davantage, car les taux d'impôt trop élevés décoúragent ces décisions."
[197] MOREIRA NETO, Diogo de Figueiredo. *Introdução ao direito ecológico e ao direito urbanístico*. Rio de Janeiro: Forense, 1975, p. 123.

respondível, com base em dados e documentos históricos incontestáveis, em relação à moeda, aplica-se, pela mesma razão, ao tributo. Em suas palavras:
"Seja como for, está demonstrado que a moeda não é o fluido neutro de que os economistas ainda falam. A moeda, maravilha da troca, sim, mas também embuste a serviço do privilégio."
"Para o mercador ou para as pessoas abastadas, o jogo continua a ser simples: repor o bilhão em circulação assim que o recebem, conservar apenas as moedas válidas, com poder de compra muito mais elevado do que a sua contrapartida oficial em 'moeda negra', como se dizia."[198]
A descrição desse panorama, de dominação de "um número restrito dos privilegiados", a ponto de ser espantoso "que os privilegiados sejam sempre tão poucos", é em BRAUDEL, de uma visualidade virtual (é difícil não enxergar!):
"Todavia, se olhamos de cima o conjunto da sociedade, não são essas subcategorias que primeiro saltam à vista, mas sim a desigualdade intrínseca que divide a massa, do topo à base, segundo a escala da riqueza do poder. Qualquer observação revela essa desigualdade visceral que é a lei contínua das sociedades. Tal como reconhecem os sociólogos, esta é uma lei estrutural, sem exceção. Mas essa lei, como explicá-la?"
"O que se vê imediatamente, no alto da pirâmide, é um punhado de privilegiados. Tudo converge normalmente para essa sociedade minúscula: cabe a eles o poder, a riqueza, uma grande parte dos excedentes da produção; cabe a eles governar, administrar, dirigir, tomar decisões,

---

198 BRAUDEL, Fernand. Civilização material, economia e capitalismo: séculos XV-XVIII. Martins Fontes, 1996, v. 2: os jogos das trocas, p. 376.

assegurar o processo do investimento, portanto da produção; a circulação de bens e de serviços, os fluxos monetários convergem para eles. Abaixo deles escalona-se a multidão dos agentes da economia, dos trabalhadores de qualquer categoria, a massa dos governados. E, abaixo de todos, um enorme detrito social: o universo dos que não têm trabalho."[199]

A constatação de BRAUDEL desse quadro de iniqüidades soa como um alerta, ou, mais que um alerta, um alarme: "A verdade é que todo o mundo operário está imobilizado entre uma remuneração medíocre e a ameaça de um desemprego sem remédio."[200] E, como se estivesse falando de nossa querida e heróica cidade do Rio de Janeiro: "A cidade que, no seu perímetro, se espraia em hortas, terrenos baldios e no que nós chamaríamos favelas fica todas as noites às voltas com uma insegurança dramática. Batidas policiais intermitentes enviam de cambulhada delinqüentes e pobres-diabos, como soldados forçados, para Goa, a enorme e longínqua penitenciária de Portugal."[201]

Por um outro prisma, mas que, em última análise confirma o que se enfatizou neste e em outros tópicos deste trabalho, a mensagem neoliberal (ou supraliberal) de FRIEDRICH A. HAYEK soa também como uma denúncia, quando aponta o desvio da função legislativa, ou melhor, da instituição que a assumiu, ironicamente, diremos nós, para preservar os Direitos Humanos da Tributação: o Parlamento.

---

199 Ibid., p. 415.
200 *Ibid.*, p. 444.
201 *Ibid.*, p. 454.

Justamente em razão dessa circunstância é que: "O principal instrumento de mudança deliberada na sociedade moderna é a legislação."[202]

E, para não deixar nenhuma dúvida quanto ao radicalismo de sua posição: "A legislação, ou confecção deliberada de leis, tem sido descrita a justo título como a invenção humana de mais pesadas conseqüências, seus efeitos são mais poderosos que a invenção do fogo ou da pólvora."[203]

E assim, conclui HAYEK, de maneira crescente e irresistível, uma assembléia que deveria se ocupar de determinados serviços no interesse de uma ordem que funcionasse independentemente dela, agora pretende "dirigir o país" como alguém que dirige uma usina ou qualquer outra organização.[204]

Eis aí, também por um autor "acima de qualquer suspeita", a demonstração de que efetivamente o tributo passou a ser manipulado, através da instituição parlamentar (que deveria defender a sociedade como um todo contra a opressão) como instrumento de dominação de uma minoria sobre a maioria.

Nossa crítica, que hoje é geral, torna-se necessário reconstruir aqueles direitos proclamados nos arts. 13 e 14 da Declaração dos Direitos do Homem e do Cidadão, de 26 de agosto de 1789.

---

202 HAYEK, Friedrich A. *Droit, législation et liberté*. Paris: Presses Universitaires de France, 1995. v. 1: règles et ordre, p. 77.
203 *Ibid.*, p. 87. No original: "La législation, ou confection délibérée de lois, a été décrite à juste titre comme l'invention humaine la plus lourde de conséquences, ses effets portant plus loin que l'invention du feu ou de la poudre à canon."
204 *Ibid.*, p. 172.

O Regime Moderno, nesse aspecto, é, *mutatis mutandis*, o Antigo Regime. Tal como se tentou, àquela época, nas heróicas jornadas, agora é preciso completar a obra frustrada. ·

Preferencialmente com a razão...

2. Um novo modelo de tributação (receita e despesa)

O modelo parlamentar (legislativo) de controle da tributação, aqui considerado no sentido de fixar a receita tributária e as despesas correspondentes, que se estabelecem com o Estado Moderno e tem raízes na Magna Carta inglesa de 1215, de há muito tempo não mais atende às necessidades e também à vontade da população.
Por tudo quanto se disse até aqui, parece que é dispensável qualquer complemento de fundamentação. Neste tópico, procuraremos levantar novas idéias com vistas à elaboração de um novo modelo, que restaure o próprio fundamento da tributação em suas naturais bases democráticas.

A questão, em sua expressão genérica e não apenas no aspecto tributário, foi assim focalizada por EDUARDO GIANNETTI DA FONSECA no seu bem-sucedido livro *Vicios privados, benefícios públicos?*: a ética na riqueza das nações:

(...) "para lidar com o problema do abuso do poder em regimes democráticos — a criação de regras e salvaguardas constitucionais impondo limites para a margem de decisão e ação discricionária dos governantes — de forma alguma prescinde de um generoso insumo de moralidade política. Os requisitos morais da proposta são: *a*) a existência de constituintes dispostos a legislar pelo que acreditam ser o bem comum; e *b*) a atuação vigilante de um poder judiciário capaz de fazer cumprir a constituição apesar da resistência (ou coisa pior) de políticos recalcitrantes. Sem ética há uma regressão infinita: quem guarda os guardiões?"[205]

JEAN DUBERGÉ refere várias experiências, na França, que se têm realizado, seja por iniciativa do próprio Fisco, seja da parte dos contribuintes, para a democratização da área tributária. Uma das mais importantes, sem dúvida, foi a "Liga dos Contribuintes" fundada por Jacques Bloch-Morhange, no momento em que constatou que depois de longo tempo de tentar por outros meios interferir no "controle" da tributação, chegou à conclusão de que só um forte movimento de opinião pública poderia realizar tal empreitada.

Criada em 22 de outubro de 1983 ela rapidamente se desenvolveu, contando com mais de 100.000 adesões, logo nos seis primeiros meses de existência[206], atingindo seu apogeu com a "reunião dos Estados Gerais dos Contribuintes" em 13 de outubro de 1985 no Palácio do Congresso.[207]

Como se vê, esse movimento, até pela escolha da expressão "Estados Gerais dos Contribuintes", retoma as idéias que se estampam na Declaração dos Direitos do Homem e do Cidadão de 26 de agosto de 1789. Outra não é a proposta que se contém no presente livro, a começar pelo título.

---

205 FONSECA, Eduardo Giannetti da. *Vícios privados benefícios públicos?*: a ética na riqueza das nações. São Paulo: Companhia das Letras, 1993, p. 148.
206 DUBERGÉ,. Jean. *Les français face à l'impôt*: essai de psychologie fiscale. Paris: Librairie Générale de Droit et de Jurisprudence, 1990, p. 41.
207 *Ibid.*

DUBERGÉ vai muito mais longe ao terminar seu estudo, propõe a "criação de um forum do imposto", assim fundamentando sua proposta: "No momento em que o contribuinte pode cada vez menos considerar que ele concorda em pagar o imposto pela interpretação de uma Assembléia que o representa uma vez que a soberania das assembléias se torna cada vez mais limitada, é indispensável imaginar-se outras formas da democracia que aquelas não podem mais se manifestar senão imperfeitamente."[208]

E, alertando para a premência da questão: "O problema se reveste de uma urgência muito maior do que possa parecer à primeira vista, porque se os poderes públicos não tomam nenhuma iniciativa nesse sentido, serão os dirigentes de grupos autofiscais que o farão, ajudados pelas multinacionais."[209]

Após o alarme, esclarece:
"Não me compete resolver este problema, mas apenas de pôr em destaque sua urgência. A iniciativa não deve, contudo, ser tomada pela Administração Fiscal, porém por um organismo de interesse público, de absoluta independência. A Administração Fiscal deverá, bem entendido, estar representada, bem como os sindicatos profissionais e fiscais. Bem entendido, os cientistas, os pesquisado-

---

208 *Ibid.*, p. 317. No original: "Au moment où le contribuable peut de moins en moiens considérer qu'il consent à payer l'impôt par le truchement d'une assemblée qui le représente puisque la souveraineté des assemblées devient de plus en plus limitée, il est indispensable d'imaginer d'autres formes de la démocratie que celles qui ne peuvent plus qu'imparfaitement se manifester."
209 *Ibid.*, p. 317. No original: "Le problème revêt une urgence beaucoup plus grand qu'il apparaît de prime abord parce que si les pouvoirs publics ne prennent pas d'initiative en ce sens, ce serait les dirigeants des groupements antifiscaux qui y procéderont, aidés par les multinationales."

res e os professores de finanças públicas franceses e estrangeiros deverão igualmente dele participar, de modo a ampliar as perspectivas."[210]

No Brasil, registra-se uma iniciativa interessante, com finalidade mais ampla, levada a frente por DRÁUSIO BARRETO, com o sugestivo nome Movimento Justiça Para Todos, em São Paulo, consoante documenta em livro intitulado *Justiça para todos*: clamor do povo, dever do Estado.[211]

Na vertente do neoliberalismo, encontramos também propostas e reflexões sobre essa delicada e urgente problemática, como, por exemplo, a de FRIEDRICH A. HAYEK, que, no seu modelo de "Constituição Ideal" e referindo-se à divisão dos poderes financeiros, sugere que: "No espírito de nosso modelo de constituição, convirá pois, que as regras uniformes, segundo as quais o peso global das contribuições necessárias é repartido entre os cidadãos, sejam definidas por uma Assembléia legislativa, enquanto que o montante global das despesas e sua vinculação sejam decididas por uma Assembléia governamental."[212]

---

210 Ibid., p. 317. No original: "Il ne m'appartient pas de résoudre ce problème mais seulement de le poser et d'en signaler l'urgence. L'initiative ne doit d'ailleurs pas être pris par l'Administration fiscale mais par un organisme d'intérêt public, d'une indépendance absolue. L'Administration fiscale devra, bien entendu, y être représentée, ainsi que les syndicats professionnels et fiscaux. Bien entendu, les savants et les chercheurs et les professeurs de finances publiques français et étrangers devront également y participer, de façon à élargir les perspectives."

211 BARRETO, Dráusio. *Justiça para todos*: clamor do povo, dever do Estado. São Paulo: Angelotti, 1993.

212 HAYEK, Friedrich A. *Droit, législation et liberté*. Paris: Presses Universitaires de France, 1995. v. 3: l'ordre politique d'un peuple libre, pp. 149-150. No original: "Dans l'esprit de notre modèle de constitution, il conviendrait donc que les règles uniformes d'après lesquel-

Evidentemente que tudo isso pressupõe a existência de uma efetiva representatividade, por intermédio das diversas instituições públicas e privadas, e, no caso brasileiro, dentro dos Tribunais de Contas, que indiscutivelmente são hoje os mais herméticos e dissociados da população, dentre os demais.

O chamado "orçamento participativo" de que demos notícia em outra parte deste estudo, é uma das sementes mais promissoras para a germinação de um novo modelo de tributação (na nossa visão, deve incorporar a parte referente à receita tributária e à distribuição dos encargos correspondentes a serem suportados pelos diversos tipos de contribuinte).

Chega-se, por esse caminho à humanização dos tributos, ou seja, a tratar cada pessoa com a dignidade que lhe é inerente, respeitando-lhe a "vontade" de ser livre como contribuinte ou, dizendo por outras palavras, viabilizando sua participação direta na pauta dos tributos aprovados em seu nome.

3. Os caminhos da reconstrução

3.1. A participação ativa no Estado Democrático de Direito: o 1º caminho

Os caminhos da reconstrução não renegam o passado. Ao contrário, sobre as antigas rotas individualistas que, tal como sucede com as estreitas vias de diligências, carruagens e ca-

---

les le poids global des prélèvements nécessaires est réparti entre les citoyens soient définies par l'Assemblée législative, cependant que le montant global des dépenses et son affectation soient à décider par l'Assemble gouvernementale."

briolés, alargam-se no coletivo, nas amplas e seguras autopistas e vias expressas, para permitir a passagem dos novos direitos coletivos.

O coletivo não elimina o individual, de tal modo que agora convergem para o mesmo leito, cada um trafegando sem perturbar a marcha do outro. O coletivo deve ser a soma dos direitos individuais, e não a sua substituição.

Com essa ressalva, perfilamo-nos com essa notável passagem de MAURO CAPPELLETTI e BRYAN GARTH:

"A partir do momento em que as ações e relacionamentos assumiram, cada vez mais, caráter mais coletivo que individual, as sociedades modernas necessariamente deixaram para trás a visão individualista dos direitos, refletida nas 'declarações de direitos', típicas dos séculos dezoito e dezenove. O movimento fez-se no sentido de reconhecer os *direitos e deveres sociais* dos governos, comunidades, associações e indivíduos. Esses novos direitos humanos, exemplificados pelo preâmbulo da Constituição Francesa de 1946, são, antes de tudo, os necessários para tornar *efetivos, quer dizer, realmente acessíveis a todos*, os direitos antes proclamados."[213]

Diante desse mesmo texto, apontamos um aspecto, nele explícito, que deve merecer a devida reflexão. Com a defasagem da concepção individualista, típica do Regime Burguês clássico, é preciso agora dar-se a consciência de que sua projeção institucional há de ser atualizada. O Legislativo concebido em 1789, à semelhança dos direitos individuais (cuja preservação se impõe, conforme afirmamos), deve também não apenas ser preservado, como fortalecido e ampliado, mas depurando-o da "autonomia" ou

---

[213] CAPPELLETTI, Mauro; GARTH, Bryant. *Acesso à justiça*. Porto Alegre: S. A. Fabris, 1988, pp. 10-11.

do "poder absoluto", porque essas características, compreensíveis num contexto da passagem do Antigo Regime para o Moderno (Burguês), hoje em dia não fazem mais sentido.

Agora é preciso a instauração do pleno Estado de Direito, para que este não se limite ao poder do legislador. Nas palavras de EDUARDO NOVOA MONREAL:

"A concepção bizantina do Direito assinou a este o caráter de vontade de um legislador absoluto.

"Tal concepção continuou, se bem que modificada pelos princípios cristãos, durante a Idade Média, a qual reconheceu ao Estado um poder tão absoluto que lhe permitia imiscuir-se até na consciência dos indivíduos. As monarquias absolutas ratificaram esta linha.

"Curiosamente, a Revolução Francesa, produzida em nome dà liberdade dos homens, não iria provocar mudança em certos aspectos da idéia de que a função legislativa do Estado não reconhece limites. Foi Ripert quem colocou em relevo o estranho paradoxo de que o absolutismo dos reis se prolongava mediante um Poder Legislativo que, por ser expressão da vontade do povo e manifestar-se através de leis que deviam ser tidas como voz da razão, não podia incorrer em erro."[214]

---

214 NOVOA MONREAL, Eduardo. *El derecho como obstáculo al cambio social*. 10. ed. México, DF: Siglo Veintiuno Editores, 1991, pp. 96-97. No original: "La concepción bizantina del Derecho asignó a éste el carácter de voluntad de un legislador absoluto.

"Tal concepción continuó, si bien modificada por los principios cristianos, durante la Edad Media, la cual reconoció al Estado un poder tan absoluto que le permitía inmiscuirse hasta en la conciencia de los individuos. Las monarquías absolutas ratificaron esta línea.

"Curiosamente, la Revolución Francesa, producida en nombre de la libertad de los hombres, no iba a provocar cambio en ciertos aspectos de la idea de que la función legislativa del Estado no reconoce límites.

E, olhando para o lado britânico: "E na Inglaterra também se admitiu o princípio de que o legislador tudo pode, 'salvo fazer com que um homem se transforme em mulher'."[215]

Entretanto, com o advento do Estado de Direito em suas sucessivas variantes evolutivas — Estado Social de Direito, Estado Democrático de Direito — tal concepção se tornou inaceitável, estabelecendo-se limites ao legislador, como averba o referido autor: impedindo-o de negar valor à pessoa, em face dos direitos humanos fundamentais e submetendo-o a um controle (judicial), de tal modo que "as leis não excedam os marcos do Direito."[216]

De qualquer modo, tais pressupostos somente alcançam relevância e interesse na medida em que o sistema efetivamente funcione. No ponto, a "decisão judicial" é, sem sombra de dúvida, a chave-mestra do problema. Sobre ela ensina magistralmente MANUEL CALVO GARCÍA: "O direito das normas jurídicas é, de certo modo, um *direito morto*. Todo o imponente e complicado edifício das normas que compõem um sistema jurídico seria papel molhado se estas não forem cumpridas e aplicadas."[217]

Essa teoria foi exemplarmente realizada, a partir de 1789, pela burguesia, que soube com eficiência estruturar e im-

---

Es Ripert quien ha puesto de relieve la extraña paradoja de que el absolutismo de los reyes se prolongara mediante un Poder Legislativo que, por ser expresión de la voluntad del pueblo y manifestarse mediante leyes que debían ser tenidas como voz de la razón, no podía incurrir en error."

215 *Ibid.*, p. 97.
216 *Ibid.*, p. 98.
217 CALVO GARCÍA, Manuel. *Teoría del derecho*. Madrid: Tecnos, 1992, p. 103. No original: "El derecho de las normas jurídicas es, en cierto modo, un *derecho muerto*. Todo el imponente y complicado edificio de las normas que componen un sistema jurídico seria papel mojado si éstas no se cumplieses o aplicaran."

por o seu direito. Nas palavras do citado autor:
"Ao alçar-se ao poder, as classes burguesas impõem juridicamente sua ideologia. Isto supõe uma profunda transformação dos conteúdos e da estrutura do direito. Com respeito ao tema que nos ocupa neste ponto, os princípios de igualdade formal e de segurança jurídica reforçam a exigência constitucional da divisão de poderes dando lugar a uma clara superlegitimação da lei. O juiz quando resolve os casos concretos deve atuar como mera 'boca da lei'. A lei, a norma jurídica geral e abstrata, conteria soluções para todos os casos concretos que possam ser postos. Este novo culto ao texto legal, à lei codificada, teria como finalidade evitar a todo custo que a vontade do legislador pudesse ser substituída por outras vontades que não expressassem a vontade geral. Por estas razões, o texto legal tem que ser perfeito. O Código Civil napoleônico se promulga com a pretensão de ser onicompreensivo e perfeito. Em conseqüência, o próprio Code legaliza o postulado da plenitude do ordenamento jurídico obrigando os juízes a julgar em todo caso segundo a letra da lei."[218]

---

[218] *Ibid.*, p. 77. No original: "Al alzarse con el poder, las clases burguesas imponen jurídicamente su ideología. Ello supone una profunda transformación de los contenidos y la estructura del derecho. Respecto al tema que nos ocupa en este punto, los principios de igualdad formal y seguridad jurídica refuerzan la demanda constitucional de la división de poderes dando lugar a una clara superlegitimación de la ley. El juez cuando resuelve los casos concretos debe actuar como mera 'boca de la ley'. La ley, la norma jurídica general y abstracta, contendría soluciones para todos los casos concretos que se pudieran plantear. Este nuevo culto al texto legal, a la ley codificada, tendría como fin evitar a toda costa que la voluntad del legislador pudiera ser sustituida por otras voluntades que no expresasen la voluntad general. Por estas razones, el texto legal tiene que ser perfecto. El Código Civil napoleónico se promulga con la pretensión de ser omnicomprensivo y perfecto. En consecuencia, el propio Code legaliza el postulado de la plenitud del ordena-

No sistema espanhol, a reforma do Código Civil que culminou em 1974 enumerava taxativamente como fontes de direito a lei, o costume e os princípios gerais de direito. Esse esquema, como explica CALVO GARCÍA, está totalmente superado pelo advento da Carta de 1978, que, ao constitucionalizar o ordenamento jurídico, tornou-se fonte de direito, o que não ocorria anteriormente, uma vez que "as chamadas Leis Fundamentais do regime autoritário anterior não eram fonte de direito, não continham normas jurídicas. Eram meros textos articulados nos quais se plasmavam os princípios políticos do regime".[219]

E arrematando: "Agora, *a Constituição*, na linha do constitucionalismo democrático deste século, é *fonte de direito* e, em conseqüência, obriga tanto os cidadãos como os poderes públicos (art. 9.1, CE). Neste sentido, todos os poderes, incluídos os poderes legislativos, devem submeter-se, devem atuar dentro do marco que estabelecem as normas e princípios constitucionais."[220]

Isso, obviamente, não exclui a participação ativa dos cidadãos nesse processo. Nas palavras de ALESSANDRO PIZZORUSSO:

---

miento jurídico obligando a los jueces a fallar en todo caso según la letra de ley."

219 *Ibid.*, p. 88. No original: "Las llamadas Leyes fundamentales del régimen autoritario anterior no eran fuente de derecho, no contenían normas jurídicas. Eran meros textos articulados en los que se plasmaban los principios políticos del régimen."

220 *Ibid.*, p. 88. No original: "Ahora, la Constitución, en la línea del constitucionalismo democrático de este siglo, es fuente del derecho y, en consecuencia, obliga tanto a los ciudadanos como a los poderes públicos (art. 9.1 CE). En este sentido, todos los poderes, incluidos los poderes legislativos, deben someterse, deben actuar dentro del marco que establecen las normas y los principios constitucionales."

"Entre os institutos da democracia participativa" (...) "devem compreender-se todos aqueles através dos quais cidadãos concretos ou representantes de grupos sociais expressam suas pretensões com um alcance que vai além da mera manifestação de opiniões ante um elenco maior ou menor de destinatários, para converter-se em um ato de integração de um procedimento que concluirá com a emanação de uma medida dotada de efeitos jurídicos (participação 'ativa'). Outro tipo de participação — 'passiva' — é aquele na qual as manifestações expressadas servem à entidade ou órgão ante o qual se dirigem para identificar mais corretamente as exigências e interesses pelos quais deve velar."[221]

Do que se expôs ao longo deste estudo e em especial na Parte III, o modelo aqui preconizado de participação ativa no "controle" da receita e da despesa pública, notadamente no campo da tributação, se localiza na modernidade jurídica e econômica, e se insere mais do que qualquer outra área do Direito, no centro mais sensivo do Estado Democrático de Direito — o *nervus respublicae*.

---

221 PIZORUSSO, Alessandro. Lecciones de derecho constitucional. 3. ed. Madrid: Centro de Estudios Constitucionales, 1984, v. 1, p. 111. No original: "Entre los institutos de la democracia participativa"(...) "deben comprenderse todos aquellos a través de los cuales ciudadanos concretos o representantes de grupos sociales expresan sus pretensiones con un alcance que va más allá de la mera manifestación de opiniones ante un elenco mayor o menor de destinatarios, para convertirse en un acto de integración de un procedimiento que concluirá con la emanación de una medida dotada de efectos jurídicos (participación 'activa'). Otro tipo de participación — 'pasiva' — es aquélla en la cual las manifestaciones expresadas sirven al ente u órgano ante el que se dirigen para identificar más correctamente las exigencias e intereses por los que debe velar."

Daí a reflexão de PETER LASLETT, na análise da obra de JOHN LOCKE, *Two Treatises of government*: "Por trás do poder superior do legislativo em seu sistema sempre deve ser visto o poder supremo, todo-importante do próprio povo, novamente concebido como uma força, apesar de outra vez justificado em suas interferências pelo conceito de 'trust'. É um poder que apenas raramente se manifestaria e, como tentamos mostrar, há considerável obscuridade acerca das circunstâncias reais em que poderia agir e maior ainda acerca do que conseguiria fazer."[222]

É o que se passa a expor com mais especificidade no tópico subseqüente.

3.2. O sistema tributário nacional e o Estado Democrático de Direito: o 2º caminho

O primeiro caminho para a reconstrução dos Direitos Humanos da Tributação é o da efetiva, direta e ativa participação de todos os segmentos da sociedade na elaboração, fiscalização e controle das regras tributárias. A idéia básica é a de eliminar os excessos e injustiça da carga tributária, de modo a torná-la equânime e efetiva, em harmonia com os princípios da justiça e racionalidade. No contraponto, todos, dentro de suas reais possibilidades, devem pagar, pelo que nesse sistema não há lugar para sonegadores de impostos. A sonegação tem um duplo e sinistro efeito: favorece seu autor e penaliza o contribuinte cumpridor de seus deveres fiscais, pois é este que afinal acabará assu-

---

[222] LASLETT, Peter. A teoria social e política dos "Dois tratados sobre governo". *In:* QUIRINO, Célia Galvão; SOUZA, Maria Teresa Sadek R. de. *O pensamento político clássico:* Maquiavel, Hobbes, Locke, Montesquieu, Rousseau. São Paulo: LAO, [1978?], p. 234.

mindo, com a inevitável elevação do tributo, o ônus não atendido por aquele. Além desse duplo efeito, sofrerá, difusamente, com a degradação dos serviços públicos que dependem para seu regular e satisfatório funcionamento em grande parte da receita tributária.

Com a democratização do sistema, procura-se chegar ao justo equilíbrio, que se perseguia nos arts. 13 e 14 da Declaração dos Direitos do Homem e do Cidadão de 26 de agosto de 1789.

O 2º caminho passa pelo Poder Judiciário, uma das vias mais importantes para o saneamento do sistema saturado de tributação que hoje nos aflige.

Desde que o Judiciário cumpra sua função pública — que é assegurar a Justiça Para Todos — no caso em exame, da tributação — deve ele ser considerado como o espaço público por excelência de todos os cidadãos, cabendo a estes, também por intermédio de sua participação ativa, torná-lo efetivamente um instrumento democrático, de acordo com a Constituição. Nas pertinentes palavras de IGNACIO ARA PINILLA, trata-se, no caso, de:
(...) "reconhecer os valores da liberdade e da igualdade, ou, se se preferir, da liberdade graduada ou, mais corretamente, realizada ou viabilizada pela igualdade, como o que Gregorio Peces-Barba denominou a 'cabeça da Constituição material', isto é, como a síntese (alguns dirão a síntese filosófica e outros a síntese política) que em nossos dias legitima e justifica os conteúdos dos ordenamentos jurídicos concretos, na medida em que coincidimos com Antonio Enrique Pérez Luño em admitir que 'as liberdades públicas, que supõem concreções da liberdade e os direitos sociais, enquanto especificações da igualdade, se integram profunda e simultaneamente: porque a liberdade sem

igualdade não conduz à sociedade livre e pluralista, mas à oligarquia, quer dizer, à liberdade de alguns e à não liberdade de muitos [...], enquanto que a igualdade sem liberdade não conduz à democracia, mas ao despotismo, ou seja, à igual submissão da maioria à opressão de quem detenha o poder'."²²³

Mais adiante, a receita para conjurar e reverter o quadro de dominação: "a reabilitação libertária se produzirá, antes de tudo, sobre a base que proporcionam as três linhas de atuação aludidas por Stefano Rodotã, consistentes na recuperação de poderes de decisão do indivíduo confiscados pelo Estado, o reconhecimento de uma idêntica dignidade aos grupos discriminados de forma direta ou indireta, e a extensão dos direitos reconhecidos às zonas ocupadas por instituições totais".²²⁴

---

223 ARA PINILLA, Ignacio. *Las transformaciones de los derechos humanos*. Madrid: Tecnos, 1994, p. 111. No original: (...) "reconocer a los valores de la libertad y de la igualdad, o, si se prefiere, de la libertad matizada o, más correctamente, realizada o posibilitada por la igualdad, como lo que Gregorio Peces-Barba ha denominado la 'cabeza de la Constitución material', esto es, como la síntesis (algunos dirán la síntesis filosófica y otros la síntesis política) que en nuestros días legitima y justifica los contenidos de los ordenamientos jurídicos concretos, en la medida en que coincidimos con Antonio Enrique Pérez Luño en admitir que 'las libertades públicas, que suponen concreciones de la libertad, y los derechos sociales, en cuanto especificaciones de la igualdad, se integran profunda y simultaneamente: porque la libertad sin igualda no conduce a la sociedad libre y pluralista, sino a la oligarquía, es decir, a la libertad de algunos y a la no libertad de muchos [...], mientras que la igualdad sin libertad no conduce a la democracia, sino al despotismo, o sea, a la igual sumisión de la mayoría a la opresión de quien detenta el poder.'"
224 *Ibid.*, p. 133. No original: ..."la rehabilitación libertaria se producirá, ante todo, sobre la base que proporcionan las tres líneas de actuación aludidas por Stefano Rodotà, consistentes en la recuperación de poderes de decisión del individuo confiscados por el Estado, el recono-

Finalmente, referindo-se à expressão "cultura do cotidiano", exprime-a como a "necessidade que experimentam os indivíduos não apenas de ver reconhecidas uma série de novas exigências, mas, e sobretudo, de fazer que funcionem efetivamente os instrumentos adequados para a realização dos direitos que democraticamente vieram-lhes reconhecidos no plano constitucional".[225]

Daí a importância das "restaurações" do Poder Judiciário, ou, com mais propriedade, da função judicial, no campo dos Direitos Humanos (e particularmente em relação aos tributos), como bem assinala CRISTINA GARCÍA PASCUAL: "A análise da função judicial, seu conteúdo e suas características, é um passo necessário para conhecer o alcance real dos direitos humanos, pois, como é sabido, a última instância jurídica de eficácia de um direito se concretiza sempre ante a instituição judicial."[226]

MAX WEBER percebera com bastante antecipação o problema, embora não atentando para sua real dimensão, ao asseverar na análise que fez a respeito das qualidades formais do

---

cimiento de una idéntica dignidad a los grupos discriminados de manera directa o indirecta, y la extensión de los derechos reconocidos a las zonas ocupadas por instituciones totales."

225 *Ibid.*, p. 139. No original: (...) "la necesidad que experimentan los individuos no sólo de ver reconocidas una serie de exigencias nuevas, sino, y sobre todo, de hacer que funcionen efectivamente los instrumentos adecuados para la realización de los derechos que democráticamente les vienen reconocidos en el plano constitucional".

226 GARCÍA PASCUAL, Cristina. La función del juez en la creación y protección de los derechos humanos. *In:* BALLESTEROS, Jesús (ed.). *Derechos humanos:* concepto, fundamentos, sujetos. Madrid: Tecnos, 1992, p. 213. No original: "El análisis de la función judicial, su contenido y sus características es un paso necesario para conocer el alcance real de de los derechos humanos, pues, como es sabido, la última instancia jurídica de eficacia de un derecho se concreta siempre ante la institución judicial."

Direito Moderno: "agora reaparece a nostálgica noção de um direito suprapositivo dominando o direito positivo mais amplamente técnico e sujeito a mudanças."[227]
Tudo isso em contraste com os "códigos jusnaturalistas" (que acabaram sendo apropriados pelo movimento dominador do positivismo jurídico) que, em princípio, "foram actos de transformação revolucionária" (como visto em outra parte deste estudo, para a consecução do projeto burguês), na observação de FRANZ WIECKER: "Os códigos jusnaturalistas foram actos de transformação revolucionária." (...) "Por isso mesmo, eles também não são em regra projectados pelos detentores da tradição especializada, pelos professores de direito ou pelos colégios de juízes, como antes em geral acontecia, mas antes por gente de confiança dos soberanos, com formação filosófica e política."[228]

O tema, no ponto, foi assim focalizado por JOSÉ EDUARDO FARIA:
"Como os tribunais constituem um espaço institucional básico para a construção de instituições de direito a um só tempo mais eficazes e legítimas, cabe à magistratura revitalizá-lo. Ela, cuja visão-de-mundo sempre esteve voltada para os processos judiciais de interesse interindividual oriundos de um universo macrojurídico, precisa agora despertar para as 'situações limite' e para os 'casos difíceis', de grande interesse coletivo e com enormes repercussões no universo microjurídico, sob o risco de se reve-

---

227 WEBER, Marx. *Sociologie du droit*. Paris: Presses Universitaires de France, 1986, p. 228. No original: "Alors réapparaît la notion nostalgique d'un droit supra-positif dominant le droit positif très largement technique et sujet à des changements."
228 WIEACKER, Franz. *História do direito privado moderno*. 2. ed. Lisboa: Fundação Calouste Gulbenkian, 1980, p. 367.

lar impotente diante do dilema apontado por Rousseau, na passagem escolhida como epígrafe para este livro."[229]

Nessa linha, assinala ERNESTO PEDRAZ PENALVA: "Porém é o juiz como órgão terminal da Constituição quem cumpre seu objetivo de garantir estes direitos fundamentais como pressuposto dela como qualquer outro direito ou interesse legítimo individual ou coletivo conforme a legislação e procedimentos vigentes, e em boa lógica frente à Administração a quem como tal controla."[230]

No caso brasileiro, que dotado do mais completo conjunto explicitado na Constituição de 1988, no qual se acham adequadamente estruturados os sistemas financeiro e tributário, essa terefa fica, em certa medida, mais fácil de ser enfrentada. Daí a advertência de JOSÉ REINALDO DE LIMA LOPES, ao asseverar:
"Nesta perspectiva, cresce a importância de alguns capítulos constitucionais pouco conhecidos dos juristas em geral. Refiro-me particularmente ao Título VI ('Da Tributação e do Orçamento'), Capítulo II ('Das Finanças Públicas'), artigos 163 a 169. Em geral o estudo de tais normas tem sido relegado a um segundo plano, seja nos currículos das faculdades de direito, seja no debate público. Em ge-

---

229 FARIA, José Eduardo. Introdução: o judiciário e o desenvolvimento sócio-econômico. *In*: FARIA, José Eduardo (org.). Direitos humanos, direitos sociais e justiça. São Paulo: Malheiros, 1994, pp. 28-29.
230 PEDRAZ PENALVA, Ernesto. *Constitución, jurisdicción y proceso*. Madrid: Akal, 1990, p. 275. No original: "Pero es el juez como órgano terminal de la Constitución quien cumple su objetivo de garantizar estos derechos fundamentales, como presupuesto de ella como de cualquier otro derecho o interés legítimo individual o colectivo conforme a la legislación y procedimiento vigentes, y en buena lógica frente a la Administración a la que como tal controla."

ral, também, o estudo de tais normas restringe-se a uma perspectiva negativa dos tributaristas que invocam continuamente os princípios fixados na Magna Carta inglesa (de 1215) para argumentar sempre pela inconstitucionalidade das iniciativas do Estado. É certo que há inúmeras iniciativas inconstitucionais, mas será que nosso estudo jurídico deveria restringir-se ao estudo do limite ao poder de tributar? Será que a tanto se reduz o direito público que precisamos saber em plena transição pós-moderna, digamos assim, do Estado? Ora, os princípios da Magna Carta, para quem conhece um pouco de história, dizem respeito à renda feudal, e não ao tributo moderno."[231]

Nessa perspectiva, o Judiciário se desenha também como um dos canais, ao lado de tantos outros[232], de irrigação do sistema democrático, corrigindo os desvios, desta rota, do Poder Legislativo. Há mais de meio século, já apontava HENRI DE MAN para essa direção: "A socialização da propriedade não pode pois ser separada da socialização do poder legislativo, encarnado no Estado. O sentido desta socialização é o de realizar o mais alto grau possível de liberdade, quer dizer a autonomia jurídica."[233]

---

231 LOPES, José Reinaldo Lima. Direito subjetivo e direitos sociais: o dilema do judiciário no estado social de direito. In: FARIA, José Eduardo. Direitos humanos, direitos sociais e justiça..., op. cit., p. 132.

232 Lembra, a propósito JOÃO CAMILLO DE OLIVEIRA TORRES: "Para que o Estado possa legislar promovendo o bem comum, tem de saber a 'vontade' do povo e discutir com êle os assuntos. Na 'polis' grega era possível uma discussão à viva voz entre o estadista e o povo. Em Roma já havia o Senado e os 'comícios'; na Idade Média, as 'côrtes'; em nossos tempos os parlamentos" (TORRES, João Camillo de Oliveira. *A libertação do liberalismo*. Rio de Janeiro: Casa do Estudante do Brasil, 1949, p. 95).

233 MAN, Henry de. *L'idée socialiste*. 4. ed. Paris: B. Grasset, 1935, p. 379. No original: "La socialisation de la propriété ne peut donc être

3.3. O terceiro caminho, o do ajuste do sistema legal tributário

O sistema tributário, como tantos outros de baixa qualidade, se encontra "envenenado". Sobre isso a opinião pública em geral (diariamente expressada na imprensa) e também a dos tributaristas, formam um dos poucos consensos nacionais. Como penso ter demonstrado no presente trabalho (e noutros).[234]

---

séparée de la socialisation du pouvoir législatif, incarné dans l'Etat. Le sens de cette socialisation, c'est de réaliser le plus haut degré possible de liberté, c'est-à-dire l'autonomie juridique."

234 Há precisamente dez anos, assim descrevi esse "terceiro caminho":
"Conexo com as novas e relevantes funções do Judiciário, aparece a Constituição como um terceiro caminho de muitas ramificações.
A lição MANUEL JIMÉNEZ DE PARGA Y CABRERA, Catedrático de Direito Político da Universidade de Barcelona é antiga, mas se aplica às inteiras aos tempos correntes:
"Dar uma Constituição, uma nova Constituição, pode ser benéfico, e em ocasiões necessário, para a boa política de um povo. Porém não basta. O reformador tem que vigiar o funcionamento das novas instituições e tem que reforçar sua guarda ante as forças políticas extraconstitucionais, que acaso esperam com impaciência o menor descuido para desvirtuar o trabalho realizado. *A revolução é uma reforma de cada dia.* Sem este fazer incessante e essa vigília frente aos poderes de fato, a operação constituinte vê reduzida sua eficácia ao mínimo daquela 'folha de papel' que dissera Federico Guillermo IV."

Há pouco mais de trinta anos — e em pleno regime militar do Brasil — ANDREW D. WEINBERGER comparando o sistema de seu país com o de outros, fez uma crítica correta para aquela época, e que, atualmente, afortunadamente, já não teria pertinência: "Nas mesmas condições, a constituição não-escrita da Inglaterra e as constituições escritas da França, de outros países europeus e das repúblicas latino-americanas não são leis que obriguem as assembléias. São declarações de princípios, tendo validade a legislação contrária aos seus postulados."

E mais adiante: "A Declaração de Direitos da Constituição dos Estados Unidos (e também a Constituição Japonêsa de 1946 e a Constituição

Filipina de 1935), contrastando com outras constituições, não é apenas um agrupamento de máximas de moral política ou de conselhos para os legisladores futuros. É um conjunto de restrições e sanções: é a 'suprema Lei do País'."
Às vésperas da Segunda Guerra Mundial, CHARLES HOWARD MCILWAIN em conferência proferida na Universidade Cornell advertia: "O regime constitucional padece dos defeitos inerentes a seus próprios méritos". No tocante à lei, seu raciocínio passa por lógica idêntica: "O principal defeito de toda lei, sua generalidade, constitui ao mesmo tempo sua característica mais essencial e valiosa."
RODRIGO BORJA analisou com precisão a questão da social-democracia, sistema desenvolvido e do socialismo democrático que se desenvolveram em alguns países da Europa e que, a seu entender (no que concordamos) não se adequam, pelo menos na sua integralidade, à realidade dos países do Terceiro Mundo, *in verbis*:
"A maior preocupação atual da social-democracia é conservar e calibrar suas instituições sócio-econômicas — o sistema tributário, a seguridade social, as conquistas dos trabalhadores, os projetos de desenvolvimento social — e defendê-las das ameaças dos partidos conservadores que disputam o poder. Em troca, o posicionamento do socialismo democrático é outro: busca a mudança para criar a infra-estrutura social e econômica da democracia. Pouco é o que tem que defender e muito o que lhe resta por conquistar.
"Não é fácil transplantar a social-democracia para as selvas tropicais latino-americanas. Pouco há em comum entre as estruturas sociais, culturais, econômicas do norte da Europa e as nossas.
"O ritmo de desenvolvimento, o espaço e tempos históricos, os problemas específicos são distintos entre Europa do norte e América Latina." Inobstante a diferença dessas realidades não resta outra escolha senão a de construir e reconstruir e, pelo menos no que toca ao Brasil, temos alguns trunfos, notadamente: a) um sistema tributário e financeiro quase que totalmente constitucionalizado; b) um sistema judicial de primeiro nível (apesar dos inegáveis defeitos de funcionamento, como, aliás, também se verifica nos países mais avançados); c) um sistema de controle de constitucionalidade que nada deve aos melhores do mundo e longa experiência no seu regular e profícuo funcionamento; d) quadros jurídicos e de outras áreas em qualidade e quantidade expressivos, em condições de dar o necessário suporte às efetivas mudanças.
Esses últimos insumos nem sempre têm merecido o seu justo valor,

como assinala KARL MANNHEIM. Num primeiro lance, analisando o poder criador do indivíduo:
"A crença de que se deve negar a importância do poder criador do indivíduo é um dos mal-entendidos mais divulgados acêrca das descobertas da sociologia. Muito pelo contrário, de onde poderia o novo originar-se, senão da mente pessoal e única do indivíduo que rompe as barreiras da ordem existente? Todavia, é tarefa da sociologia mostrar que os primeiros passos do novo (embora muitas vêzes tome a forma de oposição à ordem existente) se orientam, na realidade, para essa mesma ordem, e que ela própria tem suas raízes na distribuição e na tensão das fôrças da vida social."

No outro, conectando o poder individual com o contexto histórico social:

"De acôrdo com a nossa definição, uma utopia eficaz não pode, em última análise, ser obra individual, pois o indivíduo não pode, sòzinho, destruir a situação histórico-social. Sòmente quando a concepção utópica do indivíduo se prende a correntes que já existem na sociedade e lhes dá expressão, sòmente quando essa forma remonta à concepcão original do grupo e êste, por sua vez, converte-a em ação, sòmente nesse caso a luta por uma nova ordem existencial pode desafiar a ordem vigente."

Também por outras visões, como, por exemplo, a sistêmica, tem-se mostrado que esse caminho é perfeitamente possível, pois, segundo refere PIERRE GUIBENTIF, é "na pesquisa sobre os direitos fundamentais que Niklas Luhmann encontra sua perspectiva sociológica sobre o direito", operando-se a "acoplagem" estrutural entre o jurídico e o político através da Constituição: "Segundo essa idéia, diversas instituições jurídicas teriam a função específica de facilitar o impacto dos outros sistemas sobre o direito. É em particular à luz desta idéia que ele renova a sociologia com a noção jurídica de interesse (que assegura a acoplagem tanto com o sistema econômico como com o sistema político) e a figura da Constituição (acoplagem estrutural entre o jurídico e o positivo)."

Dentro de sua conhecida concepção do Direito como sistema autopoiético, que se reproduz dentro de seu próprio espaço, LUHMANN percebe com nitidez sua transformação "a partir de pontos de vista que lhe são próprios, tais como a idéia de justiça."

Passado e futuro se interpenetram, por intermédio do Direito, reconstruindo-se em novas formulações de institutos jurídicos outrora postos em aplicação.

NIKLAS LUHMANN bem percebe o fenômeno quando observa: "No caso do 'direito subjetivo', por exemplo, sua introdução foi facilitada por um conceito de sujeito referido à consciência e à vontade, que estava em uso desde o século XVII e que trouxe para o conceito jurídico uma plausibilidade e uma legitimidade altamente generalizável." No arremate, complementa:
"A nova sociedade civil impôs finalmente a reconstrução de um grande número de institutos jurídicos sobre essa base mais abstrata ...
"No entanto, se a competência de determinação está de qualquer forma dividida entre o sujeito e o legislador, já não se pode definir o conceito por 'quem determina', mas somente pelo fato de que se *determina com vistas ao sujeito*. Mas nesta determinação com vistas ao sujeito se encontra o problema da assimetria que ainda não foi elaborado pela dogmática."

No curso deste estudo, ficou mais do que patente a idéia da "reconstrução", notadamente de institutos como "constituição" e "tributo", que no passado tiveram funções diversas e que hoje retornam com seu conteúdo e finalidade totalmente modificados.

A "assimetria" de que fala LUHMANN, no campo impositivo, surge pela perda de representatividade do Poder Legislativo, que se afastou das bases contidas nos tantas vezes referidos artigos 13 e 14 da Declaração de 1789, e que, à luz do moderno constitucionalismo, de par com as diretrizes e comandos normativos adotados na Lei Fundamental, a participação ativa dos contribuintes na formatação do sistema tributário a nível infraconstitucional e o "controle" dessa constitucionalidade pelo Judiciário, pode ser perfeitamente superada.

A visão de GUNTHER TEUBNER, embora diversa de LUHMANN, também se ajusta — e até com mais facilidade — ao que acima sustentamos, como se vê do Prólogo à tradução francesa de seu **Recht als autopoietisches system**:

"Para nós, contrariamente à Maturana e Luhmann, a cristalização da autopoiese jurídica resulta de um processo de evolução de relações auto-referenciais que vão se amplificando. Isto nos permite desenvolver um modelo de evolução jurídica subdividida em três fases: o direito socialmente difuso, o direito parcialmente autônomo no seio da sociedade, onde o direito constitui seus próprios componentes, e o direito autopoiético inteiramente separado, onde todos os componentes são encadeados num hipercírculo."

Referindo-se ao paradoxo da auto-referência do Direito, conclui

TEUBNER: "Por conseguinte, e contrariamente às esperanças dos novos críticos, a descoberta de contradições e paradoxos não pode conduzir a uma 'des-construção' do Direito mas, quando muito, a uma 'reconstrução' dos seus fundamentos latentes: ou seja, não é capaz de *eliminar* o paradoxo do direito, mas, inversamente, tão-só de reconstruir a relação entre auto-referência, paradoxo, indeterminação e evolução do direito."

Por fim, nesse comentário sobre a *justitia mediatrix*, dessa feita "reconstruída" para as condições atuais de nosso tempo, abona nossa opinião a respeito do papel do juiz na sociedade contemporânea como autênticos *pipelines* entre o conjunto do sistema (constitucional) e os cidadãos:

..."estaríamos perante uma versão contemporânea da '*justitia mediatrix*' (PLACENTINUS), em que a justiça deixaria de desempenhar o papel de mediador 'vertical' entre *ratio* e *aequitas*, entre direito positivo e direito divino, característico de sociedades hierarquizadas e estratificadas, para passar antes, em resposta à crescente diferenciação funcional das sociedades actuais, a estabelecer um equilíbrio 'horizontal' entre as exigências (de consistência interna) impostas por um direito positivado e as exigências de uma multiplicidade de sistemas autopoieticamente fechados."

Também pela vertente tópica esse trabalho de "correção" e "ajuste" do Direito (notadamente no campo tributário) pode se tornar profícuo "para a decisão de casos particulares a partir de normas jurídicas abstratas", como salienta JUAN ANTONIO GARCÍA AMADO em notável estudo. Para outros, prossegue o Professor Titular de Filosofia do Direito da Universidade de Oviedo, "representa um papel central na doutrina metodológica a 'descrição e reconstrução' do que objetivamente e de fato se realiza na praxe jurídica de aplicação de preceitos do Direito positivo. Somente a partir daí se poderão descobrir, criticar e eliminar práticas defeituosas".

Não importa o caminho ou os caminhos a seguir, mas a consciência do ponto de partida e do ponto de chegada.

Analisando o "estatuto da legalidade na **Declaração de Direitos** de 1789", SIMONE GOYARD-FABRE teceu essa belíssima passagem: "Pode-se com segurança sustentar que o sonho da igualdade pertence a uma tradição eterna, pois que a cidade lecedemoniana era célebre pelo ideal dos *homoioi* ou visto que, na Ilha da *Utopia* para onde nos leva Thomas More, cada um deve ser tratada como qualquer outro."

É de sabença universal que o mesmo veneno que mata pode salvar a vida, se convertido em seu antídoto.[235]

E logo adiante:
..."no coração do movimento revolucionário, há 'igualdade na e perante a lei'. A legalização da igualdade pareceu mesmo aos redatores da *Declaração* dos Direitos de 1789 como uma condição necessária do Estado de Direito que eles querem instaurar" (...) "O Antigo Regime está, pois, ultrapassado. É preciso também, e sobretudo, juridicamente, civilizar o direito natural, quer dizer, transformar o indivíduo em um cidadão cujos direitos e deveres sejam determinados, proclamados e garantidos pela lei: o humanismo jurídico é de início um civismo. Em conseqüência, o sujeito de direito não é simplesmente o indivíduo: ele é determinado, em uma dada situação concreta, pela norma jurídica. Ele resulta assim de uma qualificação objetiva que o submete a uma regra de direito e faz dele um sujeito de direito."

Retomando-se os postulados constantes da gloriosa Declaração de 26 de agosto de 1789, também no campo da tributação, poderemos pôr em prática as democráticas regras inscritas em seus artigos 13 e14, ligando-se o passado ao presente para, nessa reconstrução dos Direitos Humanos da Tributação, recuperar o precioso legado" (NOGUEIRA, Alberto. *A reconstrução dos direitos humanos da tributação*. Rio de Janeiro: Renovar, 1997, pp. 416-425).

Fecho essa nota com uma reflexão que reputo oportuna, útil e cientificamente correta: Se a vitória burguesa francesa, após a Revolução, foi exitosa na construção de um sistema tributário talhado para sua era (Estado Nacional e paradigma "lei" do Parlamento), por que, superado tal regime, não ajustá-lo (dentro da lei) ao preconizado Estado Democrático de Direito Tributário?

Tal como para aquela época (mercado nacional), no atual contexto econômico e político, isso se torna absolutamente necessário. Melhor dizendo, indispensável, pois, de outra forma, não há como se concretizar a tão desejada "sociedade aberta". O que se, nos dias de hoje, é um regime "paralítico" num ambiente estatal, individual e social abúlico e inoperante.

235 Assim como na bela música do popular (e também erudito) Billy Blanco: "... o que dá, para rir dá pra chorar, questão de peso e de medida tudo faz parte da vida ...".

REFERÊNCIAS BIBLIOGRÁFICAS

A CONSTITUIÇÃO que não foi: história da emenda constitucional nº 1, de 1969. Brasília: Senado Federal, 2002.

ARA PINILLA, Ignacio. *Las transformaciones de los derechos humanos.* Madrid: Tecnos, 1994.

ARNAOUTOGLOU, Ilias. *Leis da Grécia antiga.* São Paulo: Odysseus Editora Ltda., 2003.

ARNAUD, André-Jean *et al.* (dir.) *Dicionário enciclopédico de teoria e de sociologia do direito.* Rio de Janeiro: Renovar, 1999. Tradução de Patrice Charles F., X. Williaume.

ASSIER-ANDRIEU, Louis. *O direito nas sociedades humanas.* São Paulo: Martins Fontes, 2000.

BALEEIRO, Aliomar. *Limitações constitucionais ao poder de tributar.* 6. ed. Rio de Janeiro: Ed. Forense, 1985.

_____. _____. 7. ed. Rio de Janeiro: Ed. Forense, 1997.

BALIBAR, Etienne. *Droit de cité.* Paris: PUF, 2002.

BARRETO, Dráusio. *Justiça para todos*: clamor do povo, dever do Estado. São Paulo: Angelotti, 1993.

BARROS, José Fernando Cedeño de. *Aplicação dos princípios constitucionais do processo no direito tributário.* São Paulo: Saraiva, 1996.

BARROSO, Luís Roberto. Neoconstitucionalismo e constitucionalização do direito. *Quaestio Iuris*: Revista do Programa de Pós-Graduação em Direito da Uerj. Rio de Janeiro, n. 3, p. 7, mar. 2006.

BÉCANE, Jean-Caude, COUDERC, Michel. *La loi*. Paris: Dalloz, 1994.

BERGEL, Jean-Louis. *Teoria geral do direito*. São Paulo: Martins Fontes, 2001.

BISSIO, Roberto. Prólogo. In: KHOR, Martin. *La Globalización desde el sur*. Barcelona, Icaria Editorial S.A, 2001.

BONNARD, Jérôme. *Introduction au droit*. Paris: Elipses Édition Marketing S.A, 2004.

BORNHAUSEN, Jorge. Justificação ao projeto de Lei Complementar n. 646/99. Diário do Senado Federal, n. 188, 26 nov. 1999, pp. 31.772-31.778.

BOUVIER, M. et al. *Finances publiques*. 6. ed. Paris: LGDJ, 2002.

BOYER, Robert. *Théorie de la régulation*. T. 1. Les Fondamentaux. Paris: La Découverte, 2004.

BRASIL. [Constituição Federal 1988]. *Constituição da República Federativa do Brasil, de 5 de outubro de 1988*.

BRASIL. *Código Tributário Nacional*. Lei nº 5.172, de 25/10/1966.

BRAUDEL, Fernand. *Civilização material, economia e capitalismo*: séculos XV-XVIII. Martins Fontes, 1996, v. 2: os jogos das trocas.

CADIET, Loïc (Dir.) *DICTIONNAIRE de la justice*. Paris: PUF: 2004.

CALVO GARCÍA. Manuel. *Teoría del derecho*. Madrid: Tecnos, 1992.

CAPELLA, Juan Ramón. *Os cidadãos servos*. Porto Alegre: Sergio Antonio Fabris Editor, 1998.

CAPPELLETTI, Mauro; GARTH, Bryant. *Acesso à justiça*. Porto Alegre: S. A. Fabris, 1988.

CARBONNIER, Jean. *Sociologie juridique*. 2. ed. Paris: PUF, 2004.

CIENTISTAS e governos estudam combate a mudanças climáticas.

CÓDIGO Tributário Alemão. Rio de Janeiro: Forense. São Paulo: Instituto Brasileiro de Direito Tributário, 1978.

CRETELLA JÚNIOR, José. Dicionário de direito administrativo. 3. ed. rev. aum. Rio de Janeiro: Forense, 1978.

DÍAZ, Elías. Estado de derecho y sociedad democrática. Madrid: Taurus, 1992.

DIGESTO delle disciplinne pubblicistiche. 4. ed. Torino: UTET, 1994.

DUBERGÉ, Jean. Les français face à l'impôt: essai de psychologie fiscale. Paris: Librairie Générale de Droit et de Jurisprudence, 1990.

DUVERGER, Maurice. Institutions financières. 2. ed. Paris: Presses Universitaires de France, 1957.

ELLUL, Jacques. Histoire des institutions. 12. ed. Paris: Presses Universitaires de France, 1994. V. 4: XVI-XVIII siècle.

ELUERD, Roland. La lexicologie. Paris: PUF, 2000.

EVANGELHO de São Mateus, 22, de São Marcos,12 e de São Lucas, 20.

FALLON, Marc. Droit matériel général de l'Union européenne. 2. ed. Louvain-la-Neuve: Bruylant, 2002.

FARIA, José Eduardo (org.). Direitos humanos, direitos sociais e justiça. São Paulo: Malheiros, 1994.

FEITOSA, Raymundo Juliano. Finanças públicas e tributação na constituinte: 1987/1988. Rio de Janeiro: América Jurídica, 2003.

FERRARA, F. Batistoni, SALVETTI, M. A. Grippa. Lezioni di diritto tributario. Torino: G. Giappichelli, 1992.

FONSECA, Eduardo Giannetti da. Vícios privados benefícios públicos?: a ética na riqueza das nações. São Paulo: Companhia das Letras, 1993.

FRANCO, João Melo, MARTINS, Antônio Herlander Antunes. *Dicionário de conceitos e princípios jurídicos*. 3. ed. Coimbra: Almedina, 1993.

FURET, François, OZOUF, Mona. *Dicionário crítico da revolução francesa*. Rio de Janeiro: Nova Fronteira, 1989.

HALÉVI, Ran. *Estados-Gerais*. In: FURET, François, OZOUF, Mona. *Dicionário crítico da revolução francesa*. Rio de Janeiro: Nova Fronteira, 1989.

HOUAISS, Antônio (dir.). *Pequeno dicionário enciclopédico Koogan Larousse*. Rio de Janeiro: Editora Larousse do Brasil, 1979.

GARCÍA PASCUAL, Cristina. La función del juez en la creación y protección de los derechos humanos. In: BALLESTEROS, Jesús (ed.). *Derechos humanos:* concepto, fundamentos, sujetos. Madrid: Tecnos, 1992.

GAUDEMET, P. M., MOLINIER, J. *Finances publiques*. 5. ed. Paris: Montchrestien, 1992. V. 2: fiscalité.

GURVITCH, George. *La magie et le droit*. Paris: Dallloz, 2004.

HAYEK, Friedrich A. *Droit, législation et liberté*. Paris: Presses Universitaires de France, 1995, v. 3: l'ordre politique d'un peuple libre.

_____. _____. Paris: Presses Universitaires de France, 1995, v. 1: règles et ordre.

JUSTINIANO (compilador). *Corpus juris civilis*. 6. ed. Paris: Academicum Parisiense, Lutetiae Pariense, 1856.

KHOR, Martin. *La Globalización desde el sur*. Barcelona, Icaria Editorial S.A, 2001.

KOLM, Serge-Christophe. *Le libéralisme moderne*. Presses Universitaires de France, 1984.

_____. *Teorias modernas da justiça*. São Paulo: 2000.

KRIELE, Martin. *Introducción a la teoria del estado:* fundamentos históricos de la legitimidad del estado constitucional democrático. Buenos Aires: Ediciones Depalma, 1980.

LASLETT, Peter. A teoria social e política dos "Dois tratados sobre governo". *In:* QUIRINO, Célia Galvão; SOUZA, Maria Teresa Sadek R. de. *O pensamento político clássico:* Maquiavel, Hobbes, Locke, Montesquieu, Rousseau. São Paulo: LAO, [1978?].

LOEWENSTEIN, Karl. *Teoria de la constitución.* 2. ed. Barcelona: Ariel, 1986.

LOPES, José Reinaldo Lima. Direito subjetivo e direitos sociais: o dilema do judiciário no estado social de direito. *In:* FARIA, José Eduardo (org.). *Direitos humanos, direitos sociais e justiça.* São Paulo: Malheiros, 1994.

LOZANO SERRANO, Carmelo. *Justicia tributária.* Madrid: Tecnos, 1988.

MAN, Henry de. *L'idée socialiste.* 4. ed. Paris: B. Grasset, 1935.

MARTINEZ, Gregorio Peces-Barba. Diritti e doveri fondamentali. *In: DIGESTO delle disciplinne pubblicistiche.* 4. ed. Torino: UTET, 1994.

_____. *Ética, poder y derecho*: reflexiones ante el fin de siglo. Madrid: Centro de Estudios Constitucionales, 1995.

——. *Filosofia do direito.* 2. ed. Coimbra: Almedina, 1995.

MARTÍNEZ, Soares. *Direito fiscal.* 10 ed. Coimbra: Almedina, 2000.

MARTINS, Ives Gandra da Silva. *Teoria da Imposição Tributária.* São Paulo: Saraiva, 1983.

MASCAREÑAS, Carlos E. (dir). *Nueva enciclopédia jurídica.* Barcelona: Francisco Seix, Editor, 1955. T. VII.

MASCLET, Jean-Claude. *Textes sur les libertés publiques.* Paris: PUF, 1988, pp. 7-8. Coleção Que sais-je?

MATHIEU, Robert. *S.O.S. impôts.* Paris: L'Archipel, 2003.

MATOS, Carlos Correia. *Ele não pode falar.* O cidadão europeu amordaçado pelo sistema judicial. Porto: Vida Econômica, 2002.

MAXWEL, Keneth. *A devassa da devassa*: a inconfidência

mineira: Brasil e Portugal 1750-1808. 3. ed. 4. reimp. São Paulo: Ed. Paz e Terra S.A., 1995, tradução de João Maia do título original em inglês: *Conflicts and conspiracies:* Brasil & Portugal 1750-1808. Cambridge University Press, 1973.

MIRANDA, Jorge. *Manual de direito* constitucional. Lisboa: Imprensa Nacional, Casa da Moeda, 1990.

_____. *Textos históricos do direito constitucional.* 2. ed. Lisboa: Imprensa Nacional — Casa da Moeda, 1990.

MOREIRA NETO, Diogo de Figueiredo. *Introdução ao direito ecológico e ao direito urbanístico.* Rio de Janeiro: Forense, 1975.

NÁUFEL, José. *Novo dicionário jurídico brasileiro.* 9. ed. Rio de Janeiro: Forense, 1997.

NEVES, Iêdo Batista. *Vocabulário prático de tecnologia jurídica e de brocados latinos.* 2. ed. Rio de Janeiro: Edições Fase, 1988.

NINO, Carlos Santiago. *Ética y derechos humanos*: un ensayo de fundamentación. Barcelona: Editorial Ariel S.A, 1989.

NOGUEIRA, Alberto. *Direito constitucional das liberdades públicas.* Rio de Janeiro: Renovar, 2003.

_____. *Globalização, regionalizações e tributação*: a nova matriz mundial. Rio de Janeiro: Renovar, 2000.

_____. *O devido processo legal tributário.* 3. ed. Rio de Janeiro: Renovar, 2002.

_____. _____. Rio de Janeiro: Renovar, 1995.

_____. *A reconstrução dos direitos humanos da tributação.* Rio de Janeiro: Renovar, 1997.

_____. *Viagem ao direito do terceiro milênio*: justiça, globalização, direitos humanos e tributação. Rio de Janeiro: Renovar, 2001.

_____. *Jurisdição das liberdades públicas.* Rio de Janeiro: Renovar, 2003.

_____. *Os limites da legalidade tributária no estado democrá-*

tico de direito: fisco X contribuinte na arena jurídica: ataque e defesa. 2. ed. rev. ampl. Rio de Janeiro: Renovar, 1999.

_____. Palestra proferida no I Fórum de Debates, no 1º Painel Perspectivas Constitucionais do Sistema Tributário Nacional no Estado Democrático de Direito. UGF, Rio, 14/11/2000.

_____. Palestra proferida no Seminário Nacional "O Sistema Tributário Brasileiro e os Desafios do Século XXI", no Hotel Glória, em 17.05.00.

_____. *Revista Interdisciplinar de Direito.* Valença: Centro de Ensino Superior de Valença, Fundação Educacional D. André Arcoverde, ano III, n. 3, pp. 19-32, nov. 2000. Texto referente à palestra proferida no II Fórum Universitário de Direito, organizado pelo Núcleo de Estudos de Direito do Centro Universitário da Tijuca, em 12.05.00.

NOVO TESTAMENTO. 2. ed. Rio de Janeiro: Editora Vozes, 1958. Mateus, 22, 15-33. Tradução do texto original grego pelo P. Dr. Frei Mateus Hoepers, OFM.

NOVOA MONREAL, Eduardo. *El derecho como obstáculo al cambio social.* 10. ed. México, DF: Siglo Veintiuno Editores, 1991.

PEDRAZ PENALVA, Ernesto. *Constitución, jurisdicción y proceso.* Madrid: Akal, 1990.

PERELMAN, Chaïm. *Lógica Jurídica.* São Paulo: Martins Fontes, 1998.

PIZORUSSO, Alessandro. *Lecciones de derecho constitucional.* 3. ed. Madrid: Centro de Estudios Constitucionales, 1984, v. 1

PREÂMBULO. Ato Institucional nº 1, 9 de abril de 1964.

QUIRINO, Célia Galvão; SOUZA, Maria Teresa Sadek R. de. *O pensamento político clássico:* Maquiavel, Hobbes, Locke, Montesquieu, Rousseau. São Paulo: LAO, [1978?].

RASSAT, Michèle-Laure, *La justice en France*. 7. ed. Paris: PUF, 2004. Coleção Que sais-je?
REZENDE, Condorcet (org.). Semana de estudos tributários. Separata. Rio de Janeiro: Renovar, mar., 1999. Biblioteca UCRG-RJ.
RICARDO, David. *Princípios de economia política e de tributação*. 3. ed. Lisboa: Calouste Gulbekian, 1983.
RICHET, Denis. *Assembléias revolucionárias*. In: FURET, François, OZOUF, Mona. *Dicionário crítico da revolução francesa*. Rio de Janeiro: Nova Fronteira, 1989.
ROUVILLOIS, Frédéric. *Droit constitutionnel. La Ve République*. Paris: Flammarion, 2001.
RUBY, Christian. *Introdução à filosofia política*. São Paulo: Fundação Editora da UNESP, 1998.
SCHAFF, Adam. *História e verdade*. 2. ed. Lisboa: Editorial Estampa, Ltda., 1994.
SCIOTTI-LAM, Claudia. *L'applicabilité des traités internationaux relatifs aux droits de l'homme en droit interne*. Bruxelles: Bruylant, 2004.
SERRA, Bernat Riutort. *Razón política, globalizacion y modernidad compleja*. Espanha: El Viejo Topo, 2001.
SIEYES, Emmanuel J. ¿*Que es el Estado llano?* Madrid: Centro de Estudios Constitucionales, 1988. Coleção Clasicos Politicos.
SMITH, Adam. *A riqueza das nações*. Lisboa: Calouste Gulbekian, 1983, v. 2.
SUPIOT, Alain. *Homo juridicus*. Essai sur la fonction anthropologique du droit. Paris: Editions du Seuil, 2005.
TARDE, Gabriel apud: ASSIER-ANDRIEU, Louis. *O direito nas sociedades humanas*. São Paulo: Martins Fontes, 2000.
TORRES, João Camillo de Oliveira. *A libertação do liberalismo*. Rio de Janeiro: Casa do Estudante do Brasil, 1949.

TROPER, Michel. Concept d'Etat de droit. Revue Française de Théorie Juridique, Paris, n. 15, 1992.
UCKMAR, Victor. *Princípios comuns de direito constitucional tributário.* São Paulo: Ed. Revista dos Tribunais, 1976.
UNAMUNO, Miguel de. *Antología.* México, DF: Fondo de Cultura Económica, 1992.
VAN COMPERNOLLE, Jacques. Preface. *In:* VAN DROOGHENBROECK, Jean-François. *Cassation et juridiction:* iura dicit curia. Paris: LGDJ, Bruxelas: Bruylart, 2004.
VAN DROOGHENBROECK, Jean-François. *Cassation et juridiction:* iura dicit curia. Paris: LGDJ, Bruxelas: Bruylart, 2004.
VILLEY, Michel. *Philosophie du droit.* Paris: Précis Dalloz, 1984. T. II: Les moyens du droit.
WEBER, Marx. *Sociologie du droit.* Paris: Presses Universitaires de France, 1986.
WIEACKER, Franz. *História do direito privado moderno.* 2. ed. Lisboa: Fundação Calouste Gulbenkian, 1980.
WITTGENSTEIN, Ludwig. *Investigações filosóficas.* 2. ed. São Paulo: Abril Cultural, 1979.
XAVIER, Alberto Pinheiro. *Os princípios da legalidade e da tipicidade da tributação.* São Paulo: Revista dos Tribunais, 1978.
ZARUR, Dahas. Tiradentes, seu defensor. *Jornal do Brasil*, Rio de Janeiro, 21 abril 2007. Opinião, p. A10.

ÍNDICE ONOMÁSTICO

ALTHUSSER, Louis. 10, 11, 35, 36, 106, 199
ÁLVAREZ, Valentín Andrés. 288
ANDRADE, José Carlos Vieira de. 193
ARA PINILLA, Ignacio. 315, 316
ARNAOUTOGLOU, Ilias. 63
ARNAUD, André-Jean. 20, 105
ASSIER-ANDRIEU, Louis. 30, 31
ATALIBA, Geraldo. 134, 135, 250, 252
BALEEIRO, Aliomar. 134, 190, 201, 239, 251, 271
BALLESTEROS, Jesús. 317
BALIBAR, Etienne. 57, 58
BARRETO, Dráusio. 306
BARROS, José Fernando Cedeño de. 121, 281
BARROSO, Luís Roberto. 18, 19
BÉCANE, Jean-Caude. 17
BELLO, José Maria. 238
BELTRAME, Pierre. 41, 42
BERRANGER, Thibaut de. 117
BERGEL, Jean-Louis. 14, 25, 104, 179
BEVILAQUA, Clóvis. 238
BISSIO, Roberto. 163
BLANCO, Pablo Lopez. 181

BOBBIO, Norberto. 99, 100, 102, 103
BONAPARTE, Napoleão. 189, 190, 290
BONNARD, Jérôme. 110
BORNHAUSEN, Jorge. 263, 267
BOUVIER, M. 53, 54
BOYER, Robert. 145
BRAUDEL, Fernand. 299, 300, 301
CADIET, Loïc. 72
CALVO GARCÍA, Manuel. 310, 312
CANOTILHO, J. J. Gomes. 49, 135, 211, 252
CAPELLA, Juan Ramón. 113, 114
CAPPELLETTI, Mauro. 308
CARBONNIER, Jean. 17, 18, 19, 136, 157, 159, 168, 169, 253
CARDOSO, Fernando Henrique. 142, 267
CARRAZA, Roque Antônio. 199, 200
CARVALHO, Joaquim de. 6
CARVALHO, P. de B. 134, 135, 250, 252
COELHO, S. C. N. 135, 251
COLARES, Juscelino Filgueiras. 211
CONSTANT, Benjamin. 190, 290
COUDERC, Michel. 17
CRETELLA JÚNIOR, José. 216
DERZI, Misabel Abreu Machado. 201
DÍAZ, Elías. 269, 272
DUBERGÉ, Jean. 297, 304
DUVERGER, Maurice. 119, 121, 278, 279, 280
EAGLETON, Terry. 36
ELLUL, Jacques. 120, 279
ELUERD, Roland. 13
ESCLASSAN, Christine. 53
ESPINOSA, Bento de. 6
FAGUNDES, José de Oliveira. 233, 235
FALCÃO, Amílcar de Araújo. 127

FALLON, Marc. 165
FARIA, José Eduardo. 318, 319, 320
FEITOSA, Raymundo Juliano. 256
FERRARA, F. Batistoni. 296
FLORENTINO, Brás. 238
FLORES, Thompson. 238
FONSECA, Eduardo Giannetti da. 303, 304
FORSTHOFF, Ernst. 36
FRANCO, João Melo. 217
FURET, François. 229
FURTADO, Celso. 142
FRANCO, Afonso Arinos de Melo. 238
GARTH, Bryant. 308
GAUDEMET, P. M. 122
HALÉVI, Ran. 225, 229
HOUAISS, Antônio. 217
GARCÍA PASCUAL, Cristina. 317
GARRIDO, Diego López. 117
GAUDEMET, P. M. 281
GODOY, José Rico. 288
GONÇALVES, Benedito. 215
GURVITCH, George. 106, 126, 127
HAYEK, Friedrich A. 301, 302, 306
JAEGER, Werner. 98
JUSTINIANO. 169
KELSEN, Hans. 239
KHOR, Martin. 162, 163
KOLM, Serge-Christophe. 128, 298
KRIELE, Martin. 270
LASSALE, Ferdinand. 50
LASSALE, Jean-Pierre. 53
LASLETT, Peter. 314
LESSA, Carlos. 142
LIMA, Hermes. 238

LOCKE, John. 314
LOEWENSTEIN, Karl. 274
LOPES, José Reinaldo Lima. 319
LÓPEZ, José M. Tejerizo. 202
LUQUI, Juan Carlos. 197
MAN, Henry de. 95, 96, 97, 320
MARONGIU, Gianni. 210
MARTIN, Hans-Peter. 204
MARTÍNEZ, Gregorio Peres-Barba. 72, 108
MARTÍNEZ, Soares. 42, 44, 83, 84, 119, 161, 162, 278
MARTINS JÚNIOR, Isidoro. 237
MARX, Karl. 96
MASCAREÑAS, Carlos E. 73
MASCLET, Jean-Claude. 286
MATHIEU, Robert. 61, 62
MATOS, Carlos Correia. 157
MAXWEL, Keneth. 233
MCLLWAIN, Charles Howard. 100, 101
MEHL, Lucien. 41, 42
MEINECKE, Friedrich. 195
MEIRA, Silvio. 238
MIRANDA, Jorge. 272, 286
MIRANDA, Pontes de. 239
MIRA Y LOPES. 111
MOLINIER, J. 122, 281
MOREIRA NETO, Diogo de Figueiredo. 299
MOREIRA, Vital. 135, 252
NÁUFEL, José. 217
NEVES, Iêdo Batista. 218
NEVIANI, Tarcísio. 132, 249
NINO, Carlos Santiago. 106
NOGUEIRA, Alberto. 1, 2, 3, 6, 12, 15, 16, 17, 18, 26, 28,
    30, 34-35, 37, 38, 41, 42, 48, 50, 51, 53, 56, 57, 59, 65,
    70, 73, 74, 76, 85, 91, 92, 98, 104, 115, 116, 124, 136,

143, 144, 150, 171, 172, 173, 177, 178, 181, 183, 184, 193, 202, 214, 215, 234, 241, 243, 253, 254, 277, 287, 326
NOVOA MONREAL, Eduardo. 309
OLIVEIRA, Camilo Cimourdaim de. 200
OLLERO, Gabriel Casado. 202
OZOUF, Mona. 229
PARETO, Vilfredo. 36
PASCAL. 37
PASQUINO, Pasquale. 194
PEDRAZ PENALVA, Ernesto. 319
PEREIRA, Miguel Batista. 95
PERELMAN, Chaïm. 8, 10, 48, 49
PHILIP, Loïc. 196
PIZORUSSO, Alessandro. 312, 313
PREBISCH, Raul. 142
QUERALT, Juan Martín. 202
QUIRINO, Célia Galvão. 314
RASSAT, Michèle-Laure. 16
REALE, Miguel. 180, 181
REZENDE, Condorcet. 170, 171, 219, 220
RICARDO, David. 48
RICHET, Denis. 229, 231
RIVERO, Jean. 59, 195
RODRIGUES, Leda Boechat. 240
ROSA JR., L. E. F. da. 134, 251
ROUVILLOIS, Frédéric. 81
RUBY, Christian. 54, 55
SALDANHA, Nelson. 194
SALIN, Pascal. 197
SALVETTI, M. A. Grippa. 296
SAMPAIO, Martin de Almeida. 210
SCHAFF, Adam. 59, 61
SCHAMA, Simon. 90

SCHUMANN, Harald. 204
SCIOTTI-LAM, Claudia. 114
SERRA, Bernat Riutort. 62
SERRANO, Carmelo Lozano. 202, 296
SIEYES, Emmanuel J. 288
SILVA, Ives Gandra da. 83, 172
SMITH, Adam. 46, 48
SMITH, Carl. 239, 272
SOUZA, Maria Teresa Sadek R. de. 314
SOUZA, Rubens Gomes de. 135, 198, 250, 252
SUPIOT, Alain. 111, 112
TARDE, Gabriel. 30, 31
TAVARES, Maria da Conceição. 142
TEIXEIRA, António Braz. 200
TORRES, João Camillo de Oliveira. 320
TORRES, Ricardo Lobo. 131, 132, 206, 248
TOURANE, Alain, 97
TROPER, Michel. 270
UCKMAR, Victor. 149
ULPIANO. 34
UNAMUNO, Miguel de. 295
VAN DROOGHENBROECK, Jean-François. 109, 110
VEGA GARCIA, Pedro de. 239
VILLEGAS, Héctor B. 197
VILLEY, Michel. 108
VIRGA, Pietro. 199
WEBER, Marx. 317, 318
WEINBERGER, Andrew D. 321
WIEACKER, Franz. 106, 318
WITTGENSTEIN, Ludwig. 13, 21
XAVIER, Alberto Pinheiro. 135, 252, 270
ZAFFARONI, Eugenio Raúl. 100
ZARUR, Dahas. 234
ZIZEK, Slavot. 36, 37

Impresso em offset nas oficinas da
FOLHA CARIOCA EDITORA LTDA.
Rua João Cardoso, 23 – Tel.: 2253-2073
Fax.: 2233-5306 – Rio de Janeiro – RJ – CEP 20220-060